HERO SCHALL

Die Schutzfunktionen der Strafbestimmung gegen den Hausfriedensbruch

Strafrechtliche Abhandlungen · Neue Folge

Herausgegeben von Dr. Eberhard Schmidhäuser
ord. Professor der Rechte an der Universität Hamburg

in Zusammenarbeit mit den Strafrechtslehrern der deutschen Universitäten

Band 17

Die Schutzfunktionen der Strafbestimmung gegen den Hausfriedensbruch

Ein Beispiel für die soziologisch fundierte Auslegung strafrechtlicher Tatbestände

Von

Dr. Hero Schall

DUNCKER & HUMBLOT / BERLIN

Zur Aufnahme in die Reihe empfohlen
von Prof. Dr. Claus Roxin, München

Gedruckt 1974 bei Buchdruckerei Bruno Luck, Berlin 65
Printed in Germany
ISBN 3 428 03187 3

Vorwort

Die vorliegende Arbeit wurde im Winter 1972 abgeschlossen und hat im Sommersemester 1973 der Juristischen Fakultät der Universität Göttingen als Dissertation vorgelegen.

Mein herzlicher Dank gilt allen, die mich bei der Abfassung und Vollendung der Arbeit unterstützt haben; vor allem meinem verehrten Lehrer Professor Dr. Claus Roxin, der diese Arbeit angeregt und in steter Anteilnahme gefördert hat; sodann Herrn Professor Dr. Eberhard Schmidhäuser, der die Abhandlung in die vorliegende Reihe aufgenommen und die Drucklegung betreut hat, und nicht zuletzt der Stiftung Volkswagenwerk und der Bremer Stiftung zur Förderung der Wissenschaften und der Universität, die Entstehung und Drucklegung dieser Arbeit durch eine Beihilfe und einen großzügigen Druckkostenzuschuß unterstützt haben.

Göttingen, im August 1974

Hero Schall

Inhaltsverzeichnis

Abkürzungen

Die Abkürzungen sind dem „Abkürzungsverzeichnis der Rechtssprache" von Hildebert Kirchner (2. Auflage, Berlin 1968) entnommen. Insoweit wird auf das dortige Gesamtverzeichnis verwiesen.

Außerdem werden noch folgende im Verzeichnis nicht aufgeführte Abkürzungen gebraucht:

AE	Alternativ-Entwurf eines Strafgesetzbuches, 1966 ff., verfaßt von Baumann u. a.
E 62	Regierungsentwurf eines Strafgesetzbuches mit Begründung (Bundestagsdrucksache IV/650, 4. Wahlperiode, 1962)
LK	Leipziger Kommentar
ZRP	Zeitschrift für Rechtspolitik

Einleitung

a) Aktualität des Hausfriedensbruchs

Der Tatbestand des Hausfriedensbruchs führte lange Zeit ein stiefmütterliches Dasein. Der Begriff des Hausrechts ist zwar jedem Juristen geläufig, und auch der juristische Laie verbindet bestimmte Vorstellungen mit diesem Ausdruck, dennoch sind auch heute konkrete Vorstellungen über das Hausrecht nicht vorhanden. Während der Laie allzu leicht geneigt ist, sich auf eine Verletzung seines Hausrechts zu berufen, haben sich Rechtsprechung und Lehre lange Zeit nur oberflächlich mit der Vorschrift des § 123 StGB[1] befaßt, was zum Teil darauf zurückzuführen ist, daß der Hausfriedensbruch häufig im Zusammenhang mit anderen Delikten begangen und bei der Straffestsetzung von diesen Delikten konsumiert wird. Diese Situation hat sich seit einigen Jahren grundlegend geändert. Nicht nur ist die Zahl der in den Kriminalstatistiken ausgewiesenen Fälle des Hausfriedensbruchs angestiegen, sondern auch die Bedeutung und Problematik des § 123 ist in den Vordergrund gerückt, da seit geraumer Zeit immer mehr Fälle aufgetreten sind, in denen allein oder hauptsächlich die Strafbarkeit des Verhaltens nach § 123 in Betracht kommt: so bei Streitigkeiten zwischen Vermieter und Mieter, ferner in den Fällen des Testkäufers, des Warenhausdiebes und des Verbots für Obdachlosenbesucher und schließlich bei den variationsreichen und politisch heiklen „go-ins". Die Kommentierungen und Entscheidungen gerade dieser aktuellen Fälle zeigen mit aller Deutlichkeit, wie gegensätzlich und wenig durchdacht die Auffassungen über Wesen und Bedeutung des Hausrechts und des Hausfriedensbruchs sind und wie unbefriedigend die gefundenen Ergebnisse häufig bleiben.

b) Gegenstand und Gang der Untersuchung

Ausgangspunkt der vorliegenden Arbeit ist die Darstellung der Problematik an Hand einiger typischer und aktueller Tatbestandsprobleme und des Meinungsstands in Literatur und Rechtsprechung. Im zweiten Teil der Arbeit soll der Weg zur Lösung beschritten werden, der über die verschiedenen Deutungen des Hausrechts zu einer Auseinandersetzung mit dem noch ungeklärten Rechtsgutsbegriff und zu einer Differenzierung des durch § 123 geschützten Rechtsguts nach den ver-

---

[1] §§ ohne nähere Bezeichnung des Gesetzes sind solche des StGB.

schiedenen Räumlichkeiten führt. Dabei wird sich herausstellen, daß das Rechtsgut nur mit seiner sozialen Funktion zu begreifen ist, d. h. mit seinem Beitrag zur Aufrechterhaltung der Bedingungen des menschlichen Zusammenlebens, so daß wir im dritten Teil zur Ermittlung dieser sozialen Funktion die im Tatbestand des § 123 genannten Räumlichkeiten mit Hilfe des soziologischen Funktionalismus analysieren müssen. Das Ergebnis dieser Analyse ist sodann juristisch zu verarbeiten, damit wir in dem abschließenden vierten Teil der Arbeit die Schutzfunktionen des § 123 aufzeigen und das Hausrecht und seine soziale Funktion — gesondert für Wohnräume, Arbeitsräume und öffentliche Dienst- und Verkehrsräume — bestimmen können. Die Ermittlung des durch § 123 geschützten Rechtsguts soll es uns dann ermöglichen, die verschiedenen Tatbestandsprobleme des Hausfriedensbruchs sachgerecht und der sozialen Wirklichkeit entsprechend zu lösen.

Die Arbeit versucht in weiten Teilen ungeklärte juristische Komplexe — des Rechtsguts allgemein und des Hausrechts im besonderen — mit Hilfe der Soziologie zu durchleuchten. Der Verfasser ist sich dabei der Problematik einer allgemeinen interdisziplinären Kooperation der Wissenschaften wohl bewußt. Die Vorurteile zwischen den einzelnen Disziplinen bzw. ihren Vertretern sind häufig noch sehr negativ: der Jurist hält wenig vom Soziologen und umgekehrt, der Soziologe wieder wenig vom Volkswirt usw. Man wird sich auch davor hüten müssen, die Ergebnisse der verschiedenen Wissenschaften aus Begeisterung für eine interdisziplinäre Zusammenarbeit kritiklos zu übernehmen und miteinander zu vermengen, zumal empirische Untersuchungen über die Möglichkeiten der Zusammenarbeit noch fehlen. Ein fruchtbares Zusammenwirken dürfte aber dann gewährleistet sein, wenn die Untersuchungen und Erkenntnisse der verschiedenen Fachbereiche kritisch und systemgerecht miteinander verbunden werden. Sollte uns hier auf einem Teilbereich eine solche Verbindung von Rechtswissenschaft und Soziologie gelungen sein, so dürfte das schon ein Fortschritt sein im Vergleich zum bisherigen Stand in der Kooperation von Soziologie und Rechtswissenschaft.

Erster Teil

Grundsätzliche Tatbestandsprobleme des Hausfriedensbruchs

I. Problemstellung

Die grundsätzlichen Probleme, die sich bei der Auslegung und Anwendung der Vorschrift des § 123 ergeben, sollen zunächst nur an einigen typischen und seit einigen Jahren aktuellen Fällen aufgezeigt werden, deren Subsumtion unter den Tatbestand des Hausfriedensbruchs sowohl der Rechtsprechung als auch dem Schrifttum erhebliche Schwierigkeiten bereitet.

1. Das Hausrecht im Verhältnis des Vermieters zum Mieter

In einem vom OLG Braunschweig entschiedenen Fall[1] hatte die Vermieterin einer Wohnung dem Angeklagten, der mit der Mieterin dieser Wohnung verlobt war, den Aufenthalt in der Wohnung und den zu der Wohnung führenden Räumen verboten, nachdem das Verhalten des Angeklagten häufig zu erheblichen Streitigkeiten und lautstarken Auseinandersetzungen zwischen ihm und seiner Verlobten sowie den anderen Hausbewohnern geführt hatte. Der Angeklagte hielt sich jedoch auch weiterhin mit dem Einverständnis seiner Verlobten in deren Wohnung auf. Die Vermieterin stellte daraufhin Strafantrag wegen Hausfriedensbruchs.

Schon dieser Sachverhalt wirft eine Fülle von Fragen auf: Wer ist Berechtigter i. S. des § 123, wann entsteht das Hausrecht, ist es nur als solches oder auch teilweise übertragbar, gibt es mehrere Inhaber des Hausrechts an ein und derselben Räumlichkeit[2]? Bei dem Versuch, diese Frage zu beantworten, wird sogleich klar, daß eine erschöpfende Antwort erst dann gegeben werden kann, wenn wir wissen, was das Hausrecht des Wohnungsinhabers bedeutet, mit welchem Inhalt und in welchem Umfang es durch die Strafvorschrift des § 123 geschützt wird.

---

[1] Urt. v. 15. 10. 1965, NJW 1966, S. 263.

[2] s. hierzu auch das Urteil des OLG Braunschweig v. 2. 2. 1962, Nds. Rpfl. 1962, S. 118.

2. Der Hausfriedensbruch in Geschäftsräumen

a) Der Fall des Testkäufers

In ungeklärte grundsätzliche Tatbestandsprobleme führen auch die zu den Fällen der sogenannten Testkäufer ergangenen Entscheidungen[3]. Die Testkäufer sollen im Auftrag von Herstellerfirmen, die die Endverkaufspreise ihrer Fabrikate (zulässigerweise) gebunden haben, durch Probekäufe unauffällig feststellen, ob die Einzelhändler die mit den Herstellerfirmen vereinbarte Preisbindung beim Verkauf an die Endverbraucher und an den als Kunden auftretenden Testkäufer einhalten. Um sich dieser Überwachung zu entziehen, haben einige Händler am Eingang ihres Geschäfts ein Schild mit dem Hinweis angebracht, daß Testkäufern der Zutritt verboten sei und Zuwiderhandlungen als Hausfriedensbruch verfolgt würden. In anderen Fällen wurde den ertappten Testkäufern auch ein persönliches Betretungsverbot erteilt. Da einerseits die Testkäufer sich der Gefahr der strafrechtlichen Verfolgung nicht aussetzen wollen und die Herstellerfirma sich so an einer wirksamen Überwachung gehindert sieht, andererseits aber das System der vertikalen Preisbindung nur dann rechtlich geschützt wird, wenn der Hersteller die lückenlose Durchführung dieses Systems sicherstellt, bedarf die Frage, ob der Testkäufer durch das Betreten der Geschäftsräume trotz generellen bzw. speziellen Betretungsverbots den Tatbestand des Hausfriedensbruchs (§ 123 Abs. 1, 1. Alt.) verwirklicht, auch aus wettbewerbsrechtlichen Gründen einer klaren Entscheidung[4].

Während in den gewöhnlichen Fällen des Hausfriedensbruchs sich das Eindringen des Täters als eine nach äußeren Merkmalen feststellbare Überwindung eines Hindernisses darstellt — z. B. der Eindringling bricht eine verschlossene Tür auf oder zerschlägt eine Fensterscheibe, um in das fremde Haus zu gelangen —, nutzt der als unerwünschte Person gar nicht erkennbare Testkäufer die generelle Betretenserlaubnis lediglich zu einem vom Hausrechtsinhaber mißbilligten Zweck aus, wobei sein Handeln vom Geschäftsinhaber in keiner Weise als störend empfunden wird, da sein Verhalten nach außen hin genau dem durch die generelle Eintrittserlaubnis gedeckten Verhalten der übrigen Kunden entspricht. Es ist daher zu klären, welche Voraussetzungen an das Merkmal des Eindringens im Sinne des § 123 zu stellen sind und ob nicht der Inhaber von Geschäftsräumen, insbesondere von den Räumen, die durch allgemeinen ausdrücklichen oder stillschweigenden Willens-

[3] Vgl. dazu unten Anm. 21 ff.

[4] BGHZ 43, 359 (364 ff.) hat zwar die Aufstellung der beschriebenen Warnschilder wegen ihrer das Käuferpublikum anlockenden Wirkung als gegen § 1 UWG verstoßend angesehen, sich aber mit der strafrechtlichen Frage nicht befaßt. Ebenso BGH WRP 1966, S. 312.

akt des Berechtigten dem allgemeinen Publikumsverkehr zugänglich gemacht worden sind, schon von vornherein wegen der besonderen Struktur dieser Räume in anderer Weise und in geringerem Maße durch die Vorschrift des Hausfriedensbruchs geschützt wird als der Inhaber einer Wohnung.

b) Der Fall des Warenhausdiebes

Ebenso läßt sich der Fall des Warenhausdiebes erst nach einer eindeutigen Beantwortung dieser Fragen klären, denn auch der Warenhausdieb betritt wie jeder andere Kunde das Warenhaus, auch er wird in seiner Eigenschaft als vom Berechtigten nicht erwünschte Person nicht erkannt. Zwar ist der mit dem Betreten verfolgte Zweck widerrechtlich und der im Warenhaus begangene Diebstahl ein objektiv störendes Verhalten, das Betreten selbst jedoch entspricht in seinem äußeren Erscheinungsbild dem Willen des Berechtigten. Wird nun das Eintreten des Diebes von der generellen Einwilligung des Warenhausinhabers umfaßt oder ist die allgemeine Betretenserlaubnis auf Kauf- und Schaulustige beschränkbar? Oder entfällt schon durch die Eröffnung der Geschäftsräume für den allgemeinen Verkehr die Tatbestandsmäßigkeit des Hausfriedensbruchs? Diese Fragen drängen zugleich auf eine Klärung der Begriffe Privatheit und Öffentlichkeit.

3. Das Hausrecht in öffentlichen Dienst- und Verkehrsräumen

Weitere Schwierigkeiten bereiten die Fälle, in denen ein Hausverbot von einer öffentlichen Anstalt oder Behörde ausgesprochen wird und sich auf Räume bezieht, die zum öffentlichen Dienst oder Verkehr bestimmt sind.

a) Hausverbot der Bundesbahn gegenüber Reisenden und Nichtreisenden

In einigen oberlandesgerichtlichen Entscheidungen erscheint das Hausrecht als Ermächtigungsgrundlage eines Verwaltungsakts, dem ein Hausverbot der Bundesbahn zugrunde lag. Das Hausverbot betraf einmal einen Reisenden, im anderen Fall einen Nichtreisenden, der als sogenannter Bahnhofsgänger Kontakte mit Homosexuellen herzustellen suchte[5]. In diesen Zusammenhang gehört auch der vom OVG Münster entschiedene Fall eines Sozialhilfeempfängers, der auf dem Sozialamt durch ungebührliches Verhalten Zwischenfälle verursacht hatte und daraufhin von der Behörde mit einem Hausverbot belegt wurde[6].

---

[5] Vgl. OLG Celle MDR 1965, S. 595 und MDR 1966, S. 944.

[6] Vgl. OVG Münster DVBl. 1963, S. 450.

Es liegt auf der Hand, daß die Behörde infolge der öffentlich-rechtlichen Zweckbindung der Dienstgebäude ein Hausverbot nicht willkürlich aussprechen kann, das Hausrecht in den zum öffentlichen Dienst oder Verkehr bestimmten Räumen daher sowohl durch die Zweckbestimmung als auch durch gesetzliche Vorschriften eingeschränkt ist und möglicherweise einen anderen Inhalt hat als das Hausrecht in privaten Räumen, die öffentlichen Diensträume daher nicht mit den privaten Wohnräumen gleichzustellen sind.

b) Hausverbot einer Obdachlosenbehörde gegenüber dem Besucher eines Lagerbewohners

Die zweite hier zu nennende Fallgestaltung mag auf den ersten Blick keine Besonderheit gegenüber dem unter Punkt 1 geschilderten Sachverhalt aufweisen: Eine Obdachlosenbehörde erläßt gegen den Besucher eines Bewohners der Obdachlosenunterkunft wegen der Störung der Heimordnung ein Hausverbot, der Besucher handelt diesem Verbot mit Einverständnis des Bewohners der Obdachlosenunterkunft zuwider[7].

Dieser Fall scheint in bezug auf den Bewohner der Obdachlosenunterkunft ähnliche Fragen aufzuwerfen wie das Hausverbot des Vermieters gegenüber dem Besucher eines Mieters; zu beachten ist hier jedoch aufgrund der oben aufgezeigten Problematik, daß das Hausverbot von einer öffentlichen Behörde erlassen wird, so daß die weitere Frage auftaucht, ob neben dem mehr öffentlich-rechtlich charakterisierten Hausrecht der Behörde auch noch ein privates Hausrecht des Bewohners, des eingewiesenen Obdachlosen, ausgeübt werden kann oder ob das eine Hausrecht das andere ausschließt.

c) „Go-ins" in öffentliche Gebäude

Als abschließendes Beispiel für die Problematik des § 123 sei noch eine besonders unsere Universitäten berührende Form des neuen Demonstrationstypus genannt: das „go-in". Vor einigen Jahren noch lieferten „Störaktionen" und „Sprengungen" von Vorlesungen, Festakten und von Sitzungen akademischer und politischer Gremien Anlaß zu Schlagzeilen. Heute gehört das Bild demonstrierender Bürger zur Tagesordnung: „Wild streikende Arbeiter, verärgerte Straßenbahnfahrgäste, Studenten, die für eine Hochschulreform, für bessere Ausbildungsverhältnisse eintreten oder sich gegen bestimmte Presseunternehmen wenden, Kriegsopfer, die höhere Renten verlangen, Notstandsgegner, Gegner der geltenden staatlichen Ordnung, des Vietnamkrieges oder

---

[7] Vgl. OLG Köln NJW 1966, S. 265; OLG Bremen NJW 1966, S. 1766.

des Schahs von Persien füllen die Straßen[8]." Um ihren Forderungen mehr Nachdruck zu verleihen, veranstalten die Demonstranten häufig im Anschluß an ihren Protestmarsch ein „go-in" — das sich gelegentlich auch in ein „sit-in" fortsetzt — in die öffentlichen Diensträume der für die jeweiligen Probleme — mehr oder weniger — zuständigen Gremien, z. B. ins Rathaus, ins Rektorat und andere Universitäts- und Amtsräume[9]. Diese politisch oft heiklen Vorgänge konfrontieren den Juristen unter anderem mit der Frage, ob die Benutzung solcher in der Regel allgemein zugänglichen Orte zu Demonstrationszwecken ein widerrechtliches Eindringen oder unbefugtes Verweilen i. S. des § 123 darstellt und welche Auswirkungen das Demokratiegebot des Art. 20 GG und die Grundrechte der Artikel 5 und 8 auf die Auslegung des Hausfriedensbruchs haben. Dabei ist zu berücksichtigen, daß die in den öffentlichen Dienst- und Verkehrsräumen geschützte Raumsphäre von anderen Merkmalen geprägt sein dürfte als die Sphäre in Wohnräumen und in Geschäftsräumen.

II. Meinungsstand zu den Problemfällen in Literatur und Rechtsprechung

Zur weiteren Verdeutlichung der Probleme und ihrer ungeklärten bzw. unbefriedigenden Lösungen soll hier zunächst ein kritischer Überblick über den Stand der Meinungen in Literatur und Rechtsprechung gegeben werden, soweit sie sich auf die geschilderten Fälle beziehen.

1. Zum Hausrecht des Mieters in Wohnräumen

Zu der Frage, welches Hausrecht im Verhältnis von Mieter und Vermieter das stärkere ist und ob sich jemand nach § 123 strafbar macht, der im Einverständnis mit dem Rauminhaber einem Hausverbot des Hauswirts zuwiderhandelt, weichen die Auffassungen in Rechtsprechung und Schrifttum stark voneinander ab. Die in der strafrechtlichen Literatur überwiegende Meinung sieht im Verhältnis zwischen Vermieter und Mieter den zur Raumdisposition befugten besitzenden Mieter zumindest als den besser Berechtigten, das Hausrecht des Mieters also gegenüber dem des Vermieters als vorrangig an, so daß Angehörige und andere Besucher des Mieters, die mit dessen Einverständnis die Mieträume betreten, grundsätzlich keinen Hausfriedensbruch begehen.

Ausgehend von diesem Standpunkt werden jedoch noch voneinander abweichende Meinungen vertreten. So gewährt ein Teil der Autoren

---

[8] *Maul*, Demonstrationsrecht und allgemeine Strafbedingungen, JR 1970, S. 81.

[9] Vgl. OLG Stuttgart NJW 1969, S. 1776; AG Göttingen, U. v. 4. 11. 1968, DRiZ 1969, S. 89 f.

dem Mieter ein ausschließliches, vom Vermieter nicht einschränkbares Hausrecht in den ihm vermieteten Wohnräumen, da der Mieter über die ihm zur Benutzung überlassenen Räume die ausschließliche Verfügungsgewalt und den unmittelbaren Besitz erlange und damit ein eigenes selbständiges Hausrecht erwerbe[10]. Schröder führt hierzu aus, daß die Vorschrift des § 123 nicht den Schutz vertraglicher Rechte des Vermieters gegenüber dem Mieter bezwecke, sondern der Wahrung des Hausrechts diene, „das heißt des Rechtes, in der eigenen Wohnung nicht durch die Anwesenheit unbefugter Personen beeinträchtigt zu werden", so daß in dem persönlichen Bereich der Wohnung jeder Mensch allein darüber solle entscheiden können, wen er in seinen vier Wänden dulden will und wen nicht[11]. Daher sieht Schröder in der Vermietung einer Wohnung die endgültige Übertragung des Hausrechts an den Mieter, schränkt diese Aussage jedoch bei Untermietverhältnissen insofern wieder ein, als der Vermieter hier „meist auch einen Teil des Hausrechtes an dem vermieteten Zimmer behalten" solle[12]. Bedenkt man, daß auch untervermietete Wohnungen oder Wohnräume einen „persönlichen Bereich" des Untermieters darstellen, so muß diese Einschränkung des Hausrechts des Untermieters unverständlich bleiben.

Andere Autoren dagegen bejahen zwar den grundsätzlichen Vorrang des Hausrechts des Mieters, halten aber gleichzeitig eine Einschränkung seines Hausrechts für möglich, sei es durch den Inhalt des abgeschlossenen Mietvertrags, sei es durch die Strafgesetze oder die guten Sitten[13]. Obgleich beim Abschluß des Mietvertrags das Hausrecht hinsichtlich der Wohnung einschließlich der Nebenräume vom Vermieter auf den Mieter übergegangen sei, verbleibe dem Vermieter doch „ein gewisser Restbestand seines ursprünglichen Hausrechts", wobei die Grenze zwischen den beiden Hausrechten dort zu ziehen sei, wo die Ausübung des Haus- und Wohnrechts durch den Mieter für den Vermieter unzumutbar werde, etwa bei Mißbrauch des Mietraums zur Vorbereitung oder Ausführung von Straftaten[14]. Auf die Frage, wie der Begriff der Unzumutbarkeit näher zu bestimmen und abzugrenzen ist, wird jedoch nicht eingegangen. Bei Hotelzimmern und anderen vorübergehend überlassenen Beherbergungsräumen soll stets das Hausrecht des Gastwirts den Vorrang haben, so daß fremde Personen, die trotz des Zutrittsverbots des

---

[10] Vgl. *Berge*, Diss. S. 28 ff.; *Frühling*, Diss. S. 20, 22, Anm. 85; *Jauer*, Diss. S. 45 ff.; *Stegmaier*, Hausfriedensbruch gegenüber dem Vermieter?, Zeitschrift für Miet- und Raumrecht 1967, S. 325; *Welzel*, Lb. S. 333.

[11] *Schröder*, Anm. zum Urt. des OLG Braunschweig v. 15. 10. 1965, NJW 1966, S. 263 f.

[12] *Schönke - Schröder*, § 123, Rdnr. 12; ebenso *Jauer*, Diss. S. 52.

[13] So *John*, Hausfriedensbruch, S. 157 f.; *Maurach*, Lb. BT S. 183; *Schäfer*, LK, § 123, Rdnr. 41 f.; *Schwarz - Dreher*, § 123, Anm. 1 B.

[14] *Schäfer*, LK, a. a. O.

Gastwirts, aber mit Zustimmung des Rauminhabers das Zimmer betreten, sich des Hausfriedensbruchs schuldig machen[15].

Einer noch stärkeren Einschränkung unterliegt das Hausrecht des Mieters nach der in der Rechtsprechung vertretenen Auffassung, die ein Hausrecht des Mieters zwar nicht ablehnt, es jedoch nicht originär mit der Innehabung der Wohnräume entstehen läßt, sondern in seinem Inhalt und Umfang von dem Vertragswillen des Vermieters ableitet[16]. Das Hausrecht des Vermieters gehe daher nur in dem Umfang auf den Mieter über, in dem es ihm durch den Mietvertrag i. V. mit § 157 BGB übertragen werde. Bei der Auslegung des Mietvertrags sei grundsätzlich davon auszugehen, daß jeder Hauseigentümer sich bei Abschluß des Vertrags das Recht vorbehalte, unabhängig vom Willen des Mieters allen Personen das Betreten seines Hauses zu verbieten, deren Aufenthalt im Hause ihm nicht zuzumuten sei. Die Verfügungsmacht des Hauseigentümers über sein Besitztum trete vor dem Recht des Mieters, Besucher zu empfangen, nur insoweit zurück, als der berechtigte Verkehr des Mieters ein Betreten bzw. Verweilen in den Mieträumen bedinge. Bei mißbräuchlicher Raumdisposition des Mieters — z. B. bei Empfang nächtlicher Damen- oder Herrenbesuche von Untermietern oder Untermieterinnen oder bei der Aufnahme eines Landstreichers und anderer „Störenfriede“, die die Hausordnung verletzen oder das Ansehen des Hauses gefährden — gehe das Hausrecht des Vermieters demjenigen des Mieters vor[17], ebenso bei Hotelzimmern. Bei dieser Argumentation der Gerichte, die häufig noch eine unbegründete Benachteiligung der Mieter gegenüber dem Eigentümer erkennen läßt[18], bleibt unklar, ob nun der Mieter bei der Erteilung der Betretenserlaubnis ein ihm zustehendes Hausrecht mißbräuchlich ausübt oder über das ihm nur in beschränktem Umfang übertragene Hausrecht bereits hinausgeht und inwieweit überhaupt vertragliche Vereinbarungen die Schutzfunktion einer Strafrechtsvorschrift beeinflussen können. Sowohl im Schrifttum als auch in der Rechtsprechung wird für die Beurteilung

---

[15] *Schäfer*, LK, § 123, Rdnr. 43; *Schwarz - Dreher*, § 123, Anm. 1 B.

[16] s. OLG Köln MDR 1954, S. 359; OLG Hamm GA 1961, S. 181; OLG Braunschweig NJW 1966, S. 263; OLG Köln NJW 1966, S. 265; vgl. aber auch RG GA Bd. 50, S. 289, das den Vorrang des Hausrechts des Mieters bez. der Mieträume betont. Das OLG Braunschweig, a. a. O., geht zwar auf die Entscheidung des RG ein, spricht ihr aber eine solche Aussage ab, indem es den entscheidenden Satz verkürzt und falsch zitiert!

[17] Vgl. OLG Hamm, a. a. O.: „So wird in der Rechtsprechung allgemein und mit Recht die Ansicht vertreten, daß der Hauseigentümer solche Besuche eines Mieters nicht zu dulden braucht, die seinen Ruf oder den Charakter seines Hauses gefährden oder andere Hausbewohner erheblich belästigen, z. B. bei Benutzung der Wohnung als Absteigequartier oder in anderen Fällen einer aus sittlichen Gründen bedenklichen Nutzung der Wohnung.“

[18] Insbesondere ist dies der Fall in der Entscheidung des OLG Köln MDR 1954, S. 359.

des Hausverbots des Hauseigentümers und der Zuwiderhandlung durch den Besucher zumeist mehr auf die Billigkeit und Sittlichkeit des Verhaltens der Mieter und ihrer Besucher abgestellt[19] als auf die Bedeutung der Wohnung und auf einen dieser Bedeutung entsprechenden klar umrissenen Begriff des Hausrechts in Wohnräumen.

2. Zum Hausfriedensbruch in Geschäftsräumen

a) Der Fall des Testkäufers verlangt vor allem eine Konkretisierung des Tatbestandsmerkmals „Eindringen", und zwar des Eindringens in Geschäftsräume.

Das Reichsgericht hat die Frage, ob die Angriffshandlung des § 123 stets ein äußerlich erkennbares störendes Verhalten sein müsse, verneint: „Denn ein ‚Eindringen' ist nicht nur anzunehmen, wenn dem Eintritt entgegenstehende Hindernisse überwunden werden, sondern auch dann, wenn der Eintritt gegen den bekannten oder auch nur vermuteten oder zu vermutenden Willen des Berechtigten oder seines Stellvertreters geschieht[20]."

Das Landgericht Frankfurt dagegen, das als erstes Gericht die Frage des Hausfriedensbruchs durch Testkäufer zu beantworten hatte, stellt entscheidend auf ein nach außen hin störendes Verhalten ab und verneint daher die Tatbestandserfüllung durch den Testkäufer, da dieser unerkannt sei und sich wie jeder gewöhnliche Kunde verhalte, weshalb es auch an einem entgegenstehenden Willen des Geschäftsinhabers fehle[21]. Auch das Oberlandesgericht Hamm hält es für bedenklich, den Tatbestand der Hausrechtsverletzung allein an die dem Inhaber unerwünschte Kaufabsicht des Testkäufers zu knüpfen, zumal der Inhaber

---

[19] Wohin solche Erwägungen führen, zeigt die Entscheidung des OLG Hamm, a. a. O., das einen Landstreicher, dem vom Mieter Nachtquartier gewährt wurde und der trotz Aufforderung des Vermieters zum Verlassen der Wohnung dort blieb, des Hausfriedensbruchs für schuldig hielt, da das Gericht in der einmaligen Unterbringung des Landstreichers eine „aus sittlichen Gründen bedenkliche Nutzung der Wohnung" erblickte: „Es wird kaum bezweifelt werden können, daß auch die Aufnahme eines Landstreichers in eine Mietwohnung den Ruf eines Hauses und seines Eigentümers nicht minder gefährden und vor allem auch andere Mieter erheblich belästigen kann, denn ein Landstreicher ist ein Müßiggänger, der aus einem eingewurzelten Hang ohne die Absicht redlichen Erwerbs unter ständigem Wechsel des Nachtquartiers von Ort zu Ort umherstreift und dabei anderen zur Last fällt, indem er seinen Lebensunterhalt durch fremde Mildtätigkeit, Betteln oder solche geringfügigen Straftaten bestreitet, die zur unmittelbaren Befriedigung einfacher Lebensbedürfnisse bestimmt sind." Vgl. auch LG Wiesbaden MDR 1954, S. 166/167 über das Zusammenleben in wilder Ehe, wonach es der Mieterin nicht gestattet ist, den ihr als Wohnung vertraglich überlassenen Raum „zu einer Stätte der Unzucht zu machen, auch wenn das Treiben der Bekl. nach außen hin in keiner Weise in Erscheinung tritt".

[20] RGSt. 12, 132 (134); vgl. auch RG GA Bd. 41, S. 131.

[21] LG Frankfurt NJW 1963, S. 1022 m. zust. Anm. v. *Helle*.

durch die Eröffnung des Geschäfts sein Hausrecht insoweit eingeschränkt habe[22]. Demgegenüber wird in anderen oberlandesgerichtlichen Entscheidungen der Tatbestand des Hausfriedensbruchs hier bejaht, da der Testkäufer ein erkennbar gegen ihn gerichtetes Zutrittsverbot übertreten, also — wenn auch unerkannt — gegen den Willen des Berechtigten gehandelt habe[23]. Im Schrifttum wird diese Auffassung ausdrücklich nur von Gassmann geteilt, der auf den allgemein erklärten, aber eindeutigen Verbotswillen des Geschäftsinhabers abstellt[24]. Die übrige Literatur lehnt ein tatbestandsmäßiges Handeln des Testkäufers ab: Baumbach - Hefermehl verneint überhaupt die Möglichkeit eines generellen Ausschlusses von Personen im Hinblick auf ihre Motivation[25]. Hanack geht von dem durch § 123 geschützten Rechtsgut aus, der räumlichen Ungestörtheit vor der „räumlich-körperlichen Anwesenheit Dritter in den geschützten Räumlichkeiten, wobei dieses Ungestörtsein — das eigentliche Schutzgut — prinzipiell bestimmt wird durch den Willen des Berechtigten"[26]. Dieses Rechtsgut werde durch den unerkannten Testkäufer nicht unmittelbar verletzt, denn die bloß mittelbare Störung, d. h. die Furcht des Geschäftsinhabers, ohne das Verbotsschild von bestimmten Personen bei seinen Verkaufspraktiken beobachtet zu werden, falle nicht in den Bereich der durch § 123 geschützten Sphäre. Auch die neuere Dissertation von Eckhardt über Testkäufe stellt auf das Rechtsgut des Hausfriedensbruchs ab, auf die (willensorientierte) Entfaltungsfreiheit des Hausrechtsinhabers, nur ihm genehme Personen in seiner häuslichen und geschäftlichen Sphäre zu haben[27]. Der Berechtigte könne jedoch nur insoweit geschützt werden, als er sich theoretisch selbst schützen könne; d. h. ein allgemeines Hausverbot könne nur solche Personen erfassen, deren Auswahl nach objektiv erkennbaren Kriterien möglich sei, nicht also die Testkäufer.

Kennzeichnend für die mangelnde Durchdringung der Tatbestandsprobleme beim Hausfriedensbruch ist auch die Kommentierung des Testkäufer-Falles im Kommentar von Schönke - Schröder: In der 12. Auflage wurde aufgrund der Abgrezung, daß bei einer generell erteilten Betretenserlaubnis ein tatbestandsmäßiges Eindringen des Täters

[22] OLG Hamm WRP 1964, S. 311.

[23] So OLG Hamm WRP 1964, S. 136 m. ablehnender Anm. v. *Gaedertz;* OLG München WRP 1964, S. 310; OLG Hamburg WRP 1965, S. 228.

[24] *Gassmann,* Hausfriedensbruch von Testkäufern, MDR 1964, S. 374 ff.; ähnlich auch *Meyer,* Probekäufe zur Sicherung lückenloser Preisbindungen, MA 1962, S. 431 ff. (437) und *Wildanger* im Industriekurier v. 10. 7. 1962, abgedruckt in BB 1962, S. 769 f.

[25] *Baumbach - Hefermehl,* Wettbewerbs- und Warenzeichenrecht, § 1 UWG, Anm. 538; ebenso *Ossenbrügge,* Hausfriedensbruch durch Testkäufer, BB 1964, S. 1154 f.

[26] *Hanack,* Hausfriedensbruch durch Testkäufer, JuS 1964, S. 352 ff. (354).

[27] *Eckhardt,* Diss. S. 182 ff.

nur dann anzunehmen sei, wenn das äußere Erscheinungsbild der Tat erheblich von dem durch die generelle Erlaubnis gedeckten Verhalten abweiche, das Merkmal des Eindringens beim Warenhausdieb verneint, beim Testkäufer dagegen bejaht[28]. Nun entspricht aber offensichtlich das Verhalten des Testkäufers, der lediglich einen bestimmten Markenartikel in dem Geschäft kauft, genau dem Verhalten der übrigen Kunden. Die Folgerungen, die Schröder hier aus der Abgrenzung einmal für den Warenhausdieb, zum anderen für den Testkäufer zog, standen daher in einem unbegründeten Widerspruch zueinander[29]. Seit der 13. Auflage wird nunmehr sowohl für den Warenhausdieb als auch für den Testkäufer das Tatbestandsmerkmal des Eindringens verneint, da es in diesen Fällen an einem konkretisierten Verbot fehle und der Mißbrauch der generellen Erlaubnis zu widerrechtlichen oder dem Berechtigten unerwünschten Zwecken das Betreten noch nicht zu einem Eindringen i. S. des § 123 mache[30]. Nur wenn der Testkäufer bereits persönliches Hausverbot erhalten habe, werde sein Betreten der Räume nicht mehr durch die generelle Erlaubnis gedeckt.

b) Unterschiedlich und teilweise unklar sind auch die Standpunkte zum Fall des Warenhausdiebes. Nach der Auffassung des Reichsgerichts macht der widerrechtliche oder unerlaubte Zweck allein das Eindringen nicht widerrechtlich, schließt aber regelmäßig die Zustimmung des Berechtigten aus[31]. Da das Reichsgericht das Wort „widerrechtlich" in § 123 als überflüssig ansah[32], wird man annehmen können, daß es bei dem Mißbrauch einer generellen Betretenserlaubnis grundsätzlich ein Eintreten gegen den Willen des Berechtigten annahm und damit den Tatbestand des Hausfriedensbruchs gegeben sah[33]. Von der neueren Rechtsprechung und einem Teil des Schrifttums ist die Auffassung des Reichsgerichts insoweit übernommen worden, als bei widerrechtlichem

---

28 *Schönke - Schröder*, 12. Aufl. 1965, § 123, Rdnr. 13, 14.

29 Vom Verfasser damals auf diesen Widerspruch hingewiesen, erklärte Schröder, daß tatsächlich das Beispiel des Warenhausdiebes dem in Anm. 13 ausgesprochenen Grundsatz, der Mißbrauch der Eintrittserlaubnis führe nicht zum Eindringen, nicht gerecht werde. Für Warenhausdiebe nämlich gelte die generelle Eintrittserlaubnis nicht, diese sei insoweit — ausdrücklich oder stillschweigend — eingeschränkt. Dasselbe gelte für Testkäufer, so daß also bei beiden ein Eindringen zu bejahen sei. Nach dieser „Zwischenlösung" wirkte die in der folgenden Auflage (13. Aufl. 1967, § 123, Rdnr. 15 b, 15 c) vertretene entgegengesetzte Auffassung verwirrend.

30 *Schönke - Schröder*, § 123, Rdnr. 15 a - 15 d (gleichlautend seit der 13. Aufl.); ebenso *Welzel*, Lb. S. 333 f.

31 RGSt. 12, 132 (134); 20, 150 (156); 35, 395.

32 RGSt. 5, 109 (111). Auch die heute h. M. sieht in dem Merkmal „widerrechtlich" nur den Hinweis an den Richter, Rechtfertigungsgründe besonders zu prüfen (vgl. *Hanack*, JuS 1964, S. 354; *Maurach*, Lb. BT S. 182).

33 Die genannten Entscheidungen des RG sind insoweit nicht ganz eindeutig.

Zweck meistens ein entgegengesetzter Wille des Berechtigten anzunehmen sei[34]. Da gleichzeitig stets darauf hingewiesen wird, daß die Widerrechtlichkeit des verfolgten Zwecks noch nicht das Tatbestandsmerkmal des (widerrechtlichen) Eindringens i. S. des § 123 begründe, andererseits aber in der Praxis aus dem unerlaubten Zweck durchweg auf ein widerrechtliches Eindringen geschlossen wird[35], bleibt diese Auffassung widersprüchlich[36] und gibt keine Antwort auf die Frage, ob auch bei einer generell erteilten Betretenserlaubnis der unerlaubte oder unerwünschte Zweck das Betreten als widerrechtliches Eindringen qualifiziert.

Soweit im übrigen Schrifttum ausdrücklich auf den Mißbrauch einer generellen Einwilligung zum Betreten der Geschäftsräume eingegangen wird, wird ein Eindringen des Warenhausdiebes von Eckhardt, Hanack, Schönke - Schröder und Welzel aus den bereits genannten Gründen verneint[37], während Maurach und Schäfer den Tatbestand des Hausfriedensbruchs schon dann bejahen, wenn jemand das Warenhaus lediglich zur Auskundschaftung einer günstigen Diebstahlsgelegenheit betritt, da die generelle Betretenserlaubnis nur auf Kauf- und Schaulustige zu beschränken sei[38]. Zu diesen Kauf- und Schaulustigen rechnet Maurach auch die Testkäufer, deren Verhalten daher nicht den Tatbestand des § 123 erfülle[39]. Da Maurach im Fall des Warenhausdiebes auf den konkludent erklärten Willen des Geschäftsinhabers abstellt, im Fall des Testkäufers dagegen den sogar ausdrücklich erklärten Willen des Berechtigten außer acht läßt, sind die von ihm vertretenen Lösungen nicht miteinander vereinbar.

Auffallend ist, daß bei dieser Argumentation gar nicht oder nur in unzureichendem Maße auf die Tatsache eingegangen wird, daß der Berechtigte die Geschäftsräume für den allgemeinen Verkehr eröffnet und sie damit seiner häuslichen Privatsphäre entzogen hat[40].

---

[34] BGH MDR 1968, S. 551 bei *Dallinger*; BayObLG MDR 1969, S. 778 = JR 1969, S. 466 m. zust. Anm. v. *Schröder*; OLG Braunschweig Nds. Rpfl. 1953, S. 53; *Schwarz - Dreher*, § 123, Anm. 3 A b; *Schäfer*, LK, § 123, Rdnr. 24.

[35] s. die in Anm. 34 zitierte Rspr.

[36] Will man letztlich auf den (entgegenstehenden) Willen des Berechtigten abstellen (s. BGH, a. a. O.), dann kommt es nicht auf die Widerrechtlichkeit des mit dem Betreten verfolgten Zwecks an, sondern allein auf die Einstellung des Berechtigten zu dem vom Eintretenden verfolgten Zweck, so daß ein „Eindringen" schon dann zu bejahen wäre, wenn der verfolgte Zweck dem zu vermutenden Willen des Berechtigten widerspricht.

[37] s. oben.

[38] *Maurach*, Lb. BT S. 182; *Schäfer*, LK, § 123, Rdnr. 25.

[39] *Maurach*, Fälle und Lösungen zum Strafrecht, S. 37 f.

[40] Berücksichtigt wird dieses Kriterium — wenigstens teilweise — nur in der Argumentation von *Eckhardt* (Diss. S. 182 ff.), ohne daß daraus jedoch entscheidende Konsequenzen für eine unterschiedliche Behandlung von Wohn- und Geschäftsräumen gezogen werden.

3. Zum Hausrecht in den Räumen des öffentlichen Dienstes oder Verkehrs

a) Gesichert ist die Erkenntnis, daß ein Hausrecht sowohl an privaten als auch an öffentlichen Sachen ausgeübt werden kann und daß Behörden und öffentlich-rechtliche Anstalten berechtigt sind, kraft des Hausrechts Betretungsverbote zu erlassen, deren Nichtbefolgung den Tatbestand des § 123 erfüllt. Im einzelnen bestehen jedoch erhebliche Unterschiede in den Auffassungen über Rechtsnatur, Zweck und Grenzen des Hausrechts in den Dienstgebäuden, die der Verfügungsgewalt der öffentlichen Hand unterliegen.

aa) Einen privatrechtlichen Charakter des Hausverbots vertritt der BGH: „Die Verfügungsgewalt am Verwaltungsvermögen — hier Rathaus einer Stadt — richtet sich nach privatem Recht (öffentliche Verwaltung in privatrechtlichen Formen). Eine Beschränkung des Rechts, andere von jeder Einwirkung auszuschließen, kann sich aus der öffentlich-rechtlichen Zweckbestimmung und dem Gleichheitsgrundsatz ergeben. Der Träger des Verwaltungsvermögens kann im Rahmen dieser Einschränkung das Eigentumsrecht nach freiem Ermessen gegenüber dem Störer ausüben[41]." Damit begrenzt der BGH zwar das Hausrecht in öffentlichen Diensträumen durch die öffentlich-rechtliche Zweckbestimmung und den Gleichheitssatz des Art. 3 GG, macht aber bezüglich des Zwecks und der Rechtsnatur keinen Unterschied zum Hausrecht in privaten Räumen.

bb) Demgegenüber unterscheidet die übrige Rechtsprechung, insbesondere die der Verwaltungsgerichte, zwischen einem öffentlich-rechtlichen und einem privatrechtlichen Charakter des Hausverbots: In privatrechtlicher Form ergehe das Hausverbot, wenn der Bürger die öffentlichen Diensträume nicht mit der Zielsetzung betrete, behördliche Angelegenheiten zu erledigen, wie der Hausierer, der sich an der Heizung des Rathauses aufwärmen will[42], oder wie der Geschäftsmann, der sich in dem Dienstgebäude um die Erteilung von Lieferungsaufträgen bemüht[43]. Einen Verwaltungsakt stelle das Hausverbot dagegen dann dar, wenn die Rechtsbeziehungen der Beteiligten nach öffentlichem Recht zu beurteilen seien, d. h. wenn der Bürger in seinem Recht beschränkt werde, mit der für ihn zuständigen Verwaltungsbehörde zur Erledigung seiner Angelegenheiten persönlich zu verkehren, um z. B. —

---

[41] BGHZ 33, 230 (betr. Rathausverbot für Standesamtsfotografen wegen störenden Verhaltens im Rathaus). Von den gleichen Grundsätzen geht auch BGH DVBl. 1968, S. 145 aus (betr. Hausverbot des Bundesverteidigungsministers gegen Handelsvertreter).

[42] OVG Hamburg MDR 1957, S. 188.

[43] OVG Münster DVBl. 1968, S. 157; BVerwG DVBl. 1971, S. 111 m. zust. Anm. v. *Bettermann*.

wie im Fall I 3 a — eine Sozialhilfeunterstützung oder eine Steuerermäßigung zu beantragen[44]. Hier unterliege das Hausverbot als Verwaltungsakt den allgemeinen Einschränkungen durch das öffentliche Recht, doch sei die Behörde befugt, solche Personen aus ihren Gebäuden fernzuhalten, die durch ihr Verhalten den ordnungsgemäßen Ablauf des Dienstbetriebs und die Abwicklung der Dienstgeschäfte stören.

Entsprechend diesen Grundsätzen hat das OLG Celle das Bahnhofsverbot der Bundesbahn gegenüber einem Reisenden als Verwaltungsakt bezeichnet, wobei das Hausrecht der Bundesbahn durch die öffentlich-rechtlichen Bestimmungen der EVO beschränkt sei[45]. Nicht damit im Einklang steht jedoch die Entscheidung des OLG Celle, daß auch das Bahnhofsverbot gegenüber einem Bahnhofsgänger ein Verwaltungsakt sei, denn dieser wollte nicht die Beförderungsdienste der Bahn in Anspruch nehmen — also sinngemäß „behördliche Angelegenheiten erledigen" —, sondern vielmehr „andere junge Männer ansprechen"[46].

Abgesehen von der Fragwürdigkeit der Abgrenzung von öffentlichem und privatem Recht[47] ist der Rechtsprechung der Vorwurf zu machen, daß sie die Frage nach der Bedeutung der öffentlichen Räume und des in diesen Räumen bestehenden Hausrechts nicht stellt und nur unzureichend auf das hiermit zusammenhängende Recht des Bürgers auf persönlichen Verkehr mit den Behörden eingeht[48].

cc) Im neueren Schrifttum des öffentlichen Rechts wird heute überwiegend ein öffentlich-rechtlicher Charakter des Hausrechts in öffentlichen Diensträumen zugrunde gelegt und demgemäß das Hausverbot als Verwaltungsakt qualifiziert: In den Dissertationen von Frühling und Schmitt wird für den Bereich des Verwaltungsvermögens die Existenz eines privatrechtlichen Hausrechts überhaupt geleugnet, wobei Frühling den Besitzschutz der §§ 859 ff. BGB, den er als Grundlage für die Ausübung des privaten Hausrechts bezeichnet, als Ausdruck eines allgemeinen Rechtsgedankens begreift, der auch im öffentlichen Recht gelte[49]. Schmitt dagegen weist ein öffentlich-rechtliches Hausrecht historisch nach[50] und ordnet das geltende Hausrecht in öffentlichen Diensträumen unter Abwägung der verschiedenen Abgrenzungstheorien dem öffent-

---

[44] OVG Münster DVBl. 1963, S. 450 und DVBl. 1968, S. 157.

[45] OLG Celle MDR 1965, S. 595; s. auch RGSt. 36, 188.

[46] OLG Celle MDR 1966, S. 944.

[47] s. dazu eingehend *Schmitt,* Diss. S. 46 ff.; ferner *Haak,* Das Hausrecht an Behördengebäuden, DVBl. 1968, S. 134 ff. (136); *Knoke,* Betriebliche Ordnungsgewalt in Räumlichkeiten des Verwaltungsvermögens, AöR 1969, S. 388 ff. (396 f.).

[48] Vgl. zu dieser Kritik auch *Haak,* a. a. O.; *Knemeyer,* Öffentlich-rechtliches Hausrecht und Ordnungsgewalt, DÖV 1970, S. 596 ff.

[49] *Frühling,* Diss. S. 115 ff. (122 ff.).

[50] Zur historischen Entwicklung des Hausrechts s. unten 2. Teil II 2.

lichen Recht zu[51]. Von anderen Autoren wird aus der Aufgabe der öffentlichen Verwaltung die Gemeinzugänglichkeit der Behördengebäude gefolgert, die eine ständige Kommunikation der Verwaltung mit dem Bürger ermöglichen soll. Das den freien Zugang einschränkende Hausverbot berühre daher das Demokratiegebot und habe demzufolge stets öffentlich-rechtlichen Charakter. Die allgemeine Zugänglichkeit sei nur durch die Funktionsfähigkeit der Verwaltung begrenzt[52], der das öffentlich-rechtliche Hausrecht diene[53]. Von diesem Standpunkt aus ist es bedeutungslos, ob der Betroffene im Rahmen öffentlich-rechtlicher Rechtsbeziehungen das Behördengebäude betreten will oder ob er dort private Interessen verfolgt — z. B. der Hausierer sich im Rathaus aufwärmen will —, in jedem Fall handelt es sich um einen im Verwaltungsrechtsweg nachprüfbaren Verwaltungsakt[54]. Im übrigen ist nach dieser Auffassung zwischen dem öffentlich-rechtlichen Hausrecht einerseits und der Anstaltsgewalt bzw. der internen oder betrieblichen Ordnungsgewalt andererseits zu unterscheiden: Das Hausrecht soll der Abwehr von Störungen durch Außenstehende dienen, zugelassene Anstaltsbenutzer und Mitglieder einer Körperschaft dagegen sollen nur der internen Anstalts- oder Ordnungsgewalt unterworfen sein[55].

Während im öffentlich-rechtlichen Schrifttum also doch nachdrücklich auf die besondere Bedeutung der zum öffentlichen Dienst bestimmten Räume und auf ihr entscheidendes Kriterium, die Öffentlichkeit, hingewiesen wird[56], unterscheidet die strafrechtliche Literatur heute überhaupt nicht zwischen dem Hausrecht in privaten Räumen und dem Hausrecht in den zum öffentlichen Dienst bestimmten Räumen[57]. Nur

---

[51] *Schmitt*, Diss. S 46 ff., 68 ff.

[52] Ein Hausverbot ist danach gerechtfertigt gegenüber Personen, die eine geordnete Verwaltungstätigkeit stören.

[53] So insbesondere *Haak*, DVBl. 1968, S. 134 ff.; *Knemeyer*, DÖV 1970, S. 596 ff.; ders., Janusköpfiges Hausrecht?, DÖV 1971, S. 303 f. jeweils m. w. N.; *Sannig*, Das Hausrecht der Behörden, Staats- und Kommunalverwaltung 1955, S. 53 f. — Für ein öffentlich-rechtliches Hausrecht im Bereich der Universität auch *Folz*, Polizeiliche Zuständigkeiten und kollidierende Kompetenzen anderer Hoheitsträger, JuS 1965, S. 41 ff. (43) und *Sonderkötter*, Darf die Polizei im Universitätsgelände tätig werden?, S. 22 ff. (27 ff.).

[54] s. *Haak* und *Knemeyer*, a. a. O.; ebenso *Schmitt*, Diss. S. 78.

[55] Vgl. *Knemeyer*, DÖV 1970, S. 597 f., 600 f.; ähnlich *Haak*, a. a. O.; anders aber *Knoke*, AöR 1969, S. 398 ff. und *Wolff*, VwR II, § 99 II b, die das öffentlich-rechtliche Hausrecht als betriebliche Ordnungsgewalt auffassen und daher auf alle Personen beziehen.

[56] So besonders von *Schmitt*, Diss.; *Denninger*, Demonstrationsfreiheit und Polizeigewalt, ZRP 1968, S. 42 ff. (45); *Frühling*, Diss. S. 80 ff.; für eine Differenzierung wohl auch *Maul*, JR 1970, S. 85.

[57] Einen Hinweis auf das Problem und eine übersichtliche Darstellung der verschiedenen Meinungen gibt nur *Schäfer*, LK, § 123, Rdnr. 27 ff., der allerdings selbst keine Folgerungen daraus für das Wesen des Hausrechts ziehen will (Rdnr. 35).

vereinzelt wird pauschal darauf hingewiesen, daß das Hausrecht in den öffentlichen Diensträumen nicht willkürlich ausgeübt werden dürfe und einer Reihe von Beschränkungen unterliege[58]; lediglich im älteren Schrifttum des Strafrechts findet man gelegentlich die Auffassung vertreten, daß die Vorschrift zum Schutz von öffentlichen Diensträumen mit dem eigentlichen Hausfriedensbruch nichts zu tun habe[59].

b) Unterschiedlich sind auch die Auffassungen zum Hausrecht der Behörde gegenüber einem Besucher der Obdachlosenunterkunft. Während das OLG Köln auf das hier vorliegende öffentlich-rechtliche Verhältnis zwischen dem Eingewiesenen und der Obdachlosenbehörde die Grundsätze der Rechtsprechung zum Hausrecht zwischen Vermieter und Mieter entsprechend herangezogen hat und demgemäß hier erst recht eine Einschränkung der „Dispositionsfreiheit" des Eingewiesenen annimmt, so daß das als Verwaltungsakt ergangene Hausverbot gegenüber die Ruhe und Ordnung der Unterkunft störende Besucher berechtigt sei[60], betont das OLG Bremen allein den öffentlich-rechtlichen Charakter des Unterbringungsverhältnisses und begründet die Weisungsbefugnis der Anstaltsleitung gegenüber dem Eingewiesenen aus dem besonderen Gewaltverhältnis, in dem dieser stehe. Dagegen übe die Ordnungsbehörde im Verhältnis zu den Besuchern das ihr nach außen hin zustehende bürgerliche Hausrecht aus[61]. Zwar wird die einzelne Unterkunft des Eingewiesenen ausdrücklich als Wohnung im Sinne des § 123 bezeichnet, dem Obdachlosen jedoch kein eigenes — wenn auch eingeschränktes — Hausrecht zugesprochen, sondern nur ein durch die polizeiliche Einweisungsverfügung bedingtes Aufenthaltsrecht zugebilligt. Auch das OVG Münster gelangt zu einer derartigen Einschränkung der Befugnisse des Eingewiesenen; anders als das OLG Bremen leitet es jedoch die innerbetrieblichen Anordnungen gegenüber dem störenden Eingewiesenen aus einem bürgerlichen, auf dem Besitz beruhenden Hausrecht der Behörde ab[62], das der ungestörten Benutzung der öffentlichen Sache durch die Gesamtheit diene[63].

Ebenso uneinheitlich wie in der Rechtsprechung sind die Auffassungen im Schrifttum, das sich hier zudem mit der bloßen Aufstellung von

[58] Vgl. *Schwarz - Dreher*, § 123, Anm. 2 D a; *Welzel*, Lb. S. 333.

[59] s. *Berge*, Diss. S. 12; *John*, Hausfriedensbruch, S. 154, 159; *Kronecker*, Verbrechen und Vergehen, S. 307; *Mößner*, Diss. S. 3, 132; *Schöffler*, Diss. S. 41, 45 f.

[60] OLG Köln NJW 1966, S. 265.

[61] OLG Bremen NJW 1966, S. 1766.

[62] Wenn man schon auf den Besitz abstellen will, müßte man aber wohl den Obdachlosen als Besitzer an der Unterkunft ansehen. Außerdem hätte das OVG bei dieser Argumentation die Zulässigkeit der Verwaltungsklage nicht bejahen dürfen.

[63] OVG Münster DVBl. 1963, S. 303; anders BVerwG NJW 1964, S. 315 (innerbetriebliche Anordnung = Verwaltungsakt).

Behauptungen begnügt: Während Schäfer allein die Ordnungsbehörde als Inhaberin des Hausrechts in der Obdachlosenunterkunft ansieht[64], will Schröder bei Heimen und Anstalten — entsprechend den Untermietverhältnissen — der Behörde „meist auch einen Teil des Hausrechtes" an der zugewiesenen Unterkunft zusprechen[65].

Weder in der Rechtsprechung noch im Schrifttum wird auf den Zweck der Obdachlosenunterkünfte, auf die mit der Einweisung beabsichtigte Resozialisierung der Obdachlosen, eingegangen.

c) Die Frage, ob die Teilnehmer eines „go-in" bzw. „sit-in" durch ihr Verhalten den Tatbestand des Hausfriedensbruchs erfüllen, hat das OLG Stuttgart in seiner Entscheidung über die Besetzung öffentlicher Diensträume durch Tübinger Studenten bejaht und eine Rechtfertigung des Eindringens durch Art. 5 oder Art. 8 GG oder durch übergesetzlichen Notstand mit der Begründung abgelehnt, daß das Demonstrationsrecht dort seine Grenze finden müsse, wo die Rechte unbeteiligter Dritter verletzt würden[66]. Unklar bleibt in der Entscheidung, warum das Gericht hier die „Rechte unbeteiligter Dritter" (worin bestehen diese Rechte?) höher bewertet als die allgemein bedeutsamen Interessen der Studenten, die für konkret genannte bessere Ausbildungsverhältnisse an dem Psychologischen Institut der Universität Tübingen demonstrierten.

Im Schrifttum zu den Demonstrationsprozessen wird ebenfalls das aus Art. 5 und 8 GG abzuleitende Demonstrationsrecht dem durch § 123 zu schützenden Rechtsgut gegenübergestellt[67], wobei das Demonstrationsrecht dann überschritten sei, wenn die Meinungsäußerung für andere unmittelbare Schäden verursache, die über eine vorübergehende Störung hinausgingen, z. B. bei einem Tage dauernden „go-in" von Studenten in die Diensträume einer Universität[68].

Abgesehen von dem Mangel, daß diese Abgrenzung zu vage bleibt, als daß sie die Abwägung der beiden Rechtsgüter nach der einen oder der

---

[64] *Schäfer*, LK, § 123, Rdnr. 28.

[65] *Schönke - Schröder*, § 123, Rdnr. 12; ähnlich *Maurach*, Lb. BT S. 183; *Schwarz - Dreher*, § 123, Anm. 1 B.

[66] OLG Stuttgart NJW 1969, S. 1776; vgl. auch AG Göttingen, Urt. v. 4. 11. 1968, DRiZ 1969, S. 89; weitere Rechtsprechungsnachweise bei *Tiedemann*, Bemerkungen zur Rechtsprechung in den sog. Demonstrationsprozessen, JZ 1969, S. 717 ff. (725).

[67] *Denninger*, ZRP 1968, S. 44 f.; *Maul*, JR 1970, S. 83 ff. m. w. N.; s. auch *Löffler*, Um die akademische Freiheit, NJW 1961, S. 529 ff. (533); a. A. *Guradze*, Demonstrationsfreiheit und Polizeigewalt, ZRP 1969, S. 6 f., der nur ein Recht auf „friedliche Demonstrationen" bejaht.

[68] Zulässig soll dagegen eine kurzfristige Rektoratsbesetzung sein, die auf die „wirklich katastrophalen" Ausbildungsverhältnisse an der Universität hinweise, sofern andere Versuche einer Änderung der Verhältnisse erfolglos geblieben seien und die Tätigkeit des Rektors nicht über Gebühr behindert werde (so *Maul*, JZ 1970, S. 84, 85).

anderen Seite hin bestimmen könnte, sind noch die Auffassungen von dem Hausrecht in öffentlichen Diensträumen unterschiedlich: So stellen Maul und andere Autoren auf das ungestörte Funktionieren der in diesen Räumen tätigen Behörden oder Organe ab[69], während Denninger die Funktionsfähigkeit des staatlichen Verwaltungsapparates durch andere Vorschriften als durch § 123 geschützt sieht und eine „relative (berufsbezogene) räumliche Intimsphäre, welche unter den Schutz des § 123 fallen könnte", nur für die einzelnen Organwalter (z. B. im Dienstzimmer des Rektors, Hochschullehrers usw.) anerkennen will, so daß ein strafbarer Hausfriedensbruch nur dann gegeben sei, wenn zu dem unbefugten Verweilen in den öffentlichen Räumen eine Verletzung der persönlichen Raumsphäre eines Organwalters hinzutrete[70]. Damit dürfte die Verwirrung komplett sein, denn den Schutz der öffentlichen Räume im Hinblick auf die allgemeine Bestimmung des Rechtsguts als relative Intimsphäre auf den Schutz der persönlichen Raumsphäre eines Organwalters zu beschränken, wäre nur dann sinnvoll und konsequent, wenn diese Raumsphäre des Organwalters der „für die Persönlichkeitsentfaltung unerläßlichen Intimsphäre" des privaten Bürgers vergleichbar wäre. Das aber ist sicher nicht der Fall[71]. Im übrigen wird man Denninger zwar darin zustimmen müssen, daß durch das Hausrecht in öffentlichen Diensträumen nicht eine Intimsphäre des Staates und seiner Verwaltung geschützt wird, da es eine solche nicht gibt; für seine Behauptung jedoch, daß die Vorschrift des § 123 nicht die Funktionsfähigkeit des staatlichen Verwaltungsapparates schützen könne, bleibt er jegliche Begründung schuldig[72].

Da § 123 StGB sich ausdrücklich auch auf öffentliche Sachen bezieht, muß auch dem Hoheitsträger in öffentlichen Räumen ein Hausrecht zustehen, das freilich mit dem als individuelles Freiheitsrecht charakterisierten Hausrecht in Wohnräumen wenig zu tun haben dürfte. Während im öffentlich-rechtlichen Schrifttum ein besonderes öffentlich-rechtliches Hausrecht immerhin diskutiert wird, wird im Strafrecht noch nicht einmal die Möglichkeit einer Differenzierung des Hausrechts in den verschiedenen Räumlichkeiten gesehen.

---

[69] *Maul*, JZ 1970, S. 83 ff.; *Folz*, JuS 1965, S. 45 f.; *Knemeyer*, DÖV 1971, S. 303 f.; *Knoke*, AöR 1969, S. 397, 401 f.

[70] *Denninger*, ZRP 1968, S. 45, 46.

[71] s. im einzelnen unten 3. Teil I und III. Bezeichnend ist, daß Denninger über den Inhalt der persönlichen Raumsphäre nichts aussagt, sondern sie ohne Begründung der häuslichen Privatsphäre gleichsetzt.

[72] s. nur § 122 AE, der „Diensträume" deshalb in den Schutz des „Hausfriedens" einbeziehen will, „weil die Verwaltung sonst gegenüber Massen-go-ins in den meisten Fällen praktisch schutzlos wäre" (AE, BT — Straftaten gegen die Person, Begründung S. 75). Ausführlich dazu unten 4. Teil III. — Zur Kritik an Denninger s. auch *Tiedemann*, JZ 1969, S. 725 und *Guradze*, ZRP 1969, S. 6 f.

Unser Überblick vermittelt ein überaus uneinheitliches Bild des Hausrechts in Lehre und Rechtsprechung und zeigt mit erschreckender Deutlichkeit, welche Schwierigkeiten die eindeutige Feststellung einer Hausrechtsverletzung im Sinne des § 123 bereitet und daß erst ein Ansatzpunkt gefunden werden muß, der eine inhaltliche Ausfüllung des Begriffs Hausrecht und damit eine echte Subsumtion ermöglicht.

Zweiter Teil

Der Weg zur Lösung: das geschützte Rechtsgut und seine soziale Funktion

Im folgenden soll nun versucht werden, durch Auslegung des Tatbestands des Hausfriedensbruchs den Inhalt dieser Vorschrift zu bestimmen und ihre Bedeutung zu entfalten. Bei der Auslegung einer Rechtsnorm ist vom Wortlaut auszugehen, da die Grenze des sprachlich Möglichen die Auslegung der Begriffe nach Zusammenhang und Zweck begrenzt[1]. Die grammatische Methode allein hilft uns jedoch hier nicht weiter, denn der sprachliche Sinn des Wortes „eindringen", das die entscheidende Angriffshandlung beim Hausfriedensbruch bezeichnet, ist mehrdeutig und ermöglicht keine genaue Abgrenzung. Das Wort „eindringen" beinhaltet zwar nach allgemeinem Sprachgebrauch die Überwindung eines Hindernisses, sagt aber noch nichts darüber aus, ob das Hindernis nur physischer oder auch psychischer Art sein kann, ob es äußerlich erkennbar sein muß usw. Die grammatische Methode der Auslegung allein kann also nur den ungefähren Rahmen des möglichen Wortsinns umreißen.

Inhalt und Abgrenzung der Vorschrift des § 123 sind daher durch teleologische Auslegung zu ermitteln. Der entscheidende Anknüpfungspunkt hierfür ist die Feststellung des geschützten Rechtsguts, da unser Strafrecht vornehmlich am Rechtsgüterschutz orientiert ist[2]. Fraglich ist nur, ob der Begriff des Rechtsguts, so wie er bisher im Strafrecht verwandt wird, für eine der Aufgabe des Strafrechts gerecht werdende Auslegung brauchbar ist. Bevor wir uns jedoch mit dem Rechtsgutsbegriff auseinandersetzen, wollen wir untersuchen, ob mit Hilfe der in der Literatur

---

[1] Vgl. *Larenz*, Methodenlehre der Rechtswissenschaft, S. 301 ff.; BGHSt. 3, 300 (303); BGHZ 46, 74 (76).

[2] Daß das Rechtsgut die Grundlage der Tatbestandsauslegung bildet, ist heute unbestritten (vgl. *Baumann*, Lb. S. 128, 136; *Maurach*, Lb. AT S. 212 ff. (216); *Roxin*, Sinn und Grenzen staatlicher Strafe, JuS 1966, S. 377 ff. (381 f.); *Schönke - Schröder*, § 2, Rdnr. 38 m. w. N.). Wenn *Welzel* (Lb. S. 1 ff.) die primäre Aufgabe des Strafrechts nicht im Rechtsgüterschutz sieht, sondern in der Sicherstellung der realen Geltung der Aktwerte, d. h. der Achtung vor den Rechtsgütern, so bleibt doch auch bei ihm das Rechtsgut für die Tatbestandsauslegung richtungweisend, da jene Aktwerte auf die Rechtsgüter bezogen sind (s. auch *Bettiol*, Das Problem des Rechtsgutes in der Gegenwart, ZStW 72, S. 276 ff. [280]); näher dazu unten III 8.

und Rechtsprechung gegebenen Beschreibungen das Rechtsgut des § 123, das wir zunächst mit dem umfassenden Begriff des Hausrechts belegen, konkretisiert und der Inhalt der Vorschrift erfaßt werden kann, um zu einer brauchbaren Lösung der Tatbestandsprobleme zu gelangen.

I. Die verschiedenen Deutungen des Rechtsguts des Hausfriedensbruchs in Literatur und Rechtsprechung

1. Die öffentliche Ordnung

Lehre und Praxis sind sich heute darin einig, daß die Einordnung des einfachen Hausfriedensbruchs unter den Abschnitt der „Vergehen wider die öffentliche Ordnung" verfehlt und das durch § 123 geschützte Rechtsgut daher nicht die öffentliche Ordnung ist[3]. Denn der Gemeinschaftsfriede und damit die öffentliche Ordnung wird durch den Hausfriedensbruch — wie durch die meisten Straftaten — allenfalls mittelbar angetastet. Schon der Wortlaut des Tatbestands zeigt, daß nur bestimmte Räumlichkeiten gegen unbefugtes Eindringen und Verweilen geschützt werden, so daß der Hausfriedensbruch, wie auch der vom privaten Willen des Verletzten abhängige Antrag zeigt, zweifellos in erster Linie ein privates Rechtsgut verletzt. Die neueren StGB-Entwürfe haben dieser Kritik inzwischen Rechnung getragen und ordnen demgemäß den einfachen Hausfriedensbruch bei den Straftaten gegen die persönliche Freiheit ein[4].

2. Der Hausfriede

Einige Autoren sehen den Hausfrieden als das von dem Täter verletzte Rechtsgut an[5]. Der Begriff Hausfriede ist jedoch mehrdeutig. So versteht Allfeld darunter den „Zustand ungestörter Geltung des Willens einer Person in den ihr untergebenen Räumen"[6]; andere Autoren dagegen stellen auf die äußerlich erkennbare Störung des Friedens ab[7]. Wollte man der letzteren Auffassung folgen, so müßte man zu dem Ergebnis kommen, daß das Betreten eines Grundstücks oder Hauses in Abwesenheit des Berechtigten oder das unbefugte Betreten eines Hauses, in dem gerade eine große allgemeine Schlägerei im Gange ist, keine Verletzung des durch § 123 geschützten Rechtsguts bedeutet. Denn im ersten Fall

---

[3] Vgl. statt aller *Maurach*, Lb. BT S. 179; *Schönke - Schröder*, § 123, Rdnr. 1 m. w. N.; s. aber auch *Schwarz - Dreher*, § 123, Anm. 1 A, der die öffentliche Ordnung hier immerhin als „Rechtsgut in zweiter Linie" bezeichnet.

[4] Vgl. zuletzt E 62, § 172; AE 1970, § 122.

[5] *Allfeld*, Lb. S. 402; *Henseler*, Hausfriedensbruch beim Testkauf?, WRP 1962, S. 325 f.; *Merkel*, Lb. S. 348; *v. Olshausen*, § 123 Anm. 2.

[6] *Allfeld*, a. a. O.

[7] Vgl. *Henseler*, a. a. O.

bleibt der äußere Zustand unverändert, im zweiten Fall besteht ein Hausfriede schon gar nicht mehr, so daß hier jeder trotz Hausverbots eindringen könnte, ohne sich eines Hausfriedensbruchs schuldig zu machen. Ein solches Ergebnis wird freilich auch nirgends vertreten. Es kann daher grundsätzlich nicht auf den Frieden der betreffenden Lokalität an sich ohne Rücksicht auf den Verfügungsberechtigten ankommen, sondern eher auf die Verfügungsgewalt des Inhabers der Räume[8].

Zwar gebraucht auch der Gesetzgeber im Gesetzeswortlaut den Begriff des Hausfriedens und des befriedeten Besitztums; die Bezeichnung Hausfriedensbruch jedoch ist nur der geschichtlichen Überlieferung entsprechend — Schutz der alten Friedensinstitute wie Stadt-, Markt- und Kirchenfrieden — ohne Rücksicht auf die Zweckmäßigkeit übernommen[9], und mit dem Ausdruck „befriedet" ist nicht der Friede eines Hauses, sondern die äußere Abgrenzung der Räumlichkeit gemeint[10].

3. Der Besitz

Nach anderer Auffassung soll das durch die Vorschrift des Hausfriedensbruchs geschützte Rechtsgut mit dem Besitzschutzrecht der §§ 858 ff. BGB verwandt sein. Das Reichsgericht hat das Hausrecht aus dem ungestörten unmittelbaren Besitz abgeleitet, indem es die tatsächlich und rechtlich ungestörte Innehabung der Räume als Wohnung als Voraussetzung für die Ausübung des Hausrechts ansah[11]. Im Schrifttum wird teilweise die Vorstellung eines bloßen Besitzschutzes vertreten[12], teilweise auf starke Besitzelemente innerhalb des Hausrechts hingewiesen[13]. Ob dabei allerdings der Begriff des Besitzes i. S. des BGB zu verstehen ist,

---

[8] s. auch *Mößner*, Diss. S. 47.

[9] *Nölting*, Diss. S. 25; s. näher dazu unten II 2.

[10] Vgl. *Schäfer*, LK, § 123, Rdnr. 13; *Schönke - Schröder*, § 123, Rdnr. 7 — Der Friedensschutz spielt heute nur noch eine Rolle beim befriedeten Besitztum, s. dazu unten 4. Teil IV.

[11] RGSt. 36, 322; 57, 139; ebenso OVG Münster DVBl. 1963, S. 303 (304); auch OLG Braunschweig (Nds. Rpfl. 1962, S. 118) sieht in dem Hausrecht „vor allem auch das Besitzrecht", macht aber die Ausübung des Hausrechts nicht entscheidend von der Innehabung des Besitzes abhängig.

[12] *Beling*, Grundzüge des Strafrechts, S. 85; *Jauer*, Diss. S. 36; ähnlich *Frühling*, der einerseits die Auffassung vertritt, „daß die in § 123 StGB erfaßten Fälle des Eindringens und Verweilens Sonderfälle der in den §§ 859 ff. BGB geregelten Besitzstörungen sind" (Diss. S. 31), andererseits den Besitzschutz nur als Mittel zum Zweck ansieht, d. h. um „das Recht des Wohnungsinhabers auf freie Entfaltung seiner Persönlichkeit in der Wohnung besonders zu schützen" (Diss. S. 40). Widersprüchlich auch *Nölting*, Diss. S. 29 und S. 30.

[13] *Frank*, § 123, Anm. I; *Kohlrausch - Lange*, § 123, Anm. I; *Schäfer*, LK, § 123, Rdnr. 1; *Welzel*, Lb. S. 332; die Besitzsphäre betont auch *Hanack*, JuS 1964, S. 354 f. („raumbezogene Komponente").

erschien schon Frank zweifelhaft, der die „zweifellos falsche Anschauung, daß der Hausfriedensbruch ein Vermögensdelikt sei“, vermieden wissen wollte und daher die „nichtvermögensrechtliche Seite des Besitzes hervorzukehren“ suchte[14]. Wie man aber dem Besitz des BGB eine solche nichtvermögensrechtliche Seite abgewinnen soll, bleibt unklar. Es ist daher, wie Schmitt zutreffend folgert, die Vermutung nicht von der Hand zu weisen, „daß die Theorie von der Verwandtschaft mit dem Besitz das Wort ‚Besitz‘ lediglich verwendet, um einen Zusammenhang zu beschreiben, welchen Maurach, der das Wort Besitz vermeidet, durch die Formulierung ausdrückt, die Dispositionsfreiheit des Geschützten sei hier ‚vollständig sachbezogen‘[15]“[16]. Diese Umschreibung läuft aber wieder auf eine Verletzung des Besitzwillens, der Verfügungsgewalt, hinaus. Gegen die Auffassung des Hausfriedensbruchs als eines Besitzdelikts spricht auch der mit dem Besitzschutz des BGB verfolgte Zweck der allgemeinen Friedenswahrung und der Verhinderung eigenmächtiger Rechtsverwirklichung, der — wie wir gesehen haben — durch § 123 allenfalls mittelbar verwirklicht werden soll[17]. Ferner spricht gegen die Vorstellung eines bloßen oder überwiegenden Besitzschutzes die Überlegung, daß der Immobilienbesitz durch die verschiedensten Mittel verletzt werden kann, ohne daß ein Hausfriedensbruch vorliegt. Dann wäre es aber sehr befremdlich, wenn der Gesetzgeber durch § 123 nur einen winzigen Teil aller möglichen den Besitz verletzenden Fälle mit Strafe bedroht, nur weil er den Besitz schützen will[18]. Ein Zusammenhang zwischen der Hausrechtsverletzung und der Besitzstörung ist daher nur insoweit zu bejahen, als der Berechtigte durch den Hausfriedensbruch auch stets in seinem unmittelbaren Besitz an den im Tatbestand genannten Objekten beeinträchtigt wird[19], ohne daß diese Beeinträchtigung jedoch den Gehalt der Hausrechtsverletzung ausschöpft, da — wie noch zu zeigen sein wird — das Hausrecht mehr bedeutet als „das ‚Haben‘ der Räumlichkeiten oder in ihnen gelagerter Gegenstände“[20].

---

[14] *Frank*, a. a. O.

[15] *Maurach*, Lb. BT S. 180.

[16] *Schmitt*, Diss. S. 23.

[17] Dagegen sah Berge das Hausrecht als einen Anwendungsfall des Besitzschutzes an, da er beim Hausrecht noch „die öffentlichen Interessen der Friedenswahrung“ in den Vordergrund stellte (Diss. S. 13, 40 f.).

[18] Auch durch Art. 13 GG soll ja wohl mehr als nur der Besitz für unverletzlich erklärt werden!

[19] s. schon *Mößner*, Diss. S. 7: „Dieser Auffassung (erg. vom Hausrecht als Besitz) ist entgegenzuhalten, daß sie nur das Angriffsobjekt berücksichtigt.“

[20] *Hanack*, JuS 1964, S. 354, Anm. 12. Gegen die Annahme eines bloßen oder überwiegenden Besitzschutzes auch *Leiser*, Diss. S. 39 f., 42 ff.; *Mößner*, Diss. S. 7 f., 130; *Schmitt*, Diss. S. 23 f., 31 f.; *Schöffler*, Diss. S. 8.

4. Die Formel der h. M.: Das Hausrecht — ein der persönlichen Freiheit verwandtes, aber doch eigenartiges Rechtsgut

Die heute in der strafrechtlichen Literatur überwiegende Meinung versteht das Hausrecht als Freiheit, innerhalb bestimmter geschützter Räume zu bestimmen, wer sich darin aufhalten darf und wer nicht[21]. Sie geht zurück auf die von Franz v. Liszt geprägte Formel: „Hausrecht ist das rechtlich geschützte Interesse an ungestörter Betätigung des eigenen Willens in der eigenen Wohnung und dem umfriedeten Besitze, an dem freien Schalten und Walten in Haus und Hof; ein der persönlichen Freiheit verwandtes, aber doch eigenartiges Rechtsgut[22].“ Dieses auf die Persönlichkeit des einzelnen bezogene Gesamtrechtsgut eigener Art soll Freiheits-, Sicherheits-, Besitz- und vor allem Willenselemente enthalten[23].

Eine solche verschiedene Elemente umfassende Formel, die sich als reine Zweckschöpfung darstellt, muß zwangsläufig allgemein bleiben und erfaßt den Rechtscharakter des Hausrechts nur in groben Umrissen. Sie besagt insbesondere nichts darüber, worin denn die „Eigenartigkeit“ dieses Rechtsguts außer in dem — ungeklärten — Zusammenspiel der verschiedenen Elemente besteht, und gibt kein Kriterium für eine eindeutige Feststellung, ob eine Handlung nun das Hausrecht oder z. B. die persönliche Freiheit oder Sicherheit verletzt. Das Hervorheben des Willens des Hausrechtsinhabers erlaubt allenfalls die Feststellung, daß das Tatbestandsmerkmal des Eindringens kein äußerlich erkennbares störendes Verhalten voraussetzt, sondern nur ein Betreten gegen den erkannten Willen des Berechtigten, so daß sein Einverständnis bereits die Tatbestandsmäßigkeit ausschließt. Die tatbestandsmäßige Handlung bestünde danach in einer Verletzung oder Mißachtung des Willens des Hausrechtsinhabers. Nun wird man aber nicht schon den Willen selbst als ein von der Norm des § 123 geschütztes Gut ansehen können, denn der Wille als solcher wird bei jedem Delikt verletzt[24]. Im übrigen ist es gerade im Fall des Testkäufers oder des Warenhausdiebes und beim Hausfriedensbruch in öffentlichen Diensträumen zweifelhaft, ob hier das freie Schalten und Walten des Berechtigten geschützt werden soll, also jeder, der die Räume zu einem vom Inhaber unerwünschten Zweck betritt, nach § 123 strafbar sein soll[25]. Die Dürftigkeit und mangelnde Abgrenzungsmöglichkeit eines solchen komplexen Rechtsguts zeigt sich auch

---

21 Vgl. *Schönke - Schröder*, § 123 Rdnr. 1 und *Schäfer*, LK, § 123, Rdnr. 1 m. w. N.

22 *v. Liszt*, Lb. S. 386.

23 s. oben Anm. 21; ferner *Hanack*, JuS 1964, S. 354; *Nölting*, Diss. S. 27; *Berge*, Diss. S. 8 f. Eine ausführliche Übersicht über die ältere Literatur geben *Leiser* (Diss. S. 28 ff.) und *Mößner* (Diss. S. 5 ff.).

24 Ebenso *Hanack*, JuS 1964, S. 354; *Nölting*, Diss. S. 28.

25 s. im einzelnen unten 4. Teil II 2.

daran, daß dieselben Autoren, die ein derart umschriebenes Hausrecht vertreten, in den oben genannten Problemfällen häufig zu vollig entgegengesetzten Ergebnissen kommen[26].

Auch die gelegentlichen Versuche, innerhalb dieses Rahmens die „Eigenart" des Hausrechts durch stärkere Betonung des Freiheitselements näher zu bestimmen, befriedigen nicht[27]: Die Betonung einer engen Verwandtschaft oder gar Identifizierung des Hausrechts mit der persönlichen Freiheit[28] trägt dem Charakter des Hausrechts zwar insoweit Rechnung, als zumindest die Wohnung eine Sphäre bildet, in der die Selbstbestimmung des Verhaltens und die Entfaltungsfreiheit des einzelnen am stärksten zum Ausdruck kommen, sie kann aber wohl kaum für solche Räume gelten, die wie Geschäftsräume, Bahnhöfe usw. der allgemeinen Öffentlichkeit zugänglich gemacht worden sind. Abgesehen davon ist auch der Hausfriedensbruch in Wohnräumen nicht als Freiheitsdelikt zu qualifizieren, denn die persönliche Freiheit als solche wird bereits durch andere Bestimmungen geschützt, so daß die Gefahr einer Überschneidung besteht; überdies ist der Begriff der persönlichen Freiheit mehrdeutig, da er verschiedene Komponenten der Freiheit umfaßt, z. B. die körperliche und räumliche Freiheit, die Freiheit der Willensbildung und der Willensbetätigung usw.[29]. Eckhardt versucht diesem Mangel dadurch abzuhelfen, daß er den Freiheitsschutz beim Hausfriedensbruch auf die „(willensorientierte) Entfaltungsfreiheit des Hausrechtsinhabers, nur ihm genehme Personen in seiner häuslichen und geschäftlichen Sphäre zu haben", spezialisiert[30]. Dem ist jedoch entgegenzuhalten, daß ein solchermaßen beschränktes Rechtsgut im Grunde wieder auf die bloße Befugnis des Hausrechtsinhabers zusammenschrumpft, über den Eintritt und den Aufenthalt Dritter in seinen Räumen zu bestimmen, so daß die Betonung hier mehr auf den Abwehrbefugnissen des Berechtigten liegt als auf dem positiven Gehalt der Entfaltungsfreiheit[31]. Wollte man das Hausrecht nur als eine derart eingegrenzte Entfaltungsfreiheit charakterisieren, so müßte man auch die Rechtsgüter etlicher anderer Strafrechtsnormen als Entfaltungsfreiheit

---

[26] Vgl. Anm. 21 und 23 mit dem Meinungsstand oben 1. Teil II.

[27] Zur Betonung der Besitzkomponente s. schon oben I 3.

[28] s. *Welzel*, Lb. S. 332: „Hausrecht ist ein Stück lokalisierter Freiheitssphäre." Vgl. auch *Schäfer*, LK, § 123, Rdnr. 1; *Schwarz - Dreher*, § 123, Anm. 1 A. Auch E 1962 kennzeichnet das Hausrecht als „persönliche Freiheitssphäre, die Freiheit der Entscheidung darüber, wer zu der Wohnung oder zu dem sonstigen eigenen Schutzbereich Zutritt haben soll" (Begründung S. 302).

[29] So mit Recht *Hanack*, JuS 1964, S. 354; ebenso *Eckhardt*, Diss. S. 189.

[30] *Eckhardt*, Diss. S. 188 ff. (194); ähnlich *Mößner*, Diss. S. 6 f. und *Rosenfeld*, Verbrechen und Vergehen wider die persönliche Freiheit, S. 392.

[31] Gegen eine solche Einengung auch schon *Berge*, Diss. S. 9 f. Auf den positiven Gehalt der Entfaltungsfreiheit weist *Eckhardt* auch zunächst selbst hin (Diss. S. 188); s. näher dazu unten 4. Teil I.

qualifizieren, so beim Diebstahl und bei der Sachbeschädigung als die Entfaltungsfreiheit des Eigentümers, über sein Eigentum nach Belieben zu verfügen[32].

Der Grund dafür, daß Eckhardt die Entfaltungsfreiheit praktisch auf eine bloße Befugnis einengt, dürfte darin liegen, daß er Begriff und Inhalt der Entfaltungsfreiheit zunächst für die individuelle Sphäre der Wohnung entwickelt, seine Rechtsgutsbestimmung sodann aber sowohl auf den häuslichen als auch auf den geschäftlichen Bereich erstrecken will, wobei er außer acht läßt, daß — wie noch zu zeigen sein wird — beide Bereiche wenig Gemeinsames haben.

II. Die Notwendigkeit einer Differenzierung des durch § 123 geschützten Rechtsguts

1. Kritische Stellungnahme zur Bestimmung des Hausrechts als einheitliches Rechtsgut des § 123 durch die h. M.

Die Übersicht über Literatur und Rechtsprechung zum Hausrecht des § 123 ergibt, daß die Strafrechtswissenschaft Begriff und Wesen des Hausrechts bis heute wenig geklärt hat, da die neuere Strafrechtsliteratur überwiegend nur die Begriffsbestimmung v. Liszts entweder wörtlich oder doch der Sache nach übernommen oder durch andere ebenso unklare Formulierungen ersetzt hat[33]. Gemeinsam ist den Beschreibungen des Hausrechts, daß das Rechtsgut des Hausfriedensbruchs fast überall mit der persönlichen Freiheit in Verbindung gebracht wird und „deutliche Züge eines höchstpersönlichen, auf das Individuum abgestellten Rechts"[34] tragen soll. In der amtlichen Begründung des Strafrechtsentwurfs von 1962 heißt es zum Hausfriedensbruch (§ 172): „Rechtsgut ist hier die persönliche Freiheitssphäre ... Die Freiheit wird hier sowohl im psychologischen Sinn der Möglichkeit einer selbstverantwortlichen Willensbildung und Willensbetätigung als auch im soziologischen Sinne der Möglichkeit einer Entfaltung der Persönlichkeit im Rahmen der Gemeinschaft verstanden[35]." Ein in dieser Weise charakterisiertes Hausrecht — Maurach nennt es ein „ausgesprochen individuelles Recht" und erklärt: „Die Natur der §§ 123/124 als eines Deliktes gegen den *einzelnen* ist unstreitig"[36] — dürfte zwar Gegenstand eines Hausfriedensbruchs in Wohnräumen sein, ist aber wohl kaum bei Räumen, die der Öffentlich-

---

[32] s. zu dieser Kritik auch *Hanack*, JuS 1964, S. 354 und *Maurach*, Lb. BT S. 180.

[33] Vgl. im einzelnen die Aufzählung der verschiedenen Formulierungen bei *Frühling*, Diss. S. 8 ff.

[34] *Schmitt*, Diss. S. 24.

[35] Begründung S. 301.

[36] *Maurach*, Lb. BT S. 179.

keit zugänglich gemacht sind, insbesondere den öffentlichen Dienst- und Verkehrsräumen, zugrunde zu legen. Denn es kann — ohne unserer soziologischen Untersuchung vorgreifen zu wollen — u. E. kein Zweifel daran bestehen, daß die Wohnung, der Lebensraum der Familie und auch des einzelnen, eine gänzlich andere Funktion hat als etwa der Geschäftsraum oder gar ein öffentlicher Dienst- oder Verkehrsraum. Wahrung des „Hausfriedens" in der Wohnung bedeutet sicher nicht Schutz des Bauwerks „als Sachbegriff und Vermögenswert, sondern als Heim und Unterkunft des Menschen und damit als Teil der menschlichen Privatsphäre"[37]. Ob die Privatsphäre und damit die Möglichkeit, sich in den geschützten Räumen ungestört zu bewegen und seinen eigenen Willen frei betätigen zu können, auch in Geschäftsräumen und in Räumen des öffentlichen Dienstes oder Verkehrs, die von vornherein dem allgemeinen Publikum zugänglich gemacht werden[38], geschützt werden soll, muß bei kritischer Betrachtung der genannten Objekte und der speziellen Beziehung der Berechtigten zu der jeweiligen Räumlichkeit, dem Tatobjekt, mehr als zweifelhaft erscheinen[39]. Zwar verliert der Berechtigte, der dem Publikum freien Eintritt in seine Räume gewährt, hierdurch nicht das Recht, über diese Räume frei zu disponieren, er hat jedoch durch die Öffnung der Räume seine Intimsphäre insoweit selbst aufgehoben, so daß ein Eindringen in diese Räumlichkeiten lediglich einen Eingriff in die Geschäftssphäre bedeutet.

Berücksichtigt man, daß die Wohnung das sichtbarste Stück des individuellen Eigenraumes darstellt, „von deren Unversehrtheit die Entfaltung der Person, ein gesundes Familienleben, das eigene Glück im Kreise der Angehörigen am unmittelbarsten abhängt"[40], dann erscheint es unzulässig, dem Staat bzw. dem Beamten, der in öffentlichen Diensträumen als Verwalter des Hausrechts gilt und von diesem nur nach bestimmten, nicht von seinem freien Willen abhängigen Maßstäben Gebrauch machen kann[41], ein „dem privaten Hausrecht analoges Recht künstlich zuzusprechen"[42], wie es bei der Auslegung des § 123 heute allgemein geschieht[43].

---

[37] *Steiner*, Das Grundrecht der Unverletzlichkeit der Wohnung, S. 57.

[38] Auch die Dienst- und Verkehrsräume sollen jedem zugänglich sein, der dort in einer ihn betreffenden Angelegenheit etwas zu tun hat oder zu tun zu haben glaubt.

[39] In diesem Sinne äußern sich auch die im 1. Teil, Anm. 59 genannten Autoren, allerdings nur in bezug auf die Trennung von privaten (Wohn- und Geschäfts-)Räumen und öffentlichen Dienst- und Verkehrsräumen; s. aber *Jauer* (Diss. S. 30, 33, 43) und *Mößner* (Diss. S. 133), die auch die besondere Bedeutung der Wohnung gegenüber dem Geschäftsraum hervorheben.

[40] *Fechner*, Die private Sphäre in der Gegenwart, S. 33.

[41] s. dazu im einzelnen unten 4. Teil III.

[42] *Mößner*, Diss. S. 132.

[43] Es ist schlechterdings nicht vorstellbar, daß durch § 123 in den Räumen des öffentlichen Dienstes oder Verkehrs etwa die Persönlichkeitsentfaltung

2. Die historische Entwicklung des Hausrechts

Auch ein Blick auf die historische Entwicklung und die gesetzgeberische Behandlung des Hausrechts zeigt die Vielschichtigkeit dieses Rechtsguts und läßt uns die Notwendigkeit einer Differenzierung des Hausrechts nach den jeweiligen Räumlichkeiten erkennen[44].

Ebenso wie im römischen Recht wurde auch bei den Germanen das bewohnte Haus geschützt. Der Schutz des germanischen Hausfriedens erstreckte sich nicht nur auf die Wohnräume im engeren Sinne, sondern auch auf ihre nähere Umgebung, die Nebenräume, den Hausflur und zumeist auch auf den dazugehörigen Hof. Dieser in den Quellen häufig mit der Alliteration „Haus und Hof" bezeichnete Bereich unterlag deshalb dem allgemeinen Hausfrieden, weil Haus und Hof früher durch die verstreute Lage der Wohnsitze jeweils ein für sich abgeschlossenes Hauswesen bildeten und sich hier das gesamte Leben der Familie abspielte[45]. Bemerkenswert ist die Tatsache, daß auch die bewohnten Gebäude nicht alle mit gleicher Intensität geschützt wurden: So waren etwa die Wirtshäuser und andere dem Publikum zugänglichen Gebäude vom Schutz des Hausfriedens ganz oder teilweise ausgenommen[46]. Ähnlich behandeln verschiedene Rechtsquellen auch das Eindringen in ein fremdes Haus gesondert von dem Betreten eines fremden Gartens[47].

Der germanische Hausfrieden bildete ebenso wie der Markt-, Heer- oder Burgfrieden ein besonderes Friedensinstitut und war daher auch von dem allgemeinen Friedensgedanken getragen[48]; er bedeutete jedoch mehr als einen Besitzschutz, als den bloßen äußeren Frieden der häuslichen Sphäre; geschützt werden sollte die „Häuslichkeit", d. h. die un-

---

eines Hoheitsträgers, der Behörde oder gar des Bahnhofspolizisten oder Straßenbahnschaffners, die zwar zur „Ausübung" des Hausrechts berechtigt sind, aber lediglich den Willen ihrer Behörde geltend machen, geschützt werden soll.

44 Die folgende Darstellung soll nicht die Geschichte des Hausfriedensbruchs im einzelnen wiedergeben, sondern an Hand der Entwicklung des Hausrechts den Blick für die Notwendigkeit einer strukturellen Betrachtung des gesetzlichen Hausfriedensbruchs öffnen. Einen breiten geschichtlichen Überblick geben *Mößner*, Diss. S. 9 ff. und *Osenbrüggen*, Der Hausfrieden — Ein Beitrag zur deutschen Rechtsgeschichte; s. auch *Jauer*, Diss. S. 19 ff. und *Nölting*, Diss. S. 2 ff.

45 s. *Osenbrüggen*, Der Hausfrieden, S. 1 f., 10 f. mit zahlreichen Quellenangaben; *Mößner*, Diss. S. 10; *Wilda*, Geschichte des deutschen Strafrechts Bd. I, S. 244.

46 Vgl. *Jauer*, Diss. S. 23, 65 ff.; *Leiser*, Diss. S. 21 f., 78; *Nölting*, Diss. S. 6; *Osenbrüggen*, S. 8 f.

47 Vgl. die Nachweise bei *Osenbrüggen*, S. 13 f.; s. auch *Wilda*, S. 243/244, 781 ff. Der Garten wird hier aber wohl als ein von Haus und Hof getrenntes Grundstück verstanden, also etwa wie die Grundstücke in § 368, Ziff. 9 StGB behandelt (s. *Osenbrüggen*, a. a. O.).

48 So *Mößner*, Diss. S. 9 f.; *Osenbrüggen*, S. 3 f.; *Wilda*, S. 241 ff.

gestörte Betätigung in den eigenen vier Wänden[49], denn nach allen alten Quellen war Voraussetzung für den Schutz des Hausfriedens, daß das betreffende Haus bewohnt war: der Hausfrieden war „für die Bewohner des Hauses durch die Thatsache des Wohnens unmittelbar existent“[50]. Treffender Beweis für die ungeheure Bedeutung des Hausrechts im germanischen und mittelalterlichen Recht ist das jedem Fremden im Hause des Gastgebers gewährte Asylrecht, ebenso die in manchen Rechtsquellen für die Verletzung des Hausfriedens[51] angedrohte Todesstrafe und die in einigen Rechten eingeräumte Befugnis des Hausherrn, den Eindringling zu töten[52]. Das aus dem Hausfrieden erwachsene Abwehrrecht wurde vielfach als das Hausrecht bezeichnet und galt als das „Recht auf Selbsthilfe zur Behauptung des Hausfriedens“[53], welches erst durch spätere Beschränkungen auf ein Notwehrrecht im heutigen Sinne abgeschwächt wurde. Als besonders strafbar galt der an landesherrlichen Burgen und Schlössern verübte „Burgfriedensbruch“, der jedoch von der Verletzung des Hausfriedens stets getrennt und ohne jeden Bezug auf den Hausfrieden behandelt wurde[54]. Denn der Burgfrieden schützte nicht ein individuelles, auf den einzelnen Menschen zugeschnittenes Recht, sondern diente unmittelbar öffentlichen Interessen, nämlich der Wahrung von Sicherheit, Ruhe und Ordnung auf den Burgen, den damaligen „Zentren

---

[49] s. *Jauer*, Diss. S. 19 f., 25; Leiser, Diss. S. 19 f.; *Osenbrüggen*, S. 4, 6 ff.; *Schöffler*, Diss. S. 46; unrichtig *Eckhardt*, Diss. S. 184 und *Nölting*, Diss. S. 19.

[50] *Osenbrüggen*, S. 16; s. auch ders. S. 7; *Jauer*, Diss. S. 20; *Mößner*, Diss. S. 10; *Schöffler*, Diss. S. 41.

[51] In einigen Rechtsquellen wurde zwischen dem einfachen Hausfriedensbruch und der Heimsuchung (etwa das Eindringen in feindlicher Absicht, mit „gewaffneter Hand“ oder mit „gesammeltem Gefolge“ — vergleichbar den §§ 123 Abs. 2 und 124 StGB) unterschieden, wobei die Begriffsbestimmungen jedoch oft sehr zahlreich und verschieden waren, so daß eine scharfe Abgrenzung der beiden Verletzungsarten kaum möglich war (s. *Osenbrüggen*, S. 57 ff., 81; *Jauer*, Diss. S. 23 ff.; *Wilda*, S. 952 ff.; ungenau *Nölting*, Diss. S. 2, 7). Die Bezeichnung Heimsuchung ist noch im Mittelalter aus dem deutschen Strafrecht verschwunden (s. *Osenbrüggen*, S. 89 ff.; nur einzelne Autoren verwenden den Ausdruck Heimsuchung für den qualifizierten und den schweren Hausfriedensbruch in § 123 Abs. 2 und § 124 StGB, s. *Binding*, Lb. BT, S. 124) und findet sich heute als besonderes Delikt nur noch im anglo-amerikanischen Strafrecht unter dem Ausdruck „burglary“ (s. *Grünhut*, Das englische Strafrecht, S. 235; *Honig*, Das amerikanische Strafrecht, S. 23 m. Anm. 12.; *Mößner*, Diss. S. 70 f.).

[52] s. dazu die Beispiele bei *Osenbrüggen*, S. 3 f., 18 ff., 81 ff.; ferner *Leiser*, Diss. S. 21; *Jauer*, Diss. S. 21 f., 25; *Wilda*, S. 497. — Auch das bekannte englische Rechtssprichwort „My house (home) is my castle“, das die Unverletzlichkeit des Hauses zum Ausdruck bringt, geht auf den germanischen Hausfrieden („Mein Haus ist meine Burg“) zurück (s. *Osenbrüggen*, S. 3 f.; *Steiner*, Unverletzlichkeit der Wohnung, S. 8).

[53] *Jauer*, Diss. S. 21; s. auch *Berge*, Diss. S. 2 ff.; *Osenbrüggen*, S. 18 ff.

[54] s. schon oben bei Anm. 48; *Schöffler*, Diss. S. 45 f. Ausführlich über den historischen Burgfrieden mit zahlreichen Nachweisen: *Schmitt*, Diss. S. 4 ff.

hoheitlicher Verwaltung“[55]. Mit der zunehmenden Durchbildung der Verwaltung wurde der Schutz des Burgfriedens auch auf andere öffentliche Gebäude und Plätze — so auch auf Hörsäle der Universitäten — ausgedehnt[56].

In späterer Zeit, besonders nach der Rezeption des römischen Rechts, verloren der Hausfrieden und auch der Burgfrieden stark an Bedeutung, und vor allem der Hausfrieden geriet im gemeinen deutschen Strafrecht fast in Vergessenheit[57]. So enthielten weder die Bambergensis noch die Carolina Bestimmungen über die Verletzung des Hausrechts[58]. Erst das Allgemeine Landrecht für die Preußischen Staaten von 1794 erwähnt den Hausfriedensbruch wieder erstmals als selbständiges Delikt. Es heißt dort in Teil II, 20. Titel unter den Privatverbrechen:

„Verletzung des Hausrechts

§ 525. Niemand darf in eines Andern Haus, Wohnung, oder sonstigen Aufenthaltsort, wider dessen Willen, ohne besondere Befugnis eindringen.

§ 526. Wer dieses thut, oder wider Willen des Besitzers innerhalb seines Bezirks Handlungen vornimmt, zu denen er nicht berechtigt ist, der verletzt das Hausrecht.“

Die folgenden §§ 527 - 532 enthalten Abwehrbestimmungen, Strafvorschriften und die Einbeziehung des eingeschlossenen oder für den Ausschluß anderer besonders gekennzeichneten Besitztums. Eine Regelung des „Burgfriedensbruchs“ findet sich dagegen im ALR nicht, sondern erst im preußischen Strafgesetzbuch von 1851[59], wo unter den Freiheitsdelikten in § 214 und § 346 Nr. 1 neben der Wohnung, dem Geschäftszimmer[60] und dem befriedeten Besitztum eines anderen auch „abge-

---

[55] s. *Schmitt*, a. a. O., der daher — u. E. zutreffend — den Burgfrieden als die historische Wurzel des „Hausrechts“ in öffentlichen Sachen, d. h. in den zum öffentlichen Dienst oder Verkehr bestimmten Räumen, bezeichnet; s. auch *Mößner*, Diss. S. 3. Es verwundert, daß *Frühling*, der in seiner Dissertation über das Hausrecht öffentlicher Einrichtungen ebenfalls die Theorie eines öffentlich-rechtlichen Hausrechts vertritt, den Burgfrieden überhaupt nicht erwähnt.

[56] Vgl. *Heffter*, Lb. S. 283 f.

[57] s. *Mößner*, Diss. S. 11 f.; *Osenbrüggen*, S. 89 ff. Ein einleuchtender Grund für diese Vernachlässigung des Hausrechts ist — abgesehen von der geringeren Ausprägung des Hausfriedens im römischen Recht — offenbar nicht festzustellen, da die Veränderung der wirtschaftlichen und sozialen Verhältnisse eine solche Entwertung des Hausrechts nicht erforderte.

[58] Nur die mit Gewalttaten gegen Personen verbundene Verletzung des Hausfriedens wurde nach Gewohnheitsrecht als ein Fall des „crimen vis“ bestraft, s. *Osenbrüggen*, S. 90 f.; vgl. auch Theresiana v. 1768, Art. 73 § 3 („vis publica“).

[59] Die Unverletzlichkeit der Wohnung wird in Deutschland in Anlehnung an das belgische und französische Verfassungsrecht erstmals in der Frankfurter Reichsverfassung von 1848/1849 (§ 140) und in der preußischen Verfassung vom 5. 12. 1848/31. 1. 1850 (Art. 6) als Grundrecht genannt.

[60] Das Geschäftszimmer ist — soweit ersichtlich — hier erstmalig als zu schützende Räumlichkeit ausdrücklich erwähnt.

schlossene Räume, welche zum öffentlichen Dienst bestimmt sind", dem strafrechtlichen Schutz des Hausrechts unterstellt wurden[61]. Obgleich andere Partikularstrafgesetze des 19. Jahrhunderts nur die Wohnung[62] bzw. die Wohnung und die dazugehörigen Räumlichkeiten oder Bezirke[63] als geschützte Objekte des Hausfriedensbruchs nannten oder aber deutlich zwischen Burgfriedensbruch und Hausfriedensbruch differenzierten[64], hat das Strafgesetzbuch für den Norddeutschen Bund und damit unser Strafgesetzbuch von 1871 die Vermengung der beiden verschiedenen Tatbestände aus dem preußischen Strafgesetzbuch übernommen und als Hausfriedensbruch im § 123 unter die Delikte gegen die öffentliche Ordnung eingereiht[65]. Diese systematische Einordnung wird heute einhellig als verfehlt bezeichnet, da die Norm des § 123 StGB nicht die öffentliche Ordnung, sondern ein höchst privates Rechtsgut schützen soll[66]. Bloße Zweckmäßigkeitsgründe, wie sie in den Motiven zum Strafgesetzbuch für den Norddeutschen Bund genannt werden[67], rechtfertigen noch nicht die Gleichstellung mit dem Landfriedensbruch bloß wegen der äußeren Ähnlichkeit der Tatbegehung, zumal eine falsche systematische Einordnung leicht zu einer Verkennung des geschützten Rechtsguts führen kann[68].

---

61 Dem Eindringen gleichgestellt wird hier das unbefugte Verweilen.

62 So das „Allgemeine Criminal-Gesetzbuch für das Königreich Hannover" von 1840 im Art. 180 („Störung des Hausfriedens") unter den „Verbrechen wider die öffentliche Sicherheit im Staate".

63 s. das „Strafgesetzbuch für das Königreich Baiern" von 1813, Art. 422 und 423 („Störung des häuslichen Friedens"); das „Strafgesetzbuch für das Großherzogthum Hessen" von 1841, Art. 164 und 165; Strafgesetzbuch für das Königreich Sachsen von 1855, Art. 151.

64 Besonders deutlich geschah dies im „Criminal-Gesetz-Buch für das Herzogthum Braunschweig" von 1840, wo unter den Verbrechen gegen die öffentliche Ruhe in § 105 der Burgfriedensbruch (Eindringen in „Herzogliche Residenzen") und im § 106 das „Eindringen in Gerichts- und andere öffentliche Gebäude" aufgeführt wurden, die „Störung des Hausfriedens" dagegen in § 180 im Abschnitt „Verbrechen wider die Freiheit der Person" unter Strafe gestellt wurde.

65 Daß der eigentliche Hausfriedensbruch trotz seiner Erwähnung und Neubelebung in zahlreichen Strafgesetzbüchern seine alte Grundlage und Bedeutung nicht zurückerhalten würde, zeigte sich schon in der unterschiedlichen systematischen Einordnung und Begrenzung des Begriffs durch die einzelnen Länder (s. o.; weitere Quellenangaben bei *Mößner*, Diss. S. 19 und *Osenbrüggen*, S. 93 ff.).

66 s. schon oben I 1.

67 s. Anhang zum Entwurf eines Strafgesetzbuchs für den Norddeutschen Bund, Berlin 1869, Aktenstücke des Reichstags des Norddeutschen Bundes — Nr. 5, zu den §§ 121 - 123.

68 s. auch *Jauer*, Diss. S. 27 ff.; *Maurach*, Lb. BT S. 179; *Mößner*, Diss. S. 132. — So ist sicherlich auch die falsche systematische Stellung des § 123 StGB mitursächlich dafür, daß das geschützte Rechtsgut bisher ohne Unterschied auf alle genannten Räumlichkeiten bezogen wurde. *Nölting* bestimmt das Hausrecht der verschiedenen Epochen einfach nach der jeweiligen Einordnung des Hausfriedensbruchs im Gesetz (Diss. S. 19/20).

Durch die Vermengung der Straftatbestände des Hausfriedensbruchs in privaten Räumen und des sogenannten Burgfriedensbruchs, die wohl auch auf die Ähnlichkeit der Begehungsweise und auf das wachsende Bedürfnis des Staates nach Ungestörtheit in seinen öffentlichen Räumen zurückzuführen ist, war der geschichtliche Zusammenhang mit dem Hausrecht des deutschen Mittelalters unterbrochen und der eigentliche Begriff des Hausrechts entfremdet, so daß in der Folgezeit der Blick für eine Differenzierung der geschützten Rechtsgüter nach den verschiedenen Räumlichkeiten verlorenging[69]. Der Schutz der Wohnung als Aufenthaltsort der Familie, der, wie wir gezeigt haben, auf eine festverwurzelte alte Rechtsüberzeugung zurückgeht, wurde durch die Ausweitung des Tatbestands des Hausfriedensbruchs auf Geschäftsräume und Räume des öffentlichen Dienstes und Verkehrs zu einer allgemeinen Friedenswahrung verwässert[70].

Unser historischer Abriß macht somit deutlich, daß im heutigen § 123 StGB — zwar im Interesse eines steigenden und geordneten öffentlichen und wirtschaftlichen Verkehrs, aber ohne inneren Sachzusammenhang — Räumlichkeiten hinsichtlich des geschützten Rechtsguts als qualitativ gleichwertig behandelt werden, die mit dem Substrat des Hausfriedens, dem bewohnten Haus, nur die Art der Verletzung gemeinsam haben und daher bis in die Mitte des 19. Jahrhunderts gar nicht oder nur bedingt dem Schutz des Hausrechts unterstellt waren. Hier soll nicht einem Historismus das Wort geredet werden, aber immerhin bietet die Entwicklungsgeschichte ein Hilfsmittel für die Auslegung und Beurteilung des Hausfriedensbruchs, und wenn man sich schon von der geschichtlichen Entwicklung des Hausrechts lossagt, dann sollte man sich bei der Aufstellung und Auslegung des Tatbestands des Hausfriedensbruchs nicht von — vordergründigen — Zweckmäßigkeitsmotiven leiten lassen, sondern von sachlichen Kriterien, die der Bedeutung der geschützten Räumlichkeiten Rechnung tragen[71].

3. Schlußfolgerung

Es zeigt sich daher, daß es ein für alle geschützten Räumlichkeiten in gleichem Maße geltendes einheitliches Hausrecht nicht geben kann. Ziehen wir aus den gegebenen Rechtsgutsbestimmungen nur die allen gemeinsame Feststellung heraus, daß das Hausrecht die Befugnis des

---

69 Diese Entwicklung spiegelt sich wider in der aufgezeigten Kommentierung des Hausfriedensbruchs durch die strafrechtliche Literatur, die — abgesehen von einigen früheren Werken (s. oben 1. Teil, Anm. 59) — die Verschiedenheit der im § 123 genannten Räumlichkeiten weitgehend unberücksichtigt läßt und für alle Räume ein einheitliches Rechtsgut zugrunde legt.

70 Vgl. schon *Berge*, Diss. S. 12.

71 Über die unterschiedliche Bedeutung und Struktur der Räumlichkeiten s. unten 3. und 4. Teil.

Berechtigten enthalte, innerhalb bestimmter geschützter Räume zu bestimmen, wer sich darin aufhalten darf und wer nicht, so gewinnen wir mit dieser Formel zwar eine formale Definition, die das durch § 123 zu schützende Hausrecht in allen im gesetzlichen Tatbestand genannten Räumlichkeiten umfaßt, doch bleibt sie für die Lösung der Tatbestandsprobleme des Hausfriedensbruchs zu allgemein und kann nur den Rahmen abgeben, innerhalb dessen das jeweilige Hausrecht in den verschiedenen Räumlichkeiten näher zu konkretisieren ist. Da sich die genannten Rechtsgutsbestimmungen zum Hausrecht als unzulänglich erwiesen haben, müssen wir uns im folgenden der Aufgabe stellen, den Begriff des Rechtsguts zu klären und zu prüfen, ob der Rechtsgutsbegriff uns die Möglichkeit eröffnet, das durch die Norm des § 123 geschützte Rechtsgut nach den verschiedenen Räumlichkeiten zu differenzieren. Nur so dürfte es uns gelingen, das jeweilige Hausrecht sinnvoll zu bestimmen und den Tatbestand des Hausfriedensbruchs in seiner ganzen Bedeutung zu erfassen.

III. Der Rechtsgutsbegriff

Obgleich die Strafrechtswissenschaft dem Rechtsgutsbegriff seit über hundert Jahren entscheidende Bedeutung beigemessen hat, ist es ihr trotz ihrer in anderen Problembereichen oft erfolgreichen Bemühung um rechtsdogmatische und begriffliche Differenzierung bisher nicht gelungen, das Rechtsgut mit der erforderlichen Deutlichkeit und Begriffsschärfe zu definieren[72]. Eine umfassende Behandlung der Rechtsgutsproblematik würde den Rahmen dieser Arbeit zwangsläufig überspannen. Um jedoch einen brauchbaren Aussagegehalt des Rechtsgutsbegriffs erarbeiten zu können, müssen wir angesichts der allgemeinen Unsicherheit über den Rechtsgutsbegriff und der Dürftigkeit seiner Behandlung in der gebotenen Kürze seine Entwicklung aufzeigen und uns mit den verschiedenen Auffassungen auseinandersetzen[73].

1. Die positivistische Wurzel der Rechtsgutslehre

a) Darstellung

Wird die Definition des Verbrechens als Gefährdung oder Verletzung eines Rechtsguts auch allgemein auf Birnbaum[74] zurückgeführt, so war

---

[72] Eine grundlegende Untersuchung hat der Rechtsgutsbegriff erst in der soeben erschienenen Göttinger Dissertation von *Amelung*, Rechtsgüterschutz und Schutz der Gesellschaft, erfahren. Aus jüngster Zeit stammt auch der Beitrag zur Rechtsgutstheorie von *Marx*: Zur Definition des Begriffs „Rechtsgut".

[73] Dabei folgen wir teilweise den Ausführungen über den Güterschutz in der Arbeit von *Amelung*.

[74] *Birnbaum*, Über das Erfordernis einer Rechtsverletzung zum Begriffe des Verbrechens, Archiv des Criminalrechts N. F. Bd. 15 (1834), S. 149 ff.

es doch Binding, der den Begriff Rechtsgut zum ersten Mal formulierte[75] und ihm, indem er das Rechtsgut zum Grundbegriff seines Strafrechtssystems erhob, einen bleibenden Platz in der Strafrechtsdogmatik verschaffte[76].

aa) Birnbaum, der entgegen der Auffassung Jägers nicht mehr der aufklärerischen Strafrechtskonzeption verhaftet war[77], sondern wohl zwischen Aufklärung und Positivismus einzuordnen ist[78], verstand das Verbrechen nicht — wie zuvor Feuerbachs Rechtsverletzungslehre[79] — als Verletzung subjektiver Rechte anderer, sondern als Verletzung der von der Staatsgewalt gewährleisteten Güter. Eine Definition des Gutes gibt Birnbaum nicht. Als Gegenstand einer Verletzung nennt er zunächst nur „Personen oder Sachen"[80], später auch Gemeingüter, etwa die Summe der religiösen und sittlichen Überzeugungen des Volkes[81].

bb) Ganz deutlich wird der positivistische Charakter des Rechtsgutsbegriffs bei Binding, der an Birnbaums Begriff des rechtlichen Gutes anknüpft: „Sonach ist Rechtsgut Alles, was selbst kein Recht doch in den Augen des Gesetzgebers als Bedingung gesunden Lebens der Rechtsgemeinschaft für diese von Wert ist, an dessen unveränderter und ungestörter Erhaltung sie nach seiner Ansicht ein Interesse hat, und das er deshalb durch seine Normen vor unerwünschter Verletzung oder Gefährdung zu sichern bestrebt ist[82]." Worin nun die Bedingungen des gesunden Gemeinlebens bestehen, sagt Binding, der als Anhänger der „Allgemeinen Rechtslehre" nicht von einem bestimmten Gesellschaftsbild ausgeht, dafür aber das Gebot der formalen Rechtssicherheit in den Vordergrund stellt, nicht, sondern überläßt es allein dem Werturteil des Gesetzgebers, welche Personen, Sachen, Eigenschaften derselben

---

75 In: Normen und ihre Übertretung, Bd. I, 1. Aufl. 1872, S. 189.

76 Vgl. *Kaufmann*, Lebendiges und Totes in Bindings Normentheorie, S. 69.

77 *Jäger*, Strafgesetzgebung und Rechtsgüterschutz bei Sittlichkeitsdelikten, S. 6, 7. Bezeichnend für die Verkennung des positivistischen Ursprungs des Rechtsguts ist die Tatsache, daß Jäger in seiner Studie zur Rechtsgutslehre den großen Einfluß des Positivisten Binding gar nicht erwähnt.

78 s. dazu die ausführliche Abhandlung von *Moos*, Der Verbrechensbegriff in Österreich im 18. und 19. Jahrhundert, S. 514 ff. Nicht eindeutig äußert sich *Sina*, Die Dogmengeschichte des strafrechtlichen Begriffs „Rechtsgut" (s. einerseits S. 23/24 u. 41, andererseits S. 89). — *Moos* weist auch nach, daß der Güterbegriff schon im älteren Naturrecht (bei Christian Wolff und später bei Carl Gottlieb Svarez) verwendet wurde (S. 92, 515). Die Verwendung dieses Begriffs erfolgt jedoch nur vereinzelt und zu verschwommen, als daß man hier bereits von einer Güterlehre sprechen könnte.

79 Vgl. *Schmidt*, Einführung in die Geschichte der deutschen Strafrechtspflege, §§ 223 ff.

80 a. a. O., S. 150.

81 a. a. O., S. 178.

82 *Binding*, Normen Bd. I, 2. Aufl. 1890, S. 353 - 355.

und welche Zustände für die Rechtsgemeinschaft wertvoll sein und damit als Rechtsgüter gelten sollen[83]. Die Rechtsgüter entstehen also nach Auffassung Bindings durch das Werturteil des Gesetzgebers; sie sind die durch die strafrechtlichen Verbote geschützten, kausal veränderbaren Objekte[84]. Dabei wird der Begriff des Rechtsguts einerseits gegenständlich gefaßt[85], andererseits aber auch auf Zustände und Aktwerte bezogen, wie das Pietätsgefühl gegen Gott[86] oder die Ungeschlechtlichkeit des Verkehrs zwischen nächsten Blutsverwandten[87]. Da Binding alle Delikte als Ungehorsam gegen den Normbefehl bestimmt — der Mord also insofern einer einfachen Übertretung gleichwertig ist —, dient ihm seine Rechtsgutslehre als Differenzierungsmerkmal: die Delikte sind nach dem Wert der Güter abzustufen, gegen die sie sich richten.

b) *Kritik*

aa) Da Birnbaum den Güterschutzgedanken nicht auf eine Staatszwecklehre zurückführt, sich vielmehr auf die „Natur der Sache" oder eine „natürliche" Auffassung beruft[88], und er sich einer genauen Begriffsbestimmung enthält, entsteht ein weitgefaßter Gutsbegriff, der die Möglichkeit gibt, den Kreis der Schutzobjekte so weit auszudehnen, wie ihr staatlicher Schutz erwünscht wird. Birnbaum ebnet damit den Weg zu der Erkenntnis, daß die Bestimmung des Schutzobjekts letztlich nur durch einen Wertungsakt des Gesetzgebers erfolgt. Er verzichtet darauf, seine Güterschutzlehre aus einer Theorie von den Bedingungen menschlichen Zusammenlebens abzuleiten, auf die sich die Aufklärer berufen hatten. Damit beseitigt er zwar die Abhängigkeit der Strafrechtslehre von außerjuristischen Theorien, verhindert aber dadurch gleichzeitig, daß sich die Strafrechtswissenschaft in der Folgezeit bei der Frage der Sozialschädlichkeit um eine Klärung der Voraussetzungen menschlichen Zusammenlebens bemüht[89].

bb) Binding leitet sowohl die Normen als auch die Rechtsgüter aus dem Werturteil des Gesetzgebers her, der in der Aufstellung der Normen und in der Bewertung von Gegenständen als Rechtsgüter keinen Be-

---

[83] s. *Binding*, a. a. O., S. 353, 356.

[84] s. *Binding*, a. a. O., bes. S. 340, 364 f.

[85] s. bes. S. 353, Anm. 1 (auf S. 355).

[86] S. 347.

[87] S. 348/349.

[88] s. *Birnbaum*, a. a. O., S. 174, 175, 179.

[89] Die Gesellschaftstheorie der Aufklärung konnte die Klärung nicht erreichen, da sie von der falschen Voraussetzung einer faktischen Unabhängigkeit der Individuen ausging und nur deren Handlungssphären abzugrenzen suchte (s. ausführlich zu dieser Kritik *Amelung*, S. 26 ff.). Darüber, daß ein Sozialsystem noch weitere Bedingungen für das menschliche Zusammenleben zu erfüllen hat, s. unten IV 3.

schränkungen unterliegt. Zwar spricht Binding bei seiner Definition des Rechtsguts auch von den Lebensbedingungen der Rechtsgemeinschaft; dabei geht er jedoch nur von der allgemeinen Erfahrung aus, daß der Gesetzgeber in der Regel nur die Gegenstände zu rechtlichen Gütern erhebt, die für ein Zusammenleben der Menschen wertvoll sind. Das „Werturteil" (erg. des Gesetzgebers), so erklärt Binding, „ist zweifellos das einzige Motiv gesetzgeberischen Rechtsschutzes"[90]. Trotz der klaren Bestimmung der Quelle des Rechtsguts zeigt sich auch hier wieder die Gefahr, die sich dann ergibt, wenn man die Aufgabe des Strafrechts nicht mehr eigentlich in der Verhinderung von Störungen des menschlichen Zusammenlebens sieht, sondern nurmehr in dem Schutz von Rechtsgütern, also von Gütern, die die wertenden Subjekte für wertvoll erachten. Der Begriff des Verbrechens hängt dann davon ab, was die Wertenden zum Gegenstand des Verbrechens erheben[91]. So wäre z. B. bei den Sittlichkeitsdelikten ein Verhalten schon dann zu bestrafen, wenn es gegen die sittlichen Überzeugungen der Mehrheit verstößt, ohne Rücksicht darauf, ob es das menschliche Zusammenleben beeinträchtigt.

Indem Binding die inhaltliche Bestimmung des Rechtsguts allein der beliebigen Wertung des Gesetzgebers überläßt und durch den Verzicht auf eine Sozialtheorie den Schutzgedanken nur auf den Güterschutz beschränkt, wird sein Begriff des Rechtsguts so sehr formalisiert, daß er für beliebige Inhalte offenbleibt[92]. Trotz der genannten Einwände sollte sich Bindings positivistische und reale Auffassung des Rechtsguts — als das vom Gesetzgeber positiv bewertete und durch die Norm geschützte reale Objekt — im Vergleich zu manchen späteren Bestimmungen dieses Begriffs doch noch als fruchtbar erweisen[93].

2. Die Rechtsgutslehre in der Interessentheorie

a) Darstellung

In Auseinandersetzung mit Binding erhob v. Liszt das Rechtsgut zu einem Zentralbegriff im Verbrechensaufbau. Schon im Marburger Programm[94] bezeichnet er — beeinflußt von Jherings Zweckgedanken: Recht

---

[90] Normen Bd. I, S. 357.

[91] Dies hat sich sehr eindrucksvoll bei der Bestimmung von Rechtsgütern unter der Herrschaft des Nationalsozialismus bestätigt (arische Rasse als Rechtsgut!).

[92] So bezeichnet *Binding* als Rechtsgut der Religionsdelikte das religiöse Gefühl (S. 347) oder als Rechtsgut des § 175 die „interhumane Geschlechtlichkeit des Menschengeschlechts überhaupt" (S. 349). Vgl. auch die Kritik an Bindings Rechtsgutsbegriff bei *Hirschberg*, Die Schutzobjekte der Verbrechen, S. 61 ff.

[93] s. dazu unten bei Anm. 156 ff., 241 f., 249 ff.

[94] Der Zweckgedanke im Strafrecht, ZStW 3, S. 1 ff.

als Zweckschöpfung der Gesellschaft zur Sicherung ihrer Lebensbedingungen[95] — den Rechtsgüterschutz als Zweck der Strafe[96] und nennt die „Lebensbedingungen der staatlichen Gemeinschaft" rechtlich geschützte Interessen, Rechtsgüter[97]. Im Gegensatz zu Binding, dessen Rechtsgutsbegriff er als „Scheinbegriff" und „Wort ohne Inhalt" kritisiert[98], bezieht v. Liszt den Inhalt seines Rechtsgutsbegriffs aus vorpositiven Fakten: Die Lebensinteressen werden für ihn nicht von der Rechtsordnung erzeugt, sondern vom Leben, sind also der Rechtsordnung bereits vorgegeben und werden nur durch den rechtlichen Schutz zu Rechtsgütern erhoben[99]. Das bedeutet, daß auch die Sozialschädlichkeit unabhängig vom positiven Recht bestimmt werden muß. Bei einem Widerspruch zwischen formeller und materieller Rechtswidrigkeit soll jedoch das Gesetz vorrangig sein.

Wie das menschliche Dasein entweder als Dasein der einzelnen oder als Dasein in der Gesamtheit der Rechtsgenossen erscheint, so werden die rechtlich geschützten Interessen aufgeteilt in Interessen des einzelnen und des Staates. Das Interesse definiert v. Liszt als den „Wert, den der Eintritt oder Nichteintritt einer bestimmten Veränderung für den Betreffenden hat"; das Gut sei dagegen dasjenige, wofür jene Veränderung von Wert sei, d. h. der Mensch in den verschiedenen Gestaltungen seines Daseins[100]. Der Unterscheidung von Rechtsgut und Interesse mißt v. Liszt jedoch letztlich keine Bedeutung bei und verwendet beide Begriffe synonym[101]. Dagegen kommt es v. Liszt auf die Trennung von Rechtsgut und Handlungsobjekt an: Das Rechtsgut sei nichts anderes als ein Begriff und „als solcher unsterblich", die Verletzung oder Gefährdung eines Rechtsguts sei daher nur im übertragenen Sinne möglich[102]. Jedes Rechtsgut verkörpere sich aber in einem Handlungsobjekt, dem greifbaren und kausal veränderbaren Gegenstand des Verbrechenserfolges[103].

Später wurde besonders von Merkel die Interessentheorie insofern entpsychologisiert, als er die Interessen von Objekten, Zuständen und Verhältnissen unterschied, von deren Bestand die Befriedigung der

---

95 s. *Jhering*, Der Zweck im Recht Bd. 1, S. 443.

96 ZStW 3, S. 21.

97 ZStW 3, S. 19; s. auch *Merkel*, Lb. S. 10 ff.

98 In: Rechtsgut und Handlungsbegriff im Bindingschen Handbuche, ZStW 6, S. 663 ff. (674).

99 s. *v. Liszt*, Der Begriff des Rechtsgutes im Strafrecht und in der Encyklopädie der Rechtswissenschaft, ZStW 8, S. 133 ff. (bes. S. 135 f.).

100 s. ZStW 8, S. 141 f

101 a. a. O.; ebenso *Merkel*, Lb. S. 20.

102 s. ZStW 6, S. 675.

103 s. ZStW 8, S. 151 f.

menschlichen Interessen abhängig sei[104]. Bei den Delikten gegen den einzelnen machte Merkel die Einschränkung, daß das Strafrecht die Güter des einzelnen nur dann schütze, wenn bei einer Verletzung des jeweiligen Guts auch Interessen der Gesellschaft beeinträchtigt würden[105].

b) *Kritik*

aa) Die Auffassung der Rechtsgüter als Interessen des einzelnen und des Staates

Während Binding vom staatlichen Gesetz ausgeht, sein Rechtsgut also ein Gut des Rechts ist, greift v. Liszt über das positive Recht hinaus auf die Gesellschaft zurück, auf die Bedürfnisse des Menschen; sein Rechtsgut ist ein Gut des Menschen, das rechtlich geschützt wird. Diesen brauchbaren Ansatz hat v. Liszt jedoch nicht fruchtbar weiterentwickelt. Es ist ein wesentlicher Mangel der Interessentheorie, daß aus ihr eine brauchbare Sozialschadenstheorie nicht abzuleiten ist[106]. Denn wenn man als sozialschädlich bezeichnet, was die Interessen einzelner oder des Staates verletzt, ohne die Interessen ihrem Gegenstand nach zu bestimmen, dann ist mit dieser Begriffsbestimmung eine brauchbare Aussage über die Sozialschädlichkeit einer solchen Handlung nicht getroffen[107]. Die Sozialstörung ist eben mehr als bloße Interessenverletzung. So kann es z. B. mancherlei Interessen — die als eine rein psychische Beziehung des Subjekts zum Objekt auch bloße Lustgefühle umfassen[108] — am Unterbleiben einer Handlung geben, ohne daß diese Handlung antisozial ist, also das menschliche Zusammenleben beeinträchtigt. Das menschliche Zusammenleben läßt sich nicht durch den Schutz einzelner Interessen sichern, sondern allenfalls durch die Ermöglichung eines Ausgleichs der verschiedenen Interessen[109].

Die Aufteilung der Interessen in die des einzelnen und die des Staates zeigt, daß v. Liszt den Staat mit dem Individuum als privatem Interessenträger gleichsetzt. Dabei übersieht er jedoch, daß der Staat als Institution selbst nur die Funktion hat, das Zusammenleben der einzelnen zu ermöglichen.

---

104 *Merkel*, Lb. S. 12.

105 s. Lb. S. 13/14.

106 Vgl. auch *Jäger*, Rechtsgüterschutz, S. 11.

107 s. auch die Kritik bei *Welzel*, Studien zum System des Strafrechts, ZStW 58, S. 491 ff. (509 f.).

108 Vgl. auch *Sina*, Dogmengeschichte, S. 95 und *Marx*, Rechtsgut, S. 20 f.

109 Über die weiteren Voraussetzungen menschlichen Zusammenlebens innerhalb einer Gesellschaft s. unten IV 3.

bb) Gegen die Vergeistigung des Rechtsguts — das Rechtsgut als Klasse aller einzelnen Rechtsgüter

Widersprüchlich ist v. Liszts Unterscheidung von Rechtsgut und Handlungsobjekt. Während er die Rechtsgüter zunächst als vom Leben erzeugte reale Lebensinteressen bestimmt, bezeichnet er bald darauf diese Interessen als unverletzbare Begriffe. Wie sich sodann das Rechtsgut im Handlungsobjekt verkörpern soll, etwa die Ehre im Menschen oder das Eigentum in einer Sache, ist schwer vorstellbar. Eine solche „Unverletzlichkeit" der Rechtsgüter ist auch mit dem positiven Recht nicht vereinbar. So ist z. B. das Rechtsgut des Meineids nicht in einem solchen „Außenweltobjekt" verkörpert[110].

Diese Vergeistigung des Rechtsguts beruht auf der unterschiedlichen Betrachtungsweise v. Liszts: das Verbrechen erscheint ihm einmal, bei einer rechtlichen Betrachtung, als Rechtsverletzung, als Verletzung des rechtlich geschützten Interesses; zum anderen, bei einer naturalistischen Betrachtung, als Handlung, deren Objekt dem Kausalgesetz unterliegt, d. h. als „gewußte und gewollte Herbeiführung einer Veränderung in der Sinnenwelt"[111]. Es ist jedoch nicht einzusehen, wie ein bestehendes Gut durch unterschiedliche Betrachtung verändert werden, vom Bestehenden zu einem bloßen Begriff werden soll[112]. Daß das Rechtsgut nicht etwas nur Gedankliches sein kann, ergibt sich bereits aus dem Wesen des Rechtsgüterschutzes: etwas Bestehendes soll vor Beeinträchtigungen, d. h. aber vor kausalen Veränderungen, bewahrt werden; etwas nur Vorgestelltes kann in diesem Sinne nicht verletzt werden[113] und braucht daher auch nicht geschützt zu werden. Das Rechtsgut als reales Gut ist daher ebenso kausal veränderbar wie das Tatobjekt[114]. Das Rechtsgut als solches, etwa das Rechtsgut Leben, wollen wir nicht — wie v. Liszt — als Begriff der Realität des einzelnen Menschenlebens gegenüberstellen und auch nicht als bloße Abstraktion aller konkreten Güter auffassen, sondern nach der Klassenlogik als Klasse aller individuellen Menschenleben verstehen[115]. Die Tötungshandlung verletzt also sowohl das konkrete Rechtsgut, das Leben des X, als auch das Rechtsgut Leben

---

[110] Vgl. auch *Hirschberg,* Die Schutzobjekte der Verbrechen, S. 23, 29 und *Honig,* Die Einwilligung des Verletzten, S. 88 f.

[111] ZStW 8, S. 151.

[112] Vgl. auch die Kritik bei *Hirschberg,* S. 62 ff. und *Sina,* Dogmengeschichte, S. 56.

[113] So wird etwa das Eigentumsrecht, wenn man es nur als subjektives Recht, als etwas Gedankliches, sieht und nicht als reale Nutzungsmöglichkeit, durch den Diebstahl nicht verletzt, was sich auch aus § 935 BGB ergibt.

[114] Näher zur realen Auffassung des Rechtsguts und zum Begriff des Tatobjekts s. unten III 8.

[115] Vgl. *v. Freytag-Löringhoff,* Logik, S. 25, 40 f. Wir folgen hier der Definition von *Amelung,* S. 93, 193 f.

überhaupt, da die Klasse aller einzelnen Menschenleben um ein Leben vermindert worden ist. Geschützt werden also durch § 212 StGB alle Menschenleben.

cc) Der neue, soziologische Aspekt der Interessenlehre

Es bleibt schließlich festzuhalten, daß die Interessentheorie auch einen wertvollen neuen Aspekt zu der Güterlehre Bindings brachte. Die Bezeichnung der Rechtsgüter als vom Leben vorgegebener Interessen führt über die im positiven Recht enthaltenen Tatsachen hinaus und setzt eine Beziehung zur sozialen Umwelt. Bezeichnet man mit dem Begriff des Interesses nicht die psychische Beziehung zwischen Subjekt und Objekt, sondern die Nützlichkeit des geschützten Objekts — wie etwa Merkel bei den Delikten gegen den einzelnen[116] —, dann kann auch die Interessenlehre davon ausgehen, daß das Strafrecht Zustände oder Gegenstände schützt, sofern eben ein gesellschaftliches Interesse an ihrem Schutz besteht. Mit dem Hinweis auf die gesellschaftlichen Interessen richtet die Interessenlehre den Blick bei der Auslegung der Gesetze auf die — für die Aufgabe des Strafrechts so wichtige — soziale Bedeutung und Funktion der Schutzobjekte, die diesen im Leben der Menschen zukommt[117].

Auch die Anhänger der Interessentheorie sprechen von einer „rechtlichen Anerkennung" der gesellschaftlichen Interessen[118], überlassen also die Entscheidung darüber, welches Gut zum Schutzgut ernannt wird, dem Urteil des Gesetzgebers, so daß die Rechtsgüter letztlich doch durch das gesetzgeberische Werturteil konstituiert werden.

3. Der substantielle Rechtsgutsbegriff der Zustandslehre (Schutzobjektslehre)

a) Darstellung

Ebenfalls vom substantiellen Rechtsgutsbegriff geht die Schutzobjektslehre aus, die sich jedoch aus einem Gegensatz zur Interessenlehre herausgebildet hat und als eigentliche Substanztheorie zu bezeichnen ist.

aa) Sie wendet sich vor allem gegen die Unbestimmtheit und Vieldeutigkeit des Ausdrucks „Interesse", da „das (Rechts-)Gut in Wirklich-

---

[116] Lb. S. 13/14.

[117] Darüber hinaus ist der Gedanke des Interessenschutzes nur noch bei den Delikten gegen den einzelnen von Bedeutung, wenn man darunter den Schutz von Objekten versteht, die der einzelne seinen ihm jeweils zustehenden Interessen gemäß nutzen kann.

[118] s. oben Anm. 97 und 99; *Merkel*, Lb. S. 12.

keit der *Gegenstand* des Interesses ist"[119]. Das Rechtsgut wird daher als materielles oder ideelles Schutzobjekt bestimmt, als das „durch das Verbrechen verletzte oder gefährdete, durch das Gesetz geschützte Lebensgut, (als) der Zustand, den das Gesetz erhalten will"[120].

Für Hirschberg ist das Schutzobjekt „der für sozial wertvoll erachtete, daher vom Recht geschützte Zustand", ein vorpositives Rechtsgut[121]. Besonders Oppenheim und Hirschberg bemühen sich um eine klare Abgrenzung von Rechtsgut und Handlungsobjekt: Das Handlungsobjekt soll sich aus dem äußeren Verlauf der Handlung ergeben und der — stets körperliche — Gegenstand der kausalen Veränderung durch das Verbrechen sein; das Schutzobjekt dagegen ergebe sich erst durch rechtliche Wertung aus der Normwidrigkeit, durch Betrachtung der Handlung nach ihrer Subsumtion unter eine Strafnorm[122]. Die Rechtsgutsverletzung sei daher ein unkausaler Vorgang[123], die Rechtsgüter aber seien nicht „etwas Begriffliches, sondern ... etwas Reales"[124], „etwas wirklich Verletzbares"[125], im Gegensatz zum Handlungsobjekt aber niemals körperliche Gegenstände[126]. Während das Schutzobjekt durch jede strafbedrohte Handlung gefährdet oder verletzt werde, sei das Fehlen des Handlungsobjekts eine häufige Erscheinung — etwa beim Meineid oder bei der passiven Bestechung[127].

bb) Die Bestimmung des Rechtsguts als Zustand, an dessen Erhaltung ein individuelles oder allgemeines Interesse besteht, taucht auch in einigen in neuerer Zeit erschienenen Beiträgen wieder auf[128]. So charakterisiert Jäger unter Berufung auf die Zustandstheorie die Rechtsgüter als „werthafte Zustände, die durch menschliches Handeln verändert und die deshalb auch durch strafrechtliche Regelungen vor solchen Veränderungen bewahrt werden können. Mit anderen Worten: es sind verletz-

[119] So *Hirschberg*, Die Schutzobjekte der Verbrechen, S. 66.

[120] *Dahm*, Der Methodenstreit in der heutigen Strafrechtswissenschaft, ZStW 57, S. 225 ff. (231); s. auch *Oppenheim*, Die Objekte des Verbrechens, S. 151, 184.

[121] a. a. O., S. 72 f.; s. auch *Oppenheim*, S. 185.

[122] *Hirschberg*, S. 21, 38 f.; *Oppenheim*, S. 158 f. 194.

[123] *Hirschberg*, S. 21 f.

[124] *Hirschberg*, S. 63.

[125] *Hirschberg*, S. 72.

[126] *Hirschberg*, S. 38 f.

[127] *Hirschberg*, S. 29, 37; *Oppenheim*, S. 32, 173, 216.

[128] s. *Jäger*, Rechtsgüterschutz, bes. S. 12 f., 17, 21; *Roxin*, Täterschaft und Tatherrschaft, S. 413; ders. JuS 1966, S. 377 ff. (381); vgl. auch *Arndt*, 47. DJT, Bd. II, Teil J, S. 30; *Welzel* (Lb. S. 4) bezeichnet zwar auch das Rechtsgut als Zustand, jedoch nicht, wie *Rudolphi* (Die verschiedenen Aspekte des Rechtsgutsbegriffs, S. 162, Anm. 45) meint, im Sinne der Zustandstheorie Jägers; denn in seinen grundlegenden Ausführungen in ZStW 58, S. 511 ff. bestimmt *Welzel* das Rechtsgut als den vom Gesetzgeber positiv bewerteten, von der Strafnorm geschützten realen Gegenstand (näher zu Welzels Rechtsgutsbegriff unten III 8).

bare, schützbare Zustände"[129]. Rechtsgüter seien aber nur diejenigen „werthaften Zustände, die ihrem Zuschnitt und ihrer Größenordnung nach auf einen bestimmten Tatbestand bezogen werden können", wie etwa das Rechtsgut des Lebens, nicht jedoch die sexuelle Sittlichkeit, das menschliche Wohl oder das menschliche Dasein[130]. Andererseits ist für Jäger das Rechtsgut ein der Rechtsordnung vorgegebener Wert: Seine Rechtsgütertheorie geht davon aus, daß Rechtsgut nur sein kann, was bereits vor der Normierung des gesetzlichen Tatbestandes „Gut (Sozialwert)" war[131]. Bei der Unterscheidung von Schutzobjekt und Handlungsobjekt betont Jäger, daß Rechtsgüter keine greifbaren, sinnlich wahrnehmbaren Gegenstände seien — wie die Tatobjekte —, sondern nur gedanklich faßbare Wertgattungen[132]. An anderer Stelle jedoch lehnt er das Rechtsgut als rein gedankliches Gebilde, als Abstraktion ab und weist auf die Realität des Schutzobjekts hin[133].

Ähnlich wie Jäger bestimmt Roxin die Rechtsgüter als „abgrenzbare, in der Außenwelt verwirklichte und deshalb durch äußeres Handeln zu beeinträchtigende werthafte Zustände, wie Leben, Gesundheit, Eigentum, Freiheit der Willensbildung, die Funktionsfähigkeit der Staatsorgane und dergleichen"[134]. Strafwürdiges Unrecht sei daher nur die Verletzung der Rechtsgüter als „anschaulich-greifbarer" Gegebenheiten. Begriffe wie die „der Sittlichkeit, des Gemeinwohls, des Volksempfindens, der ethischen Ordnung oder der allgemeinen Menschenwürde" genügten dieser Anforderung nicht. An anderer Stelle weist Roxin darauf hin, daß sich die Rechtsgüter aus dem Zweck des Strafrechts, der Sicherung der Bedingungen menschlicher Koexistenz, ergäben[135].

b) *Kritik*

aa) Das Verdienst der von Oppenheim und Hirschberg vertretenen Zustandslehre liegt in ihrer Trennung von Schutzobjekt und Handlungsobjekt und in ihrer Erkenntnis, daß es auch Delikte ohne Handlungsobjekte gibt, daß also — im Gegensatz zu der naturalistischen Vorstellung v. Liszts[136] — nicht jede Rechtsgutsverletzung zugleich auch einen körperlichen Gegenstand verändern muß[137].

---

[129] *Jäger*, Rechtsgüterschutz, S. 12/13.
[130] S. 17.
[131] S. 21, 22; s. auch oben Anm. 77.
[132] S. 14/15.
[133] S. 13 (bei der Kritik der teleologischen Rechtsgutslehre) und S. 12, 38.
[134] Täterschaft und Tatherrschaft, S. 413.
[135] JuS 1966, S. 377 ff. (381).
[136] s. oben III 2.
[137] Vgl. auch *Sina*, Dogmengeschichte, S. 56/57.

Dennoch bleiben Einwände bestehen: So ergibt sich ein nicht erklärbarer Widerspruch, wenn das Rechtsgut einerseits zwar nicht „etwas Begriffliches", sondern ein verletzbarer realer Zustand, andererseits aber nicht kausal veränderbar sein soll, da das Kausalgesetz nur für Veränderungen der Außenwelt gelte[138]. Indem Hirschberg die kausalen Wirkungen der strafbaren Handlung nur auf das Handlungsobjekt bezieht und nicht auf den sozialen Bereich der Güter, unterliegt er dem gleichen Fehler wie v. Liszt[139], der das Verbrechen als Naturereignis vom Verbrechen als Rechtsereignis unterschied und das Rechtsgut dadurch schließlich spiritualisierte. Auch die Bezeichnung des Rechtsguts als Zustand ist noch zu unbestimmt[140]: Unter diesem Begriff ist sowohl das durch das Verbot geschützte Objekt als auch der Zustand der Geltung einer Norm zu verstehen. Daß die Kennzeichnung des Handlungsobjekts als Gegenstand der kausalen Wirkungen eines Verbrechens noch nicht das Wesentliche trifft — auch das reale Schutzobjekt ist kausal veränderbar[141] —, wird an anderer Stelle noch genauer darzulegen sein[142].

bb) Auch Jägers Rechtsgutsbestimmung krankt an den — schon bei Oppenheim und Hirschberg festgestellten — unklaren Vorstellungen über die Zuständlichkeit des Rechtsguts[143]. So läßt sich seinen widersprüchlichen Äußerungen zur Natur des Rechtsguts — einerseits eine Realität, andererseits eine nicht sinnlich wahrnehmbare Wertgattung — nicht entnehmen, ob das Schutzobjekt als ein reales, kausal veränderbares Objekt oder als bloßes gedankliches Gebilde aufzufassen ist. Sind die Rechtsgüter der Rechtsordnung vorgegebene „werthafte Zustände", so ist zu fragen, wie diese vorgegebenen Zustände zu ermitteln sind, wessen Werturteil ihnen die Güterqualität verleiht, da Jäger auf das güterkonstituierende Werturteil des Gesetzgebers gerade nicht zurückgreifen will. Eine Antwort auf diese Frage gibt die Arbeit Jägers jedoch nicht. Jägers kriminalpolitischer Forderung, das Strafrecht habe sich auf den Schutz der Rechtsgüter zu beschränken, d. h. nur sozialschädliche Verhaltensweisen zu bestrafen[144], fehlt damit die theoretische Fundierung[145].

---

138 s. *Hirschberg*, Die Schutzobjekte der Verbrechen, S. 21 f.

139 Auf ihn beruft sich *Hirschberg* auch hier ausdrücklich (a. a. O., S. 21).

140 s. auch die Kritik bei *Honig*, Die Einwilligung des Verletzten, S. 116; *Rudolphi*, Aspekte des Rechtsgutsbegriffs, S. 162; *Sina*, Dogmengeschichte, S. 58/59, 95/96 und *Marx*, Rechtsgut, S. 20.

141 s. schon oben bei Anm. 112 ff.

142 s. unten bei Anm. 234 ff.

143 s. auch die kritische Besprechung der Arbeit Jägers von *Bockelmann* in ZStW 74, S. 313 ff. (314 f.).

144 *Jäger*, Rechtsgüterschutz, S. 6 ff. und S. 121 ff.

145 Die Bedeutung der Arbeit für die Liberalisierung des Sexualstrafrechts — vor allem wegen ihrer sozialwissenschaftlichen Untersuchungen — soll durch unsere Kritik freilich nicht in Frage gestellt werden.

Obgleich Roxin mit der Rückführung des Rechtsgutsbegriffs auf den Zweck des Strafrechts einen entscheidenden Ansatz für eine fruchtbare Rechtsgutsbestimmung schafft[146], läßt auch er die Frage offen, woher die gütererzeugenden Werte seines vorgesetzlichen Rechtsgutsbegriffs zu nehmen sind.

4. Der teleologische Rechtsgutsbegriff

a) *Darstellung*

Die Skepsis gegenüber der Möglichkeit einer materiellen Bestimmbarkeit des Rechtsguts bereitete den Boden für den teleologischen Rechtsgutsbegriff. So lehnt Honig einen für alle Delikte gültigen inhaltserfüllten Rechtsgutsbegriff als unmöglich ab und gibt den ursprünglichen Objektgedanken weitgehend preis zugunsten eines methodischen Rechtsgutsbegriffs: Zweck der Strafrechtssätze sei der Schutz von Gemeinschaftswerten. Diese von der Rechtsgemeinschaft als wertvoll anerkannten Lebenswerte seien die Schutzobjekte der Strafrechtssätze[147]. Der Begriff des Schutzobjekts, erklärt Honig, sei „nur diejenige kategoriale Synthese, mit welcher juristisches Denken Sinn und Zweck der einzelnen Strafrechtssätze in komprimierter Form zu erfassen bestrebt ist. Der Schutzobjektsbegriff ist gewissermaßen der Angelpunkt, um den sich die Unwertbedeutung des deliktischen Handelns dreht“[148]. Es kommt also nicht mehr auf das reale Schutzobjekt an, sondern nur noch auf die methodische Brauchbarkeit. Das Rechtsgut wird zur abstrakten Formel, um den Normzweck zu kennzeichnen: mit dem Begriff des geschützten Rechtsguts soll nichts anderes „zum Ausdruck gebracht werden, als der vom Gesetzgeber in den einzelnen Strafrechtssätzen anerkannte Zweck in seiner kürzesten Formel“[149]. Das somit positivistisch aufgefaßte Rechtsgut[150] bildet nur einen anderen Ausdruck für die „ratio legis“ oder eine „Abbreviatur des Zweckgedankens“, wie es Schwinge[151] und Grünhut[152] ausgedrückt haben. Die Rechtsgüter sind daher mit Hilfe der geisteswissenschaftlichen Methode zu ermitteln: indem man sich bei der Bestimmung der einzelnen Schutzobjekte die

---

146 s. dazu unten bei Anm. 261.

147 *Honig*, Die Einwilligung des Verletzten, S. 92, 93; s. auch *Schwinge*, Teleologische Begriffsbildung im Strafrecht, S. 22.

148 S. 94.

149 *Honig*, a. a. O.

150 Daß Honig aber neben dem positivrechtlichen auch einen vorpositiven Gutsbegriff kennt, was stets verkannt wird, zeigt sein Hinweis auf „Lebenswerte“ und „Gemeinschaftswerte“, s. unten Anm. 159; näher dazu *Amelung*, S. 143 f.

151 Teleologische Begriffsbildung, S. 25.

152 Methodische Grundlagen der heutigen Strafrechtswissenschaft, S. 8.

leitenden Wertvorstellungen vergegenwärtigt, die den Gesetzgeber bei der Aufstellung der Norm bestimmt haben[153]. Das Handlungsobjekt dagegen soll aus dem äußeren Verlauf des Verbrechens ermittelt werden[154]. Der die Aufstellung des Tatbestands leitende Wert wird mit der ratio des Gesetzes gleichgesetzt, also mit dem Schutz von Gemeinschaftswerten. Das Rechtsgut als das von der Gemeinschaft als wertvoll anerkannte und vom Recht geschützte Lebens- oder Kulturgut bestimmt damit den Geltungsbereich der strafrechtlichen Normen. Mit der Auslegung der gesetzlichen Tatbestände durch Ermittlung des jeweiligen Rechtsguts, d. h. des für den Einzeltatbestand charakteristischen schutzbedürftigen Gemeinschaftswerts, über die geisteswissenschaftliche Methode wird der Begriff des Rechtsguts zum entscheidenden Gesichtspunkt der teleologischen Interpretation im Strafrecht.

b) *Kritik des teleologischen Rechtsgutsbegriffs*

aa) Der positivrechtliche Gutsbegriff

Die Bedeutung des teleologischen Rechtsgutsbegriffs für die Auslegung strafrechtlicher Tatbestände ist heute unbestritten[155]. Das wertbezogene Denken ließ Honig und Schwinge auch das Wertmoment als gemeinsames Element der Rechtsgüter in den Vordergrund stellen und führte sie damit zu Bindings güterkonstituierendem Werturteil des Gesetzgebers zurück[156]. Es muß bezweifelt werden, ob man — wie Sina — der teleologischen Rechtsgutslehre wegen der positivrechtlichen Bestimmung des Rechtsguts den Vorwurf machen kann, sie öffne den Rechtsgutsbegriff für unbestimmte Zwecke des positiven Rechts und nehme ihm damit den liberalen Gehalt[157]. Schon Birnbaum bezeichnete die Güter als „von der Staatsgewalt gewährleistet" und deutete damit an, daß ihre Bestimmung auf einen Wertungsakt zurückzuführen ist, den — wie Binding deutlich machte — das positive Recht zu vollziehen hat[158]. Daß der Gesetzgeber bei seiner Wertung grundsätzlich auf die in der Gesellschaft bestehenden Vorstellungen zurückgreift, haben auch Honig und Schwinge nicht verkannt. So bezeichnet Honig die Schutzobjekte als von der Rechtsgemeinschaft anerkannte Lebenswerte, als Gemeinschaftswerte, und Schwinge spricht ebenfalls von Gemeinschafts-

---

[153] s. *Honig*, S. 61 f., 108 f.; *Schwinge*, S. 22.

[154] s. *Honig*, S. 110; auf die Kausalbetrachtung zur Bestimmung des Handlungsobjekts stellte auch schon *Hirschberg* ab, s. oben Anm. 122, 139.

[155] s. dazu schon oben Anm. 2.

[156] Vgl. *Honig*, S. 64 f. und *Schwinge*, S. 27 f.; beide heben die Bedeutung Bindings für die Rechtsgutslehre hervor.

[157] Vgl. *Sina*, Dogmengeschichte, S. 77 ff., 94; ähnlich *Jescheck*, Lb. AT S. 193 f. und *Rudolphi*, Aspekte des Rechtsgutsbegriffs, S. 153 f., 158.

[158] s. oben III 1; vgl. auch *Honig*, S. 61 ff.

werten und von dem Lebens- oder Kulturgut, das durch den Rechtsschutz zum Rechtsgut werde[159].

Im übrigen ist zur Rechtfertigung der positivistischen Auffassung des Rechtsguts darauf hinzuweisen, daß selbst die Interessenlehre die Entstehung eines Rechtsguts von der rechtlichen Anerkennung des in der Gesellschaft vorgegebenen Interesses abhängig macht[160] und bei einem Widerspruch des Interesses zum positiven Recht das letztere entscheiden läßt[161]. Das bedeutet jedoch die Konstituierung der Rechtsgüter durch den Gesetzgeber, denn die Verfechter eines vorrechtlichen Rechtsguts können sich nicht darauf berufen, daß der Gesetzgeber stets nur solche Güter schütze, die für die Sicherung der Bedingungen menschlichen Zusammenlebens notwendig sind[162], die „rechtliche Anerkennung" damit nur deklaratorische Bedeutung habe. Zwar wird man davon ausgehen können, daß der Gesetzgeber regelmäßig solche für die Aufrechterhaltung der Bedingungen menschlichen Zusammenlebens wichtigen Objekte schützt; daß das jedoch nicht immer der Fall ist, hat die historische Erfahrung gezeigt[163]. Die Bestimmung des Rechtsguts als ein vom Gesetz positiv bewerteter Gegenstand führt uns somit wieder zu Binding, dem eigentlichen Begründer des Rechtsgutsdogmas, zurück.

bb) Die Überspannung des Rechtsgutsbegriffs

Die Anhänger der teleologischen Rechtsgutslehre haben jedoch bei ihrer Gleichsetzung des Rechtsgüterschutzes mit der ratio legis verkannt, daß der Güterschutzgedanke nicht der einzige Gesichtspunkt einer teleologischen Betrachtung der Straftatbestände sein kann[164]. Indem sie nun etwa die Täterstellung, die Mittel der Tatbegehung, die Gesinnung

---

[159] *Honig*, S. 92, 93; *Schwinge*, S. 22.

[160] s. oben Anm. 118; vgl. dazu auch *Mayer*, Lb. AT S. 22, Anm. 8.

[161] s. dazu die interessante Argumentation bei *Schwinge*, S. 22.

[162] Kennzeichnend ist die ausgewogene Definition des Rechtsguts bei *Binding*, der den subjektiven Standpunkt des Gesetzgebers betont: „... in den Augen des Gesetzgebers ..., nach seiner Ansicht ..." (Normen Bd. I, S. 353 ff.).

[163] Vgl. etwa die bisherige Strafbarkeit der Homosexualität unter Männern — s. dazu *Jäger*, Rechtsgüterschutz, S. 68 ff. — oder die Behandlung der Tierquälerei, die lange Zeit straflos war, dann nur unter der Voraussetzung der öffentlichen Begehung oder der Ärgerniserregung bestraft wurde (§ 360, Ziff. 13), also dem Schutz des menschlichen Gefühllebens oder des öffentlichen Friedens diente; im Tierschutzgesetz von 1933 sodann fehlen die Tatbestandsmerkmale der öffentlichen Begehung und der Ärgerniserregung, so daß jetzt das Tier um seiner selbst willen geschützt wird; s. *Giese - Kahler*, Das Deutsche Tierschutzrecht, S. 15 ff.; *Roxin*, JuS 1966, S. 383, Anm. 20; *Welzel*, Lb. S. 451 f.; a. A. *Gallas*, Gründe und Grenzen der Strafbarkeit, S. 13 ff. Der jetzige Tatbestand der Tierquälerei ist daher mit dem Sozialschadensgedanken nicht vereinbar (s. unten IV 4).

[164] Darauf haben nachdrücklich *Dahm* (ZStW 57, S. 234 f.) und *Schaffstein* (DStR 1937, S. 336 f.) hingewiesen; s. unten III 5.

des Täters und andere Unrechtselemente in den Rechtsgutsbegriff einbezogen[165], haben sie den Begriff des Rechtsguts überspannt, so daß er später, insbesondere von der Lehre vom personalen Unrecht, nicht mehr aufrechterhalten werden konnte.

cc) Die Vergeistigung des Rechtsguts

Ein weiterer Einwand, der gegen den teleologischen Rechtsgutsbegriff erhoben wird, betrifft die Vergeistigung des Rechtsguts[166]. Da das Rechtsgut — als Objekt der Wertung — mit dem Zweck der Strafrechtssätze — der Wertung — gleichgesetzt wird[167], kann das Schutzobjekt nicht mehr Gegenstand realer Veränderung sein. Damit ist aber die Schutzfunktion einer Strafnorm nicht mehr feststellbar, der Rechtsgutsbegriff läßt keine Aussage über das Unrecht der einzelnen Delikte mehr zu, er wird zu einer bloßen Abstraktion und bleibt nur noch ein methodisches Prinzip für die Auslegung strafrechtlicher Tatbestände. Daß die Vergeistigung des Rechtsguts nicht nur ein Mangel der teleologischen Rechtsgutslehre ist, wurde bereits bei v. Liszt und Hirschberg deutlich. Aber auch in der heutigen Strafrechtsliteratur ist eine solche Vergeistigung des Rechtsguts festzustellen[168].

5. Der Einfluß der „Kieler Schule" auf die Rechtsgutslehre

In dem Kampf der nationalsozialistischen Weltanschauung gegen Individualismus und Liberalismus versuchte in den Jahren nach 1933 die „Kieler Schule", deren Wortführer die damals in Kiel lehrenden Professoren Dahm und Schaffstein waren, in Verkennung der historischen Entwicklung des Rechtsgutsgedankens[169] einen „aufklärerisch-individualistischen Gehalt"[170] des Rechtsgutsbegriffs zu ent-

---

[165] Vgl. *Honig*, S. 95 f.; *Schwinge - Zimmerl*, Wesensschau und konkretes Ordnungsdenken im Strafrecht, S. 69 f.

[166] Schwinge selbst hat darauf hingewiesen: „Ursprünglich eine Aussage über das Substrat der Verbrechen, liegt in ihm heute nur noch ein Hinweis auf die Methode der strafrechtlichen Auslegung und Begriffsbildung — ein Unterschied, wie er gewaltiger nicht gedacht werden kann." (*Schwinge - Zimmerl*, S. 64) Schwinge sieht darin allerdings einen Sinn- und Funktionswandel (S. 64, Anm. 26). Zu dem Einwand der Vergeistigung s. *Dahm*, ZStW 57, S. 233 f.; *Schaffstein*, DStR 1935, S. 100 f.; *Welzel*, ZStW 58, S. 511 ff.; *Jäger*, Rechtsgüterschutz, S. 13, 14; *Sina*, Dogmengeschichte, S. 78; *Rudolphi*, Aspekte des Rechtsgutsbegriffs, S. 153 f.; *Marx*, Rechtsgut, S. 19 f.

[167] s. *Honig*, S. 93 f.; *Schwinge*, Teleologische Begriffsbildung, S. 22.

[168] Vgl. etwa *Jescheck*, Lb. AT S. 193 ff., der bei der Kennzeichnung von Rechtsgut und Handlungsobjekt von Idee und Erscheinung spricht (S. 196); *Kohlrausch - Lange*, System. Vorbem. III 1; s. auch unten III 6 u. 7.

[169] s. oben III 1; ausführlich dazu *Amelung*, S. 235 ff.

[170] *Schaffstein*, Das Verbrechen eine Rechtsgutsverletzung?, DStR 1935, S. 97 ff. (97, 101).

larven. Sie wandte sich gegen die herrschende Auffassung, daß die Rechtsgutsverletzung der einzige den Unrechtsgehalt der Verbrechen bestimmende Faktor und der Rechtsgüterschutz als entscheidender Gesichtspunkt bei der Auslegung zugrunde zu legen sei, und forderte daher eine Akzentverlagerung vom Gedanken der Rechtsgutsverletzung auf den der Pflichtverletzung, also eine stärkere Berücksichtigung der Pflicht- und Gesinnungsmomente[171]. Trotz der Auffassung des Verbrechens als Pflichtwidrigkeit wurde nicht bestritten, daß die Rechtsgutsverletzung „ein sehr wichtiger, bei den meisten Delikten in Betracht zu ziehender Faktor sei“[172], so daß man letztlich auch den Begriff des Rechtsguts für unentbehrlich hielt[173], ohne jedoch seinen materiellen Gehalt zu bestimmen.

Die Bemühungen der „Kieler Schule“ brachten die Erkenntnis, daß sich das Wesen des Verbrechens nicht im Erfolgsunwert, der Verletzung des Rechtsguts, erschöpft, sondern auch vom Aktunwert, der Mißachtung der Rechtsgüter, bestimmt wird[174]. Die Bedeutung der Rechtsgutslehre selbst jedoch konnte durch sie nicht in Frage gestellt werden.

6. Die Behandlung des Rechtsgutsbegriffs in der gegenwärtigen Strafrechtsliteratur[175]

In der Folgezeit ist der Begriff des Rechtsguts — abgesehen von den bereits genannten Werken von Jäger und Sina — sehr stiefmütterlich behandelt worden. Ein Blick in die heutige Strafrechtsliteratur zeigt die große Unsicherheit über Begriff und Funktion des Rechtsguts und — bis zu dem Erscheinen der Arbeiten von Amelung und Marx — das Fehlen einer ausführlichen Darstellung und jeglicher Auseinandersetzung mit den meist beziehungslos nebeneinanderstehenden Meinungsverschiedenheiten. Zwar greift man immer wieder auf den Begriff zurück: bei der Bestimmung des Verbrechens als Rechtsgutsverletzung, bei der Begrenzung der Aufgabe des Strafgesetzgebers auf den Schutz der Rechtsgüter und bei der teleologischen Auslegung[176]. Der Begriff des Rechtsguts selbst jedoch ist dabei stets vieldeutig geblieben.

---

171 s. *Schaffstein*, Der Streit um das Rechtsgutsverletzungsdogma, DStR 1937, S. 335 ff.; *Dahm*, ZStW 57, S. 234 f.

172 *Schaffstein*, DStR 1937, S. 336.

173 Vgl. *Dahm*, ZStW 57, S. 235.

174 Die Bedeutung des Güterschutzgedankens ist im übrigen dadurch erhalten geblieben, daß heute die personalen Merkmale des Unrechts auf den Güterschutzgedanken bezogen werden; vgl. dazu bes. *Lüderssen*, Zum Strafgrund der Teilnahme, S. 130 ff.

175 Nicht berücksichtigt sind hier die Anhänger der immateriellen Rechtsgutslehre (Jescheck, Krümpelmann und Schmidhäuser), auf die wir in einem gesonderten Abschnitt eingehen wollen. s. unten III 7.

176 s. im einzelnen *Rudolphi*, Aspekte des Rechtsgutsbegriffs, S. 151 ff.

Die Anhänger einer kriminalpolitischen Güterlehre berufen sich bei ihrer Forderung, das Strafrecht dürfe nur Rechtsgüter schützen — ein vor allem in der Diskussion über das Sexualstrafrecht strapazierter Grundsatz[177] —, zumeist auf Jäger und Sina[178]. Aber ebensowenig wie Jäger[179] gelingt es Sina, der die Arbeit von Jäger nicht einmal erwähnt und sich auch mit Welzels Rechtsgutsbegriff[180] nicht auseinandersetzt, eine vorpositive Natur des Rechtsguts nachzuweisen, obgleich er aus ihr den liberalen Gehalt des Rechtsguts herzuleiten sucht[181]. Die Gefahr einer Willkür der „staatlichen Wertung", die Sina bei einem positivistischen Rechtsgutsbegriff befürchtet[182], dürfte sicherlich nicht so groß sein wie die Ungewißheit über den Inhalt der „leitenden Wertgesichtspunkte des neuzeitlichen Selbstverständnisses", die Sina der staatlichen Wertung gegenüberstellt. Im übrigen weist Sina selbst darauf hin, daß der Begriff des Rechtsguts eine Schöpfung des Positivismus war[183].

Die Kritik an der These vom vorpositiven liberalen Gehalt des Rechtsgutsbegriffs gilt auch für den neueren Beitrag zur Rechtsgutslehre von Marx, der selbst keine eigenen dogmengeschichtlichen Forschungen anstellt, sondern sich insoweit ganz an den Ergebnissen von Sina orientiert[183a]. Marx bestimmt die „materialen" Rechtsgüter als „diejenigen Gegenstände, die der Mensch zu seiner freien Selbstverwirklichung braucht"[183b], wobei der Wertaspekt der Rechtsgüter aus dem Zweck des Strafrechts, nämlich der Sicherung der Möglichkeit freier Selbstverwirklichung, abgeleitet wird. Da Marx aber über diesen logisch nicht abgrenzbaren Strafrechtszweck nicht hinausgeht und er — abgesehen von einigen wenigen Beispielen — auf eine gründliche Erprobung seiner Rechtsgutsdefinition verzichtet, läßt auch seine Rechtsgutslehre noch viele Fragen unbeantwortet[183c].

---

177 Gegen diesen rechtspolitischen Begriff des Rechtsguts s. bes. *Mayer*, Lb. AT S. 22, Anm. 8.

178 s. *Roxin*, JuS 1966, S. 381 f.; ders., Franz von Liszt und die kriminalpolitische Konzeption des Alternativentwurfs, ZStW 81, S. 613 ff. (622 f.); *Arndt*, Verhandlungen des 47. dt. Juristentages, Bd. II, J 10; *Just-Dahlmann*, Verhandlungen des 47. dt. Juristentages, Bd. II, K 9.

179 s. oben bei Anm. 143 f.

180 s. dazu unten III 8.

181 *Sina*, Dogmengeschichte, S. 91 f.

182 S. 92.

183 S. 39 ff. Zur Kritik an Sina siehe auch die Besprechung von *Würtenberger* in ZStW 82, S. 158 ff.

183a s. *Marx*, Rechtsgut, S. 5, 15 ff. Die wichtige Arbeit von Jäger hat auch Marx nicht berücksichtigt.

183b S. 62.

183c Zur Präzisierung und Korrektur der Rechtsgüter durch die Aufgabe des Strafrechts s. unten IV 1 b; vgl. im übrigen die kritische Besprechung der Arbeit von Marx durch *Amelung* in ZStW 84, S. 1015 ff.

Einig ist sich der überwiegende Teil der Lehre nur in der Ablehnung des methodischen Rechtsgutsbegriffs[184] und in der Meinung, daß jeder Straftatbestand ein Rechtsgut schütze[185]. Im übrigen wird das Rechtsgut nur inhaltlich umschrieben[186], etwa als „Rechtswert oder Rechtsinteresse“[187], als „Sozialwert“ oder rechtlich „anerkanntes Interesse“[188], als „ein Gut des objektiven Rechts der Allgemeinheit“[189]. Dabei werden die Begriffe Rechtsgut und Angriffsobjekt vereinzelt sogar ohne jegliche Differenzierung verwendet[190].

Daß ein solcher beliebig ausfüllbar gewordener Begriff des Rechtsguts nicht in der Lage ist, die ihm in der Strafrechtswissenschaft zukommenden Funktionen zu erfüllen, liegt auf der Hand.

7. Der institutionelle Rechtsgutsbegriff

a) Darstellung

aa) Die ersten Ansätze einer Auffassung des Rechtsguts als Institution finden sich bei Schütze[191] und Oetker[192], die das Rechtsgut als „Ideal eines künftigen Zustands“ bezeichnen und das Eigentum als Institution der einzelnen im Eigentum einer Person stehenden Sache, dem Handlungsobjekt, gegenüberstellen. Im Anschluß an Honig und Schwinge beschrieb Mittasch das Rechtsgut als „geltenden, immateriellen Wert“ und seine Verletzung als geistigen Vorgang. Das immaterielle Rechtsgut verkörpere sich in einem materiellen „Wertsubstrat“[193]. Diese rein

---

[184] s. *Baumann*, Lb. S. 125; *Maurach*, Lb. AT S. 215; *Schönke - Schröder*, Vorbem. 21 vor § 1; vgl. auch *Sina*, Dogmengeschichte, S. 94; anders aber *Mezger - Blei*, AT S. 118.

[185] s. *Maurach*, Lb. AT S. 216; *Schönke - Schröder*, Vorbem. 1, 21, 150 vor § 1; a. A. aber *Stratenwerth*, AT Rdnr. 52.

[186] Zu den Definitionen von Jäger und Roxin s. bereits oben Anm. 128 ff. — Äußerst knapp sind auch die Anmerkungen zum Rechtsgut in der neuen Darstellung des Strafrechts AT von Stratenwerth, der allerdings zutreffend bemerkt, daß etwa das Rechtsgut bei § 303 „nicht in der fremden Sache als solcher, sondern in der dem Eigentumsrecht entsprechenden Verfügungsmöglichkeit über sie“ besteht (Rdnr. 214). s. auch unten IV 2 b.

[187] *Baumann*, Lb. S. 125.

[188] *Maurach*, Lb. AT S. 215, 219.

[189] *Schönke - Schröder*, Vorbem. 21 vor § 1. Vgl. auch *Mezger - Blei*, AT S. 118 f., deren Arsenal von Begriffen hier wiederzugeben nicht der Platz ist.

[190] s. *Mezger - Blei* und *Schönke - Schröder*, a. a. O. (erstere setzen Rechtsgut und Angriffsobjekt gleich, unterscheiden aber davon das Handlungsobjekt [S. 109 f.]); auch Marx geht auf das Verhältnis von Rechtsgut und Handlungsobjekt nicht ein; näher dazu unten bei Anm. 234 ff.

[191] Die nothwendige Teilnahme am Verbrechen, S. 64 f.; Lb. S. 98.

[192] Rechtsgüterschutz und Strafe, ZStW 17, S. 493 ff. (495).

[193] *Mittasch*, Die Auswirkungen des wertbeziehenden Denkens in der Strafrechtssystematik, S. 87.

immaterielle Auffassung des Rechtsguts als etwas „Geltendes", als genereller Rechtswert, vertritt heute auch Jescheck: „Die Rechtsgüter sind nicht als greifbare Gegenstände der realen Welt zu verstehen, sondern sie sind ideelle Werte der Sozialordnung ... Der *konkrete* Gegenstand, der durch die tatbestandsmäßige Handlung in Mitleidenschaft gezogen wird, heißt dagegen Handlungs- (oder Angriffs)objekt." Beide Begriffe, Rechtsgut und Handlungsobjekt, seien „wie Idee und Erscheinung" auseinanderzuhalten[194]. Diese Unterscheidung ist jedoch insofern zweifelhaft, als Jescheck die Verletzung des ideellen Rechtsguts nicht als Handlungsunrecht auffaßt, wie es einer institutionellen Rechtsgutsbestimmung entspräche, sondern ebenso wie die Beeinträchtigung des Handlungsobjekts als Erfolgsunrecht[195]. Es fragt sich daher, was etwa die §§ 211 ff. bzw. § 263 denn noch schützen sollen, wenn das Leben eines Menschen bzw. das Vermögen lediglich Angriffsobjekte dieser Strafvorschrift sein sollen. Daß das „Hausrecht", das Jescheck kurz als Rechtsgut des § 123 bezeichnet, eben nicht ein bloßer „idealer Wert" ist, sondern daß sich hinter diesem Begriff etwas Konkret-Gegenständliches verbirgt, das in den verschiedenen Räumlichkeiten vor Beeinträchtigungen bewahrt werden soll, hoffen wir mit unseren weiteren Ausführungen deutlich machen zu können. Im übrigen weicht Jescheck selbst von seiner Unterscheidung ab, wenn er als Rechtsgut des § 113 die „ungehinderte Vollstreckungstätigkeit des Staates" nennt[196], die doch wohl nicht etwas Ideelles ist, sondern als durchaus realer Vorgang in Erscheinung tritt.

bb) Obgleich der Begriff der Institution seit Schütze wiederholt in der Schutzgutlehre auftaucht, zeigt sich ein institutioneller Rechtsgutsbegriff doch erst bei Krümpelmann und Schmidhäuser[197], die auch andeuten, daß das Rechtsgut als Institution nur das Handlungsunrecht bezeichnet, worauf zuvor allerdings schon Welzel hingewiesen hat[198]. Nach Krümpelmann sieht die „traditionelle Lehre"[199] das durch die Sanktion geschützte Rechtsinstitut als Schutzobjekt an und dementsprechend die Mißachtung

---

[194] *Jescheck*, Lb. AT S. 195.

[195] a. a. O.

[196] Lb. AT S. 196.

[197] *Krümpelmann*, Die Bagatelldelikte, S. 68 ff., 82 ff.; *Schmidhäuser*, Lb. AT S. 24 ff., 111 ff., 169; auf einen institutionellen Rechtsgutsbegriff deuten auch die Ausführungen *Baumanns*, Lb. S. 121, 124.

[198] *Welzel*, Über den substantiellen Begriff des Strafgesetzes, S. 110, Anm. 10. — Die konsequente Durchführung eines institutionellen Rechtsgutsbegriffs, der dem Rechtsgut i. S. Welzels (s. unten III 8) gegenüberzustellen ist, findet sich allerdings erst in der Arbeit von *Amelung* (S. 174 ff., 194 ff.), der diesen Hinweis Welzels auch erst deutlich herausstellt.

[199] Diese These, daß die gesamte „traditionelle Lehre" einen institutionellen Rechtsgutsbegriff vertritt, wird allerdings durch unsere bisherigen Untersuchungen widerlegt.

der Institution als Rechtsgutsverletzung[200]. Das Rechtsgut des § 242 ist danach nicht das im Einzelfall geschützte äußere Objekt, sondern die Institution des Eigentums, das durch Normen konstituiert wird, die einer bestimmten Person eine Sache zur freien Verfügung zuweisen und den anderen die Respektierung dieser Zuweisung gebieten[201]. Oder das Rechtsgut der Tötungsdelikte ist „nicht etwa das einzelne konkrete Leben eines Menschen, sondern die Achtung, die das menschliche Leben schlechthin von Rechts wegen genießt"[202]. Als Ordnung von Normen wird das institutionelle Rechtsgut nicht durch das gesetzliche Verbot, das selbst Bestandteil der Institution ist, sondern durch die Sanktion geschützt[203]. Durch die Sanktionierung bestimmter Normverstöße wird die Geltung der institutionellen Normen bestätigt, wobei die Sanktion die der Institution drohende Gefahr des Untergangs beseitigen soll[204]. Die Verletzung des institutionellen Guts stellt sich als Mißachtung des ideellen Achtungsanspruchs dar und bewirkt einen Geltungsschaden, entspricht also dem Handlungsunrecht i. S. Welzels[205]. Die Erfolgsverursachung dagegen bezieht sich — so Schmidhäuser — auf das „Rechtsgutsobjekt", den realen Gegenstand, an dem der Rechtsgutsanspruch haftet[206]. Die Vorstellung, daß der Achtungsanspruch am „Rechtsgutsobjekt" haftet, ist allerdings unzutreffend, denn der Achtungsanspruch beruht nicht schon auf der Existenz der „Rechtsgutsobjekte", sondern entsteht erst durch die Setzung der betreffenden Norm. Das Tat- oder Handlungsobjekt schließlich definiert Schmidhäuser als den Menschen oder Gegenstand, „auf den sich eine Tat bezieht, ohne daß man vom Rechtsgutsobjekt sprechen könnte", etwa der in seiner Amtsausübung beeinträchtigte Beamte[207].

Eine Zerstörung des Rechtsguts ist nach dieser Lehre nur denkbar, wenn der Achtungsanspruch von der Gesellschaft nicht mehr aufrechterhalten wird, etwa eine kommunistische Gesellschaft das Privateigentum nicht anerkennt[208].

---

200 s. *Krümpelmann*, S. 70, 83, 88.

201 Vgl. *Schmidhäuser*, Lb. AT S. 112. Die Institution erweist sich daher als ein Netz komplementärer Rollen und der einzelne Störer als Rollenträger (s. *Parsons*, The Social System, S. 39).

202 *Schmidhäuser*, a. a. O.; vgl. auch *Lange*, der das Rechtsgut der Tötungsdelikte als „Unverletzlichkeit" des Lebens bestimmt. *Kohlrausch - Lange*, System. Vorbem. III 1.

203 So *Amelung*, S. 184 f.; s. auch *Krümpelmann*, S. 88.

204 Vgl. dazu auch vom soziologischen Standpunkt: *Johnson*, Sociology, S. 22; *Parsons*, The Social System, S. 38 f.

205 s. *Krümpelmann*, S. 70, 83; *Schmidhäuser*, Lb. AT S. 25, 112, 169.

206 Lb. AT S. 25. Dieses „Rechtsgutsobjekt" entspricht dem Rechtsgut i. S. Welzels, s. *Schmidhäuser*, Lb. AT S. 26.

207 S. 25.

208 Vgl. dazu auch schon *v. Liszt*, ZStW 6, S. 683.

b) *Kritik*

Gegen eine einseitig immaterielle Bestimmung des Rechtsguts wendet sich Salm[209], indem er durch eine „dialektische" Verbindung von „Wert und Substrat" die Rechtsgüter als „wertbehaftete Wirklichkeiten" versteht, „sowohl als Individuelles, wie auch als wertentsprechend-Typisches"[210]. Die Rechtsgutsverletzung sei daher sowohl „Gutsbeeinträchtigung" — d. h. äußere Schadensverursachung — als auch Geltungswidrigkeit, der Erfolgsunwert also stets zugleich Handlungsunwert[211]. Salms Bestimmung des Rechtsguts beruht jedoch auf der unhaltbaren, da widersprüchlichen, Hypothese, daß die Rechtsgüter sowohl wirkliche Gegenstände als auch geltende Werte sein sollen[212]. Wenn Salm die Rechtsgutsverletzung sowohl als Gutsbeeinträchtigung als auch als Geltungsschaden begreift, so übersieht er dabei, daß das güterkonstituierende Werturteil sich wohl von dem Werturteil über die normverletzende Handlung unterscheidet[213].

Während Schütze die Institution als Bestandteil der Rechtsordnung, als Komplex gültiger Rechtsnormen, versteht und später die Institution als ein stets neu zu verwirklichender ideeller Wert bezeichnet wird[214], definiert die moderne Soziologie diesen Begriff als einen in der Gesellschaft vorfindbaren Komplex faktisch geltender Normen[215]. Diese soziologische Beschreibung der Institution zeigt, daß das institutionelle Rechtsgut nicht nur immateriell zu verstehen ist, sondern auch als real verletzbarer Zustand, als der durch die Sanktion geschützte Zustand normgemäßer Handlungen aufgefaßt werden kann[216]. Eine solche reale Auffassung würde dem Güterschutzgedanken besser entsprechen.

Gegen die institutionelle Rechtsgutslehre ist jedoch einzuwenden, daß die Verletzung einer Institution erst offenbar wird durch die Verletzung des einzelnen Gutes[217], das eben nicht nur das kausal veränderbare Tatobjekt darstellt, sondern für den einzelnen ein vom Strafrecht zu schützendes Gut ist. Die Verletzung des institutionellen Rechtsguts sagt nichts über das Erfolgsunrecht aus, sondern erschöpft sich im Handlungsunrecht. Schon jede gesetzwidrige Handlung verändert den Zustand der

---

209 *Salm,* Das versuchte Verbrechen, S. 179 ff.

210 S. 180.

211 S. 183.

212 s. dazu schon oben bei Anm. 111 f., 138 ff., 143.

213 Vgl. *Kaufmann,* Lebendiges und Totes in Bindings Normentheorie, S. 69 f.

214 s. schon oben; ferner *Welzel,* Über den substantiellen Begriff des Strafgesetzes, S. 110, Anm. 10.

215 s. *Johnson,* Sociology, S. 21; *Parsons,* The Social System, S. 39.

216 s. näher dazu *Amelung,* S. 182.

217 Vgl. dazu auch *Krümpelmann,* S. 69 f., 83.

Geltung einer Norm, verletzt also das institutionelle Rechtsgut. Ein solcher Rechtsgutsbegriff kann die Aufgabe des Rechtsguts, als Maß des Verbrechens zu dienen, nur bedingt erfüllen[218]; er ist mit der Güterlehre Bindings, die Normwiderspruch und Rechtsgutsverletzung gegenüberstellte, nicht vereinbar.

8. Das Rechtsgut i. S. Welzels als der durch das Verbot geschützte reale Gegenstand

a) Darstellung

Im Anschluß an Nicolai Hartmann unterscheidet Welzel zwischen Akt- und Güterwerten und erreicht dadurch die Trennung der im Tatbestand umschriebenen Täterstellungen, Gesinnungen usw. vom Schutzobjekt, die Honig und Schwinge noch miteinander vermengt hatten[219]. Den im Normwiderspruch auftretenden Akt- oder Handlungsunwert ordnet Welzel dem personalen Unrecht zu[220] und sieht in ihm den „generellen Unwert aller strafrechtlichen Delikte“[221]. Die Rechtsgutsverletzung dagegen bezeichnet er als Erfolgsverursachung, als den Erfolgsunwert[222]. Der Schutz der Rechtsgüter ist damit nur noch eine mittelbare Aufgabe des Strafrechts: „Die zentrale Aufgabe des Strafrechts liegt also darin, durch Strafdrohung und Strafe für den wirklich betätigten Abfall von den Grundwerten rechtlichen Handelns die unverbrüchliche Geltung dieser Aktwerte sicherzustellen ... Indem das Strafrecht so den wirklichen Abfall von den rechtlichen Gesinnungswerten bestraft, schützt es zugleich die Rechtsgüter, auf die jene Aktwerte bezogen sind ...“[223]. Die Geltung dieser Aktwerte — das institutionelle Rechtsgut — wird also durch die Strafsanktion gesichert. Das Rechtsgut dagegen ist der durch das Verbot geschützte Gegenstand, der kausal veränderbar ist und im Gegensatz zur Institution auch vernichtet werden kann[224]. Die Rechtsgutsverletzung bestimmt Welzel daher — wie bereits Binding[225] — als kausale Veränderung eines realen Gegenstandes. Nach dieser Auffassung soll etwa bei § 242 einmal die Befolgung der Norm, nicht zu stehlen, gesichert, darüber hinaus aber auch das reale Rechtsgut, nämlich die Position des Eigentümers einer fremden Sache, vor einer Störung

---

[218] s. dazu auch unten bei Anm. 246 f.

[219] s. oben Anm. 165.

[220] s. ZStW 58, S. 522; Lb. S. 62.

[221] ZStW 58, S. 511, Anm. 30 (auf S. 513); s. auch Lb. S. 62.

[222] ZStW 58, S. 511 ff.

[223] Lb. S. 2, 3.

[224] s. *Welzel*, ZStW 58, S. 511, Anm. 30 (auf S. 512, 513); Lb. S. 3 ff., 59 ff.; vgl. auch *Krümpelmann*, S. 88.

[225] s. oben Anm. 84.

geschützt werden. Während die institutionelle Rechtsgutslehre die Rechtsgutsverletzung als geltungsschädigenden Normwiderspruch beschreibt, enthalten nach Welzels Auffassung die Delikte, die nur einen Normverstoß darstellen — wie z. B. §§ 173, 175 und 180 StGB a. F. —, keine Rechtsgutsverletzung[226].

Ein vom Rechtsgut zu unterscheidendes Handlungsobjekt kannte Welzel zunächst nicht[227]; er hat diesen Standpunkt jedoch seit der 10. Auflage seines Lehrbuchs geändert[228].

b) Kritik der Rechtsgutslehre Welzels

aa) Gegenüberstellung mit dem institutionellen Rechtsgutsbegriff

Das Rechtsgut bei Welzel steht als ein durch die Norm geschützter, kausal veränderlicher Gegenstand in deutlichem Gegensatz zum institutionellen, durch Normen konstituierten Rechtsgut. Da Welzel das Schutzobjekt als Gegenstand der über den Normwiderspruch hinausgehenden Folgen des Verbrechens, des Erfolgsunrechts, sieht und die Institution für ihn nur durch die Aufrechterhaltung des jeweiligen Aktwertes geschützt werden kann, lehnt er den institutionellen Rechtsgutsbegriff ausdrücklich ab[229]. Zwischen beiden Gutsbegriffen besteht ein „Verhältnis gestufter Schutzwirkungen": das institutionelle Gut ist der durch Sanktionen geschützte Komplex von Normen, das Rechtsgut i. S. Welzels ist das durch solche Normen (Gebote und Verbote) geschützte Objekt[230]. Unklar ist Welzels Annahme reiner Normverstöße ohne Rechtsgutsverletzung, denn er selbst bezieht die Aktwerte auf Rechtsgüter und bezeichnet die Aufgabe des Strafrechts als Rechtsgüterschutz durch den Schutz der Aktwerte[231], so daß ein reines Aktverbrechen ohne Verletzung eines Rechtsguts eigentlich nicht denkbar ist[232]. Im übrigen schließt Welzels Rechtsgutsbegriff nicht aus, daß auch bei diesen Delikten Gegenstände als Schutzgüter i. S. Welzels verletzt werden[233].

---

226 s. ZStW 58, S. 511, Anm. 30 (auf S. 513); Lb. S. 63, 431.

227 s. ZStW 58, S. 514, Anm. 32.

228 Lb. 10. Aufl. S. 4; Lb. 11. Aufl. S. 5.

229 Über den substantiellen Begriff des Strafgesetzes, S. 110, Anm. 10.

230 So die klare Gegenüberstellung bei *Amelung*, S. 194 f.

231 Lb. S. 3, 5.

232 Vgl. auch *Jäger*, Rechtsgüterschutz, S. 26.

233 So wurde etwa zu der Homosexualität zwischen Männern lange Zeit die Auffassung vertreten, sie gefährde die Gesundheit des deutschen Volkes oder die staatliche Bürokratie — eine Auffassung freilich, die inzwischen durch sozialwissenschaftliche Untersuchungen widerlegt werden konnte, vgl. *Jäger*, Rechtsgüterschutz, S. 68 ff.

bb) Die Unterscheidung von Schutzobjekt und Tatobjekt

Ein weiterer Einwand ist gegen Welzels — inzwischen aufgegebene — Gleichsetzung von Schutzobjekt und Tatobjekt erhoben worden[234]. Der nun auch von Welzel getroffenen — leider nicht begründeten — Unterscheidung der beiden Begriffe ist sicher zuzustimmen. Denn auch wenn man wie Welzel das Rechtsgut als kausal veränderlichen Gegenstand auffaßt, sollte man auf den Begriff des ebenfalls kausal beeinflußbaren Tatobjekts nicht verzichten: das Rechtsgut ist das durch die strafrechtliche Norm geschützte und durch Auslegung zu ermittelnde Objekte, das Tat- (Handlungs-, Angriffs—)objekt dagegen ist der Gegenstand, auf den sich die Tat bezieht, der im Tatbestand genannte oder vorausgesetzte Gegenstand[235]. So ist Tatobjekt in § 114 StGB a. F. der Beamte, in § 123 der Wohn- oder Geschäftsraum, in § 212 der Mensch, in § 267 die verfälschte Urkunde. Dieses Tatobjekt kann mit dem zu schützenden Rechtsgut zusammenfallen, wie bei den Tötungsdelikten, oder von ihm verschieden sein, wie bei den §§ 114 (a. F.), 267 StGB, die nicht den Beamten bzw. die verfälschte Urkunde schützen, sondern das Funktionieren des staatlichen Behördenapparats bzw. des Rechtsverkehrs. Das Tatobjekt kann aber auch überhaupt fehlen, wie beim Tatbestand des Meineids.

Der von Liszt und Honig dem „vergeistigten" Rechtsgut gegenübergestellte Begriff des Handlungsobjekts — der im Gegensatz zum Rechtsgut von einer kausalen Veränderung betroffene Gegenstand[236] — ist zu unbestimmt, da er alle kausal beeinflußbaren Gegenstände umfaßt, also auch die Rechtsgüter i. S. Welzels, so daß ihm dort, wo Rechtsgut und Tatobjekt auseinanderfallen, eine differenzierende Funktion nicht mehr zukommt[237]. Der Einwand der Unbestimmtheit ist auch gegen das der Institution gegenübergestellte Handlungsobjekt[238] zu erheben, weil es als Gut des einzelnen ebenfalls zum Schutzobjekt als Klasse aller einzelnen Güter gehört und daher nicht erkennen läßt, was es von dem erst zu ermittelnden Schutzobjekt unterscheidet[239]. Das Handlungsobjekt in der oben genannten Definition dagegen — als der im Tatbestand genannte oder vorausgesetzte Gegenstand — ist von dem Rechtsgut abgrenzbar, sofern dieses nicht auch im Tatbestand genannt wird und mit dem Tat-

---

234 s. *Jäger*, S. 25; *Krümpelmann*, S. 74 f.

235 So auch *Schmidhäuser*, Lb. AT S. 25 f. und *Stratenwerth*, AT Rdnr. 213; vgl. auch *Maurach*, Lb. AT S. 215; *Mayer*, Lb. AT S. 97 f. *Amelung* (S. 198 f.) führt diese Definition des Tatobjekts auf *Beling* (Die Lehre vom Verbrechen) zurück.

236 s. oben Anm. 103, 154.

237 So würde z. B. auch der Rechtsverkehr in § 267 StGB darunterfallen, der jedoch anerkanntermaßen als Rechtsgut gerade dem Handlungsobjekt (der Urkunde) gegenübergestellt wird.

238 s. oben bei Anm. 191 f.

239 s. auch schon oben bei Anm. 217 f.

objekt identisch ist, und hier als eigener Begriff von Bedeutung bei den Fragen, bei denen es auf die Tatbestandsmerkmale des Besonderen Teils ankommt[240].

cc) Das Rechtsgut als Realität

Welzels Bestimmung des Rechtsguts als das vom strafrechtlichen Verbot geschützte reale Objekt ist einer Auffassung des Rechtsguts als etwas Immaterielles, als genereller Rechtswert vorzuziehen. Der Güterschutzgedanke geht doch gerade davon aus, daß eine — vom Gesetzgeber positiv bewertete — Realität vor Veränderungen geschützt werden soll. Ein solcher Schutz ist aber nur dann notwendig, wenn der reale Gegenstand überhaupt kausal veränderbar ist, etwas nur Vorgestelltes kann nicht verletzt werden. Aufgabe des Strafrechts kann nicht der Schutz eines nur geistigen Gebildes sein; seine „Beeinträchtigung“, also der bloße Wertwiderspruch, wäre, solange er nicht in irgendeiner Form realisiert wird, weder nachprüfbar noch sozialschädlich. Es sind jedoch nicht nur körperliche Gegenstände, auf die kausal eingewirkt werden kann, sondern auch Zustände, wie etwa der Zustand der Funktionsfähigkeit des Rechtsverkehrs (§ 267) oder die Nutzungsmöglichkeit des Eigentums (§ 242). Auch diese Zustände sind kausal veränderbare Rechtsgüter. Diese konkreten Rechtsgüter sind nicht mit einem immateriellen Wert „behaftet“[241], sondern sind erst durch das Werturteil des Gesetzgebers geschaffen[242]. Der Gefahr der Vergeistigung des Rechtsguts erliegt man nicht, wenn man das Rechtsgut als solches, abstrakt aufgefaßt, als Klasse aller vom Gesetzgeber positiv bewerteten Gegenstände begreift[243]. So verstanden ist das Rechtsgut nicht etwas Spirituelles, sondern durchaus Reales, da es alle einzelnen (konkreten) durch die Norm geschützten Gegenstände umfaßt. Rechtsgut ist daher auch das einzelne Menschenleben des X, da § 212 sonst eben nicht alle Menschenleben schützen würde.

Welzels Bestimmung des Rechtsguts entspricht Bindings Gegenüberstellung von Normwiderspruch und Rechtsgutsverletzung und führt auf die reale Güterbeeinträchtigung und die positivistische Wurzel des Rechtsguts bei Binding zurück. Wenn Welzels Vorstellungen vom Rechtsgutsbegriff nicht die ihnen zustehende Beachtung gefunden haben, so dürfte das, abgesehen von der allgemeinen Vernachlässigung der

---

[240] Etwa beim error in objecto (vgl. *Maurach*, Lb. AT S. 279 f.), aber auch bei der Lehre von der Kausalität und bei der Abgrenzung der Erfolgsdelikte von den schlichten Tätigkeitsdelikten, deren Tatbestandserfüllung die kausale Veränderung eines Tatobjekts nicht erfordert (s. *Baumann*, Lb. S. 205; *Maurach*, Lb. AT S. 195 f., 237 f.; *Stratenwerth*, AT Rdnr. 211, 215).

[241] So *Salm*, s. oben Anm. 209 f.

[242] s. oben. Die politische Entscheidung des Gesetzgebers als güterkonstituierendes Werturteil übersieht auch *Marx* (Rechtsgut, S. 62 ff., 79 ff.).

[243] s. schon oben bei Anm. 110 ff.

Rechtsgutslehre in der Nachkriegszeit[244], daran liegen, daß Welzels Ausführungen zum Rechtsgutsbegriff in seinem Lehrbuch bei weitem nicht die Klarheit und Sorgfalt aufweisen wie in seinen „Studien zum System des Strafrechts"[245].

dd) Welzels Rechtsgutsbegriff in der Lehre vom rechtfertigenden Notstand

Auch der Lehre vom rechtfertigenden Notstand liegt der gegenständliche Rechtsgutsbegriff i. S. Welzels zugrunde, wenn bei der Abwägung der in Konflikt stehenden Rechtsgüter auf den Grad der gegenwärtigen Gefahr für das zu schützende Rechtsgut und dessen Schutzwürdigkeit in der konkreten Situation abgestellt wird[246]. Solche Überlegungen, z. B. wann ein Gut erheblich gefährdet und wie groß die Chance der Rettung ist, dürften bei einem institutionellen Rechtsgut kaum zu einem praktikablen, eine sichere Abwägung der kollidierenden Güter ermöglichenden Ergebnis führen. Die allgemeine Ranghöhe der kollidierenden Rechtsgüter läßt sich nicht nur durch einen Vergleich der Rechtsgüter als Institutionen ermitteln. Denn auch der hier vertretene Rechtsgutsbegriff i. S. Welzels ermöglicht eine Aussage über die Werthöhe der Rechtsgüter, da diese — durch die Aufstellung der Verbotsnorm — bereits vom Gesetzgeber bewertet werden. Im übrigen kann es für die Frage, welches Gut im Kollisionsfall geringerwertig ist, nicht allein auf den generellen Rechtswert des Gutes ankommen, z. B. auf das Eigentum als generellen Rechtswert, sondern entscheidend ist der Wert des konkreten Guts in der konkreten Situation, d. h. die in dem konkreten Rechtsgut enthaltene Nutzungsmöglichkeit[247]. Das Strafrecht rechtfertigt daher nur die Rettung des durch das Verbot geschützten Objekts, nicht aber die Bewahrung eines gegebenenfalls allgemein höher bewerteten Normenkomplexes, dessen Ranghöhe durch eine schematische Abwägung ermittelt wird. Brauchbar ist daher nur der Rechtsgutsbegriff i. S. Welzels[248].

Bestätigt werden unsere Überlegungen durch die gesetzliche Regelung des rechtfertigenden Notstands in § 34 des 2. StrRG und in § 12 OWiG, da das dort genannte Rechtsgut, das in eine „gegenwärtige Gefahr" geraten ist, nur das Schutzobjekt im Sinne Welzels sein kann.

---

244 Vgl. auch *Sina*, Dogmengeschichte, S. 96.

245 ZStW 58, S. 491 ff.; so verleitet die von *Welzel* im Lehrbuch (S. 4) verwendete Beschreibung des Rechtsguts als „erwünschter sozialer Zustand" *Rudolphi* (Aspekte des Rechtsgutsbegriffs, S. 162, Anm. 45) zu dem falschen Schluß, Welzel der Zustandstheorie im Sinne Jägers zuzurechnen.

246 Vgl. *Schönke - Schröder*, Vorbem. 53 ff. vor § 51.

247 Vgl. auch *Lenckner*, Der rechtfertigende Notstand, S. 96 ff.

248 Erinnert sei hier auch an die Abgrenzung der Ausführungshandlung des Versuchs von der straflosen Vorbereitungshandlung, wo überwiegend auf die Gefährdung des — realen — Rechtsguts, des äußeren Objekts des Verbrechens, abgestellt wird (vgl. *Schönke - Schröder*, § 43, Rdnr. 10 ff.).

IV. Das Rechtsgut und seine soziale Funktion

1. Die Notwendigkeit einer Sozialbezogenheit des Rechtsguts

a) Das gütererzeugende Werturteil des Gesetzgebers und die unbefriedigende Bestimmung der Sozialschädlichkeit nach der Güterlehre

Wenn wir das Rechtsgut wie Welzel als den vom Gesetzgeber positiv bewerteten, durch die Norm geschützten realen Gegenstand beschreiben, so bedeutet das, daß wir bei der Frage nach dem Schutzobjekt einer Norm zunächst einmal auf das gütererzeugende Werturteil des Gesetzgebers abstellen müssen. Denn dieses Werturteil bestimmt den Gegenstand als den Realitätsausschnitt, der als Rechtsgut geschützt werden soll[249]. Daß den positiven Strafvorschriften immer eine gesetzliche Wertung zugrunde liegt, läßt sich nicht leugnen. Diese gesetzliche Wertung stellt sich aber letztlich als politischer Wertungsakt der verfassungsmäßigen Gesetzgebungsorgane dar[250], der bestimmte Gegenstände erst als Rechtsgüter konstituiert. So wie das Recht als autonome Normordnung der Positivierung bedarf, so ist auch nur ein positivistischer Rechtsgutsbegriff in der Lage, bestimmte Probleme der strafrechtlichen Dogmatik zu lösen[251]. Er gewährleistet, indem er angibt, was aufgrund der gesetzgeberischen Wertung durch die entsprechende Norm geschützt werden soll, daß „jede Einzelentscheidung, die (erg. vom praktischen Juristen) im konkreten Fall zu treffen ist, im Rahmen der vom Gesetzgeber vollzogenen allgemeinen Entscheidung bleibt“[252]. Bereits bei der Behandlung der Interessentheorie wurde deutlich, daß der Gesetzgeber seine Wertung nicht willkürlich trifft, sondern sich grundsätzlich an den in der Gesellschaft vorfindbaren Wertvorstellungen orientiert. Entgegen der einseitigen Betonung des gesetzgeberischen Werturteils bei Binding wird man daher sagen müssen, daß zwar der Gesetzgeber bestimmte Objekte für wertvoll erklärt, diese aber dennoch Rechtsgüter des einzelnen sein können, da die Gesellschaft sich aus vielen einzelnen Mitgliedern zusammensetzt und daher deren individuelle Interessen berücksichtigen muß und zum

---

[249] Daher ist auch das Problem der rechtsgutslosen Delikte keine Frage des Rechtsgutsbegriffs, sondern eine Frage der Ermittlung und Auslegung des gesetzlichen Werturteils, das regelmäßig den Schutz eines Rechtsguts i. S. Welzels zum Inhalt hat (s. oben bei Anm. 231 f.). Wieweit die Verletzung eines solchen hinter der Strafvorschrift stehenden Schutzobjekts sozialschädlich ist, bedarf freilich einer weiteren Prüfung (s. unten IV 4).

[250] s. dazu auch *Hirsch*, Rechtssoziologie heute, S. 9 - 35 (bes. S. 23 f.); *Krawietz*, Das positive Recht und seine Funktion, S. 86 f., 96.

[251] s. oben bei Anm. 156 ff., 241 ff.

[252] *Hirsch*, S. 24 (über die Gesetzesgebundenheit der praktischen Juristen).

anderen der Schutz des einzelnen häufig Voraussetzung für die Erfüllung gesamtgesellschaftlicher Aufgaben ist[253].

Obgleich man nun davon ausgehen kann, daß der Gesetzgeber in der Regel nur solche Objekte für schutzwürdig erklärt, die für die Aufrechterhaltung der Bedingungen menschlicher Koexistenz wichtig sind[254], hat sich diese Vermutung doch in Einzelfällen als widerlegbar erwiesen[255]. Daraus rechtfertigt sich freilich noch nicht der Einwand, der positivrechtliche Rechtsgutsbegriff sei als solcher inhaltsleer, denn die positivistische Bestimmung hat sich als genauer und beständiger erwiesen als manche andere Beschreibung der Rechtsgüter[256]. Die Widerlegbarkeit der aufgestellten Vermutung zeigt vielmehr, daß — will man die Gefahr einer beliebigen Ausfüllbarkeit des Rechtsgutsbegriffs vermeiden — die Positivierbarkeit des Rechts begrenzt werden muß, also ein zweiter Faktor notwendig ist, der neben dem gesetzgeberischen Werturteil den Inhalt des Rechtsguts bestimmt. Da das positive Recht durch staatliche Entscheidungen des politischen Systems geändert werden kann und diese Möglichkeit der Änderung weder „durch Verfassungsartikel noch durch Beschwörung von Werten“[257] ausgeschaltet werden kann, benötigen wir für die Ermittlung des Rechtsguts ein außerrechtlichen Ordnungszusammenhängen entnommenes Korrektiv zum gesetzgeberischen Werturteil. Denn so wichtig der bisher herausgestellte formale Charakter des Rechtsgutsbegriffs auch ist, so darf doch auch diese Möglichkeit, die Entstehung der Rechtsgüter durch ihre Rückführung auf den Wertungsakt

---

253 Diese These läßt sich besonders deutlich durch die Funktion der durch den Tatbestand des Hausfriedensbruchs zu schützenden Intimsphäre erhärten (s. unten 3. Teil I; vgl. auch *Schmidhäuser*, Lb. AT S. 25).

254 s. oben III 4 b.

255 s. schon oben Anm. 163; vgl. auch §§ 173, 175 b StGB, die nicht sozialschädliches Verhalten erfassen, sondern nur eine besonders verwerfliche Unmoral (vgl. auch *Jäger*, Rechtsgüterschutz, S. 65; *Roxin*, Täterschaft und Tatherrschaft, S. 414 ff.).

256 Unsere Ausführungen unter III haben gezeigt, daß gerade die Befürworter eines vorgegebenen Rechtsgutsbegriffs allzu leicht der Gefahr erliegen, sich mit ihren Rechtsgutsbestimmungen in nichtssagenden und nicht greifbaren Formulierungen zu verlieren, da sie die Frage, von wem die zur Konstituierung vorpositiver Rechtsgüter notwendigen Bewertungen stammen, nicht oder nicht befriedigend beantworten können. — Entschieden für eine gesetzgeberische Bestimmung rechtlich schutzwürdiger Objekte und Interessen und gegen die Annahme vorgegebener rechtlicher Interessen, eines vorpositiven Rechts, spricht sich auch Geiger aus: „Dergleichen Ammenmärchen mögen in den naturrechtlich verdunkelten Hirnen der Juristen des vorigen Jahrhunderts gespukt haben. Bei Soziologen rennt man mit Angriffen auf diese Traumwelt offene Türen ein, und heutzutage sind sogar die Juristen hinreichend vom Realismus beleckt, um zu verstehen, daß es kein rechtliches Interesse vor der positiven Rechtsordnung gibt, daß subjektives Recht eben nichts anderes sein kann als die durch die positive Rechtsordnung gesicherte günstige Position.“ (*Geiger*, Vorstudien zu einer Soziologie des Rechts, S. 162; s. auch S. 164 f.).

257 *Luhmann*, Grundrechte als Institution, S. 182.

des Gesetzgebers einwandfrei zu bestimmen, nicht darüber hinwegtäuschen, daß ein solcher Rechtsgutsbegriff gerade für die Frage der Sozialschädlichkeit nur von beschränktem Wert ist. Bleibt man nämlich bei der Feststellung stehen, daß Rechtsgüter nur solche Objekte sind, die von den wertenden Subjekten, also den Gesetzgebungsorganen, für wertvoll erachtet werden, und die Sozialschädlichkeit sich in der Verletzung dieser Güter erschöpft, dann unterliegen der Verbrechensbegriff und der Kreis der zu schützenden Objekte allein der subjektiven Wertung des Gesetzgebers[258], so daß nach einer Legitimierung der Strafnormen durch ihren Beitrag zur Erhaltung der Bedingungen menschlichen Zusammenlebens nicht gefragt wird[259] und die Gefahr besteht, daß das Recht seine Funktionen der Legitimierung und Begrenzung politischer Macht weitgehend einbüßt.

Sozialschädlich ist eine Handlung nach der Güterlehre bereits deshalb, weil sie die für wertvoll erachteten Güter antastet, und nicht, weil sie die Bedingungen menschlicher Koexistenz beeinträchtigt[260]. Für den Bereich der Sittlichkeitsdelikte wäre daraus zu folgern, daß ein unsittliches Verhalten schon dann zu bestrafen wäre, wenn es den sittlichen Anschauungen der Mehrheit der Bevölkerung widerspräche — also auch das unmoralische Verhalten im stillen Kämmerlein —, unabhängig davon, ob dieses Verhalten das friedliche Miteinanderleben der Bürger stören würde oder nicht.

Dieser Rechtsgutsbegriff allein gibt uns somit noch keine sachlichen Kriterien, die für die Aufstellung und Auslegung strafrechtlicher Normen erforderlich sind, deren Aufgabe allein in der Bekämpfung sozialschädlicher Verhaltensweisen liegt.

b) Die Erfassung des Rechtsguts aus der Aufgabe des Strafrechts

aa) Die Rückführung des Rechtsguts auf die Aufgabe des Strafrechts

Wollen wir Inhalt und Bedeutung des Rechtsguts in einer für das Strafrecht notwendigen Klarheit erfassen, so können wir uns nicht mit

---

258 s. schon oben bei Anm. 88 ff., 163.

259 Mit diesem Mangel war die Güterlehre bereits seit ihrer Entstehung durch Birnbaum und Binding behaftet. Aber auch die Strafrechtswissenschaft der neueren Zeit ist über diesen Standpunkt nicht wesentlich hinausgekommen (vgl. auch *Bockelmann*, ZStW 74, S. 314 f.). In neuerer Zeit weisen erst *Roxin* (JuS 1966, S. 381) und *Rudolphi* (Aspekte des Rechtsgutsbegriffs, S. 156 ff., 160) auf die Verknüpfung der Strafnormen mit ihrem Beitrag zur Sicherung menschlicher Koexistenz hin. Diesen Hinweis hat jetzt auch *Marx* aufgegriffen (Rechtsgut, S. 24 f.).

260 Auch der AE begnügt sich leider in § 2 mit der ungenauen Feststellung, das Strafrecht diene dem Schutz der Rechtsgüter.

vielsagenden Formeln, wie wir sie im Laufe der geschichtlichen Entwicklung des Rechtsgutsbegriffs immer wieder finden, begnügen, sondern müssen, da der Begriff für Probleme des Strafrechts fruchtbar sein soll, auf die Aufgabe des Strafrechts zurückgehen[261]. Hier darf man freilich nicht in einen Zirkelschluß verfallen, indem man sich mit der Feststellung begnügt, das Strafrecht dürfe nur Rechtsgüter schützen. Statt von der bereits von der Aufklärern[262] genannten Aufgabe des Strafrechts — Sicherung der Bedingungen menschlichen Zusammenlebens — auszugehen und die Sozialschädlichkeit einer Handlung als die Beeinträchtigung dieser Bedingungen zu begreifen, wurde bis in die jüngste Zeit der Zweck der strafrechtlichen Normen nur als Rechtsgüterschutz bezeichnet und dementsprechend die Sozialschädlichkeit lediglich als Verletzung der Rechtsgüter verstanden, ohne die soziale Bedeutung der Rechtsgüter herauszustellen. Unsere bisherigen Untersuchungen erweisen jedoch den Güterschutzgedanken als ein Produkt des Positivismus und zeigen, daß die Rechtsgüter durch einen Bewertungsakt des Strafgesetzgebers entstehen. Die Berufung auf den Güterschutzgedanken kommt dann aber einer Legitimierung des Strafrechts durch sich selbst gleich. Daß auch der Rückgriff auf „menschliche Interessen" oder „vorgegebene kulturelle Wertungen" zu keinem brauchbaren Verbrechensbegriff führt, wurde bereits nachgewiesen[263].

Will die strafrechtliche Dogmatik nicht den Kontakt mit den Sozialwissenschaften verlieren, darf sie Werte nicht als letzte Grundbegriffe behandeln und die Frage nach der Funktion von Werten mit einem Tabu belegen, indem sie sich lediglich auf sittliche, religiöse oder politische Postulate beruft. Sie muß vielmehr an „regelungsbedürftige Probleme anknüpfen, und sie findet diese Problematik nicht in der fundamentalen Natur grundsätzlicher Wert, sondern im sozialen Leben"[264]. Es ist daher im Gegensatz zur inhaltserfüllten Rechtsgutslehre[265] auf die außerhalb des Rechtsgutsbegriffs liegende Forderung abzustellen, daß der Staat nur sozialschädliches Handeln bestrafen darf, die Aufgabe des Strafrechts also darin besteht, die Bedingungen menschlichen Zusammenlebens aufrechtzuerhalten.

---

[261] Auch *Roxin* deutet das Rechtsgut im Sinne einer „aus dem Zweck des Strafrechts abgeleiteten Begriffsbestimmung" (JuS 1966, S. 381 f.) und nennt den Rechtsgutsbegriff neuestens „eine Bezeichnung dessen, was *von den Aufgaben des Strafrechts her* als allein schützbar angesehen werden darf" (ZStW 81, S. 624).

[262] s. schon *Beccaria*, Über Verbrechen und Strafen, S. 51: „Die Gesetze sind die Bedingungen, unter denen unabhängige und isolierte Menschen sich in Gesellschaft zusammenfanden ..."

[263] s. oben III 2 b, 4 b, 6.

[264] *Luhmann*, Grundrechte als Institution, S. 75.

[265] Vgl. oben III 6 und Anm. 259 f.

bb) Die Aufgabe des Strafrechts: Sicherung der Bedingungen menschlichen Zusammenlebens

Die genannte Forderung läßt sich den in Art. 20 GG niedergelegten Prinzipien der Demokratie und des sozialen Rechtsstaats entnehmen: Der Grundsatz der Volkssouveränität setzt einen vernunftfähigen Menschen voraus, der der Sicherheit als Mitglied des Staates bedarf, nicht aber der moralischen Bevormundung durch den Staat. Das Rechtsstaatsprinzip bedeutet nicht nur die Gewährleistung formaler Garantien der Rechtssicherheit, sondern auch die Bindung des Staates an die Idee der materialen Gerechtigkeit. In diesem Sinne meint der Rechtsstaatsbegriff „ein auf der Achtung personaler Freiheit und auf dem Prinzip einer zu ihrem Schutze gemäßigten und fest geordneten Staatsmacht aufgebautes Gemeinwesen, dessen vom Volk ausgehende Rechtsordnung alles Staatshandeln an diese Grundlagen und an das Streben nach einer gerechten und gleichmäßigen Gestaltung der menschlichen Beziehungen bindet“[266]. Für den Strafgesetzgeber folgt daraus, daß er nicht berechtigt ist, transzendente Ziele zu verfolgen und seine Bürger moralisch zu verbessern; seine Aufgabe beschränkt sich vielmehr darauf, Strafnormen nur aufzustellen unter dem Gesichtspunkt ihrer Notwendigkeit für ein gedeihliches Zusammenleben der Menschen in einer von der Freiheit der Person ausgehenden Gesellschaft[267]. Staatliche Eingriffe sind daher nicht zulässig bei Handlungen, deren schädigende Wirkungen über die Privatsphäre des einzelnen nicht hinausgehen[268]; einziger Legitimitätsgrund staatlicher Strafe ist die Sozialschädlichkeit, d. h. ein Verhalten, das der Sicherung der Existenzbedingungen der im Staate zusammenlebenden Bürger zuwiderläuft.

cc) Der Beitrag der Rechtsgüter zur Sicherung dieser Bedingungen

Auch Roxin beschränkt — ausgehend von Art. 20 Abs. 2 Satz 1 GG — die Ausübung der staatlichen Strafgewalt auf den Zweck des Strafrechts, nämlich auf die Gewährleistung eines ungefährdeten Zusammen-

---

[266] *Scheuner*, Die neuere Entwicklung des Rechtsstaats in Deutschland, S. 229 ff. (250).

[267] s. auch BVerfG 22, 180 (219 f.); *Arndt*, Strafrecht in einer offenen Gesellschaft, S. 10, 30 f.; *Roxin*, JuS 1966, S. 382; *Marx*, Rechtsgut, S. 38 ff., 49. — Art. 2 Abs. 1 GG steht dieser Auffassung nicht entgegen, da das Sittengesetz nur für die Aufstellung neuer aus Art. 2 Abs. 1 GG geschöpfter Grundrechte von Bedeutung ist, selbst aber keine Legitimationsgrundlage für staatliche Freiheitsbeschränkungen darstellt (s. näher dazu *Amelung*, S. 315 ff.; vgl. auch *Walter Schmidt*, AöR 91, S. 42 ff. (78); *Rudolphi*, Aspekte des Rechtsgutsbegriffs, S. 159 ff.; s. aber auch die von *Rudolphi*, a. a. O., zutreffend kritisierte Entscheidung des BVerfG 6, 389 [434]).

[268] Dieser Punkt ist besonders bei dem Schutz der Intimsphäre in der Wohnung durch § 123 zu beachten (s. unten 4. Teil I 1).

lebens aller Bürger[269]. Wenn Roxin jedoch die Aufgabe des Strafrechts nicht nur als Schutz von Rechtsgütern, sondern auch als Garantie der daseinsnotwendigen öffentlichen Leistungen beschreibt, so zeigt das, daß auch er Zweifel hat, ob sich die Bedingungen menschlichen Zusammenlebens durch den Schutz zuständlicher Rechtsgüter sichern lassen. Sozialschädlich ist ein Verhalten nicht schon dann, wenn es dem gesellschaftlichen Wertsystem widerspricht; vielmehr ist für die Frage der Sozialschädlichkeit abzustellen auf den Beitrag der Güter zur Erhaltung der Bedingungen menschlicher Koexistenz. Da das Zusammenleben mehrerer Individuen in einer Gesellschaft nur unter bestimmten Voraussetzungen möglich ist, genügt es nicht, zu schützende werthafte Zustände aufzuzählen, sondern damit das Strafrecht seine Aufgabe, die Aufrechterhaltung der Bedingungen menschlichen Zusammenlebens, erfüllen kann, sind die „organisatorischen Probleme" aufzuzeigen, die für die Herstellung und Sicherung der Existenzbedingungen der in einer Gesellschaft zusammenlebenden Bürger zu lösen sind[270]. In Anbetracht der immer komplizierteren sozialen Voraussetzungen, unter denen verläßliche Verhaltenserwartungen gebildet und Handlungen geplant werden können, hat das Recht auch nicht bestimmte Werte abzugrenzen und zu schützen, sondern die Struktur des gesellschaftlichen Systems zu sichern und seine Funktionsfähigkeit zu gewährleisten[271].

2. Die allgemeine Sozialbezogenheit des Rechtsguts

Die Bezogenheit des positiven Rechts auf die soziale Wirklichkeit wurde bislang leider allzusehr vernachlässigt. Haben wir die Aufgabe des Strafrechts mit Hilfe der Verfassung als Sicherung der Bedingungen menschlicher Koexistenz beschrieben, so folgt daraus, daß das Rechtsgut als das durch die strafrechtlichen Normen zu schützende Objekt seine abschließende inhaltliche Bestimmung dadurch erfährt, daß jedes einzelne vom Gesetzgeber positiv bewertete Objekt darauf hin zu untersuchen ist, welchen Beitrag es zur Lösung der Organisationsprobleme menschlichen Zusammenlebens leistet[272].

---

269 JuS 1966, S. 381; s. auch *Hanack*, 47. DJT, Bd. I, Teil A, S. 28 ff. Es fehlen dort jedoch Erörterungen darüber, wie die Sozialschädlichkeit einer Handlung festzustellen ist. Die Unsicherheit bei der Frage, wann das menschliche Zusammenleben beeinträchtigt wird, zeigt sich daran, daß *Roxin* erwägt, das Schmerzempfinden der Tiere „aus einer Art von kreatürlicher Solidarität" zum Rechtsgut zu erheben (JuS 1966, S. 383, Anm. 20).

270 Dies ist die Kernthese der Arbeit von *Amelung* (S. 350 ff.).

271 Daß gerade der Gesetzgeber verpflichtet wird, die von der Verfassung erstrebte Ordnung zu verwirklichen, zeigt seine starke Bindung an das Grundgesetz: Art. 1 Abs. 3, Art. 19 Abs. 2, Art. 20 Abs. 3, Art. 79 Abs. 1 Satz 1 und Abs. 3.

272 Diese These ist eine logische Folgerung aus unserer Bestimmung der Aufgabe des Strafrechts und damit auch eine sachnotwendige Fortführung des

a) Der Bezug des Rechts auf die soziale Umwelt

Auf diese Weise erhalten wir den notwendigen Bezug des Rechtsguts auf die soziale Umwelt, auf das Sozialleben als Substrat des Rechts: Sieht man die Tätigkeit des Gesetzgebers und Richters als Lenkung und Regelung menschlichen Verhaltens mit Mitteln des Rechts, so wird klar, daß „der Gesetzgeber nicht die Realisierung genau umgrenzter Zwecke in Angriff nehmen, d. h. Rechtsregeln zur Verwirklichung seiner Zielvorstellungen erlassen kann" — und der Richter nicht in das Sozialleben gestaltend eingreifen kann —, „wenn er sich nicht zuvor einen Überblick über die Möglichkeiten ihrer Umsetzung in die soziale Wirklichkeit verschafft hat"[273] bzw. die Wirkung seiner Entscheidung auf das gesellschaftliche Dasein genau erforscht hat. Will das Strafrecht ein ungefährdetes und geordnetes Zusammenleben aller Bürger gewährleisten, so ist nicht nur das Recht in seiner faktischen Gestalt zu betrachten, die Bedingtheit des Rechts, seine Entstehung und Abhängigkeit von gesellschaftlichen Gegebenheiten zu untersuchen[274], sondern es sind die soziologischen Voraussetzungen zu ermitteln, die ein solches gesellschaftliches Miteinander ermöglichen. Das bedeutet, daß der Mensch nicht als einzelner mit ihm zugeordneten statischen Rechtsgütern zu sehen ist, sondern als ein Mensch, dessen Personsein sich nur im „mitmenschlichen Zueinander und Füreinander entfaltet, und daß darum auch alles menschliche Planen, Entscheiden und Handeln von vornherein in Zuwendung oder Abwehr auf den Mitmenschen bezogen ist, sich also im Beziehungsnetz der engeren oder weiteren Gruppen vollzieht, denen der Handelnde angehört"[275]. Dieses gesellschaftliche Leben ist ein lebendiger Organismus, der sich nach bestimmten Funktionsgesetzen vollzieht. Und ebenso sind auch die Rechtsgüter nicht in Vitrinen verwahrte Museumsstücke, wie Welzel es ausgedrückt hat[276], sondern vom Gesetzgeber als schutzwürdig erachtete Objekte, die einen bestimmten Beitrag zur Aufrechterhaltung der Bedingungen menschlichen Zusammenlebens leisten, also Güter, denen eine bestimmte die dynamische Seite des positiven Rechts betonende soziale Funktion in der Gesellschaft zukommt.

Ein Ansatz zu diesen Überlegungen findet sich schon bei Jhering, der jeder Rechtsnorm eine inhaltliche Beziehung auf einen bestimmten der Gesellschaft förderlichen Zweck zuschreibt und jeden Rechtssatz gerade

---

von *Roxin* genannten Ansatzpunktes (s. oben Anm. 261), der die Rechtsgüter auch bezeichnenderweise „gesellschaftskonstituierend" nennt (JuS 1966, S. 381/382).

[273] *Krawietz*, Das positive Recht und seine Funktion, S. 26.

[274] So *Fechner*, Rechtsphilosophie, S. 265 ff.

[275] *Raiser*, Rechtsschutz und Institutionenschutz im Privatrecht, S. 147.

[276] ZStW 58, S. 514 f.

auch in seiner sozialen Funktion gesehen wissen will, es daher nicht so sehr der logischen oder der psychologischen als einer soziologischen Analyse bedürfe[277]. Allerdings beurteilt Jhering — wie später auch die Interessentheorie — die Nützlichkeit des Rechts zu sehr nach den Interessen des einzelnen und des Staates[278]. Auch die Interessentheorie hat bei den Delikten gegen den einzelnen bereits die Nutzungsmöglichkeit des geschützten Objekts betont und damit auf das Moment der Einsatzfähigkeit der Güter hingewiesen[279].

b) Die Rechtsgutsverletzung als Funktionsstörung

aa) Welzels Betonung der Einsatzfähigkeit der Rechtsgüter

Daß die Schutzobjekte von den Menschen stets zur Verfolgung irgendwelcher Zwecke eingesetzt werden, betont auch Welzel: Rechtsgüter seien nicht „Museumsstücke, die sorgfältig vor schädlichen Einflüssen in Vitrinen verwahrt, nur dem Blick der Beschauer freigegeben sind", sondern Rechtsgüter gebe es in Wirklichkeit nur, „wenn und soweit sie in ‚Funktion' sind, d. h. soweit sie im sozialen Leben wirkend und Wirkungen empfangend darin stehen. Leben, Gesundheit, Freiheit, Eigentum usw. sind nicht einfach ‚da', sondern ihr Dasein ist In-Funktion-Sein, d. h. in der sozialen Verbundenheit Wirkungen ausübend und Wirkungen erleidend ... Alles soziale Leben besteht ja im *Einsatz* und Verbrauch von Rechtsgütern"[280]. Aus dieser Erkenntnis zieht Welzel in der Lehre von der sozialen Adäquanz die Schlußfolgerung, daß eine Güterbeeinträchtigung so lange noch nicht sozialschädlich ist, als sie das Maß der durch den funktionsgerechten Gütereinsatz bedingten Beeinträchtigung nicht übersteigt[281]. Diese Verknüpfung der Rechtsgüter mit ihrem sozialen Dasein kennzeichnet die Rechtsgutsverletzung als Zweckvereitelung oder Funktionsstörung: Der Täter nimmt dem Betroffenen durch seinen Eingriff die in dem jeweiligen Objekt enthaltene reale Nutzungsmöglichkeit.

bb) Beispiele für die Rechtsgutsverletzung als Funktionsstörung

Als Funktionsstörung erweist sich die Verletzung eines Rechtsguts besonders deutlich bei der Sachbeschädigung: Entscheidendes Kriterium

---

277 *Jhering*, Der Zweck im Recht Bd. I, S. 435 ff. (442 f.).

278 Vgl. auch *Larenz*, Methodenlehre, S. 48 ff.; eine eingehende Kritik am Gesellschaftsmodell Jherings findet sich auch bei *Amelung*, S. 65 ff.

279 s. oben III 2 b. Auf dieser Erkenntnis der Interessenlehre beruhen wohl auch die Ausführungen *Rudolphis* (Aspekte des Rechtsgutsbegriffs, S. 162 ff.), der auf die Beeinträchtigung der Handlungsmöglichkeiten des einzelnen abstellt, s. unten IV 3 c; vgl. auch *Marx*, Rechtsgut, S. 44 f., 66 ff.

280 ZStW 58, S. 514 f.

281 ZStW 58, S. 515 f.

für die tatbestandsmäßige Beeinträchtigung des Schutzobjekts ist nicht die Verletzung oder Vernichtung der Sachsubstanz[282], sondern die Beeinträchtigung der wirtschaftlichen Brauchbarkeit der Sache, ihrer Funktionsfähigkeit[283]. Sachbeschädigung i. S. des § 303 StGB ist daher schon die bloße Minderung der Gebrauchsfähigkeit wie das Ablassen der Luft aus Autoreifen, sofern ein Wiederaufpumpen nicht mühelos möglich ist[284], oder das Löschen von Tonbändern. Nicht unter § 303 fällt der bestimmungsgemäße Verbrauch (z. B. von Nahrungsmitteln) oder die Reparatur einer Sache, da diese Handlungen nicht die Funktionsfähigkeit mindern, sondern gerade dem in der Sache liegenden Verwendungszweck entsprechen[285] bzw. die Brauchbarkeit der Sache wiederherstellen oder steigern.

Auf den Tatbestand der Körperverletzung bezogen, führen diese Überlegungen in der Frage des ärztlichen Heileingriffs zu dem Ergebnis, daß der gelungene ärztliche Eingriff nicht dem Tatbestand des § 223 Abs. 1, 2. Alt. unterfällt, da er die Funktionsfähigkeit des menschlichen Körpers wiederherstellt, also das Rechtsgut des § 223 nicht verletzt. Dagegen ist die Amputation, auch wenn sie den Patienten insgesamt besser stellt als vorher, als tatbestandsmäßige Körperverletzung zu beurteilen, da sie — in der Regel — die Entfernung eines für die Körperfunktionen wichtigen Organes oder Gliedes enthält und somit die Funktionsfähigkeit des Körpers gegenüber dem Normalfall erheblich vermindert[286].

Auch bei den Eigentumsdelikten der §§ 242, 246, 249 erweist sich die Rechtsgutsverletzung als Funktionsstörung, als Vernichtung der realen Nutzungsmöglichkeit der Sache. Schutzobjekt ist hier nicht die einzelne im Eigentum stehende Sache oder das Eigentumsrecht — beide werden in aller Regel durch die Zueignungshandlung nicht berührt —, sondern die der Sache innewohnenden Funktionsmöglichkeiten, d. h. die dem Eigentümer zustehenden realen Nutzungsmöglichkeiten der Sache[287].

---

[282] So aber noch das Reichsgericht in früheren Entscheidungen, s. RGSt. 33, 178; 39, 329.

[283] Vgl. *Maurach*, Lb. BT S. 189, 190 f.; *Schönke - Schröder*, § 303, Rdnr. 3, 8 m. w. N.; *Stratenwerth*, AT Rdnr. 214.

[284] BGHSt. 13, 207 ff.

[285] Es liegt daher im Beispiel des bestimmungsgemäßen Verbrauchs Diebstahl vor, da dem Berechtigten die Ausnutzung der Funktionsmöglichkeiten genommen wird; s. dazu *Rudolphi*, GA 65, S. 46 ff.

[286] Diese Unterscheidung ist der Vorlesung von Professor Roxin entnommen. Ähnlich *Schönke - Schröder*, § 223, Rdnr. 9.

[287] s. auch *Rudolphi*, Aspekte des Rechtsgutsbegriffs, S. 164. In der Strafrechtsliteratur wird auch vielfach für die Frage der Zueignung auf die eigentümerähnliche Position des Täters abgestellt, doch wird der Gedanke der Funktionsstörung für den Begriff der Zueignung allgemein nicht genügend ausgeführt und ausgewertet; s. aber *Rudolphi*, GA 65, S. 33 ff. (bes. S. 38 f., 47) und *Bockelmann*, ZStW 65, S. 578.

Vom Schutz des Eigentums zu sprechen ist daher nur sinnvoll, wenn man dabei stets die tatsächliche Entfaltung des Eigentums im sozialen Dasein berücksichtigt.

Ein weiteres Beispiel für die Sozialbezogenheit des Rechtsguts bietet uns der individuell-objektive Vermögensbegriff. Nach ihm wird das Vermögen nicht nach seinem Geldwert gemessen, sondern nach den Verwendungsmöglichkeiten, die die Vermögensgegenstände dem Betroffenen eröffnen, wobei diese Verwendungsmöglichkeiten jeweils von der sozialen Position des Vermögensinhabers bestimmt werden. Das Vermögen ist daher nicht als die Summe aller geldwerten Güter zu verstehen, sondern als wirtschaftliche Einheit, als wirtschaftliche Lebensgrundlage, die dazu dient, dem Vermögensinhaber einen wirtschaftlichen Wirkungsbereich und Daseinsraum zu sichern[288]. Danach ist ein Vermögensschaden auch dann zu bejahen, wenn die Gegenleistung zwar den gleichen Geldwert ausmacht, aber dem Getäuschten keine in seiner Situation sinnvollen Verwendungsmöglichkeiten bietet, mithin kein ausreichendes und seinen Bedürfnissen entsprechendes Äquivalent bildet[289]. Unter dem Gesichtspunkt der Funktionsstörung sind auch die Fälle des sog. Spenden- und Bettelbetrugs und des Betrugs bei gemischten Verträgen[290] zu lösen: Auch hier bleibt die Verfügung des Getäuschten ohne ein entsprechendes Äquivalent, da der Vermögenseinsatz durch die Zweckverfehlung in seinem sozialen Sinn verfälscht wird, das Vermögen also nicht die erkennbare, ihm zukommende Funktion erfüllen kann, einen bestimmten sozialen Zweck zu erreichen oder einer „sittlichen" Pflicht nachzukommen[291].

3. Die soziale Funktion als der über die Frage der Einsatzfähigkeit hinausgehende Beitrag des Schutzobjekts zur Lösung gesellschaftlicher Organisationsprobleme

a) Die Unzulänglichkeit des Kriteriums der Einsatzfähigkeit

So einleuchtend die genannten Beispiele auch sind, so dürfen sie doch nicht dazu verleiten, die Frage nach der sozialen Funktion der

[288] s. *Cramer*, Vermögensbegriff und Vermögensschaden im Strafrecht, S. 103 f., 114; *Rudolphi*, Aspekte des Rechtsgutsbegriffs, S. 164; *Schönke-Schröder*, § 263, Rdnr. 87 ff.

[289] Vgl. BGHSt. 16, 321 (328 f.) („Melkmaschinenfall").

[290] s. dazu die vieldiskutierten Entscheidungen über den unberechtigten Bezug von Volkswagen-Aktien: BGHSt. (GrStS) 19, 37 (45); 19, 206; ausführlich *Cramer*, S. 217 ff.

[291] Es ist nicht nur auf das Erreichen eines sozialen i. S. von humanitären, wohltätigen Zwecks abzustellen, wie es im Schrifttum allgemein vertreten wird, sondern überhaupt darauf, ob der Vermögensinhaber die seinem Vermögen in unserer Gesellschaft zukommenden und von ihr anerkannten Ver-

Rechtsgüter auf die Frage nach der Einsatzfähigkeit der Güter für den Betroffenen zu beschränken. Das Kriterium der Einsatzfähigkeit trägt nur bei den genannten Individualgütern, die der prinzipiell freien Entscheidung des einzelnen, des Interessensubjekts, unterliegen. Denn während bei den Individualrechtsgütern die freie Bestimmung ihres Verwendungszwecks immerhin Bestandteil ihrer sozialen Funktion ist[292], muß man bei den Rechtsgutsverletzungen, die sich nicht gegen den einzelnen richten, über den Ansatz von Welzel und der Interessentheorie hinausgehen und — indem wir auf unseren Ausgangspunkt, die Aufgabe des Strafrechts, zurückkommen — danach fragen, welche gesamtgesellschaftliche Bedeutung diese Rechtsgüter haben, welchen Beitrag also etwa die Rechtsprechung oder die staatliche Verwaltung zur Aufrechterhaltung des menschlichen Zusammenlebens leisten. Die soziale Funktion des Rechtsguts ist also nicht nur nach der Einsatzfähigkeit zu bestimmen, sondern überhaupt nach der Bedeutung des Schutzobjekts für die Lösung gesellschaftlicher Organisationsprobleme. Denn auch die individuellen Rechtsgüter haben eine über ihre Nutzungsmöglichkeiten für den einzelnen hinausgehende soziale Funktion[293], wie gerade beim Hausrecht noch zu zeigen sein wird. Im übrigen gibt es auch Dinge, die selbst ohne Nützlichkeit sind, aber dennoch eine soziale Bedeutung haben, sofern sie bestimmten Bedürfnissen entsprechen. So haben die sozialwissenschaftlichen Untersuchungen des Völkerkundlers Malinowski gezeigt, daß etwa das magische Ritual, obgleich es keinen unmittelbaren Einfluß auf den Arbeitserfolg hat, in viele Tätigkeiten einbezogen wird, weil es dem Arbeitenden Angstvorstellungen nimmt und innere Sicherheit gibt: „Von unserem rationalistischen Standpunkt aus lehnen wir Magie als Trug ab. Trotzdem können wir ihr eine positive und konstruktive Funktion im Rahmen der Kultur zubilligen. Psychologisch betrachtet ist Magie die Verkörperung eines standardi-

---

wendungsmöglichkeiten verwirklichen kann. Einige Beispiele dafür finden sich in den Ausführungen *Cramers* (S. 213 f.), der die anderen als humanitären Verpflichtungen als Anstands- und Sittenpflicht zusammenfaßt. Hier bedürfte es freilich — wie sich aus unserem Ausgangspunkt ergibt — einer soziologischen Analyse, um solche in der Gesellschaft üblichen Vermögenseinsätze systematisch erfassen zu können.

[292] Indem sie z. B. die freie Entfaltung der Persönlichkeit und die persönliche Selbstdarstellung ermöglichen, tragen sie zur Stabilisierung einer differenzierten Sozialstruktur und so zur Erhaltung der bestehenden — auf der Freiheit und Verantwortlichkeit des einzelnen aufbauenden — Gesellschaft bei. Vgl. auch *Luhmann*, Grundrechte als Institution, S. 50 f., 55, 79, 123 f.

[293] So gewährleistet der Schutz des Eigentums auch die Möglichkeit der freien Teilnahme am Kommunikationssystem der Wirtschaft, d. h. nach bestimmten, vorhersehbaren Regeln über Geld oder geldäquivalente Sachwerte verfügen zu können — eine Voraussetzung für die Funktionsfähigkeit unseres Wirtschaftssystems; s. dazu *Luhmann*, Grundrechte als Institution, S. 53 ff. (bes. S. 70, 78 ff.) u. S. 120 ff. Vgl. auch *Schmidhäuser*, Lb. AT S. 25.

sierten Optimismus. Der Glaube, daß man durch eine magische Handlung Gefahren abwenden und das Glück einfangen könne, schenkt den Menschen Vertrauen, Ausdauer und Entschlossenheit[294]." Die Magie verschafft den von dem einzelnen empfundenen Gefühlen der Bedrükkung und Ungerechtigkeit Luft und stellt das psychische Gleichgewicht im sozialen Leben wieder her[295]. Diese Entlastungsfunktion, die Malinowski und andere Völkerkundler bei den Naturvölkern der Magie zuschreiben, wird heute im wesentlichen von der Privatsphäre übernommen[296].

b) Die soziale Funktion als Korrektiv zum subjektiven Werturteil des Gesetzgebers

Auch das Recht lebt „in sozialen Zuständen und Prozessen, ohne die es nirgends ist. Alle Betrachtung des Rechts muß daher zuerst soziologische Betrachtung sein"[297]. Diese heute immer stärker erkannte Interdependenz von Rechts- und Sozialleben bedeutet, daß das Strafrecht, da seine Aufgabe in der Gewährleistung der Bedingungen menschlichen Zusammenlebens liegt, einer soziologischen Kontrolle bedarf, eine Strafnorm also sowohl bei ihrem Erlaß durch den Gesetzgeber als auch bei ihrer Auslegung und Anwendung darauf hin zu untersuchen ist, ob sie nur solche Handlungen verbietet, die den Bedingungen menschlichen Zusammenlebens zuwiderlaufen. Die Entscheidung über Inhalt und Umfang strafrechtlichen Schutzes kann nicht „machtgedecktem Belieben" überlassen werden; denn in einer differenzierten Sozialordnung reicht es nicht aus, „die Macht, also das was das politische System von der Gesellschaft *erhält,* zu begrenzen; auch seine Entscheidungen, also das, was das politische System für die Gesellschaft *leistet,* muß gewissen strukturellen Anforderungen genügen"[298]. Ausgehend von der Gesellschaft als einer sozialen Organisation sind daher die Bedingungen des menschlichen Zusammenlebens nicht als Zustände, sondern als

---

[294] *Malinowski,* Kultur und Freiheit, S. 200; s. auch *Johnson,* Sociology, S. 408 ff., 461 f.

[295] Daraus folgt aber noch nicht die Notwendigkeit, die Störung von magischen Riten zu kriminalisieren, denn in unserer heutigen Gesellschaft spielt die Magie nur eine untergeordnete Rolle etwa im Verhältnis zur Privatsphäre, der heute diese Entlastungsfunktion zukommt und die deshalb besonders geschützt wird. Hier zeigt sich, daß die Sozialschädlichkeit nicht wertfrei zu bestimmen ist, daß also immer noch ein Spielraum bleibt, der durch den politischen Wertungsakt ausgefüllt werden muß (s. unten bei Anm. 322 f.).

[296] s. dazu unten 3. Teil, I 1 b, 2 b.

[297] *Fechner,* Rechtsphilosophie, S. 292. So selbstverständlich dieser Satz auch klingen mag, so häufig bleibt er dennoch unbeachtet (vgl. *Krawietz,* Das positive Recht und seine Funktion, S. 18 ff. [S. 24 f.]).

[298] *Luhmann,* Grundrechte als Institution, S. 174.

lösungsbedürftige Organisationsprobleme der Gesellschaft, als Existenzprobleme eines Sozialsystems, zu begreifen[299]. Die soziale Funktion einer Strafnorm ist danach der Beitrag, den die Strafnorm — durch den Schutz eines bestimmten Rechtsguts — zur Bewältigung der Organisationsprobleme der Gesellschaft leistet. Das Strafrecht schützt also das Rechtsgut nicht um seiner selbst willen, nur als das durch den Einzelfall verletzte Gut, sondern — gemäß der dem Strafrecht als Teil der Friedensordnung zustehenden Bedeutung — wegen der bestimmten sozialen Funktion, die das jeweilige Rechtsgut bei der Lösung der Bestandsprobleme ausübt. Daraus folgt, daß ein Verhalten nur dann sozialschädlich ist, wenn es das Rechtsgut in seiner ihm zukommenden sozialen Funktion beeinträchtigt. Unser bisher gewonnener Rechtsgutsbegriff erhält damit ein Korrektiv in der Hinsicht, daß das durch gesetzgeberisches Werturteil konstituierte Schutzobjekt in seinem Inhalt durch die soziale Funktion präzisiert wird. Die soziale Funktion bildet das Korrektiv gerade zum subjektiven Werturteil des Gesetzgebers.

Amelung trennt hier stärker zwischen dem durch das strafrechtliche Verbot geschützten Rechtsgut und der sozialen Funktion einer Strafnorm, die nur in Zweifelsfällen die Ermittlung des Rechtsguts ergänzen bzw. korrigieren soll[300]. Uns scheint jedoch, daß diese — einmal als notwendig erkannte — Verknüpfung von Rechtsgut und sozialer Funktion grundsätzlich gegeben bzw. verfassungsrechtlich zu fordern ist. In der Praxis des juristischen Alltags freilich wird diese Überprüfung des Rechtsguts nicht regelmäßig vollzogen, zumal die Forderung nach einer soziologischen Kontrolle der Strafnorm auch schon für den Gesetzgeber bei Erlaß der Norm zu gelten hat[301], so daß sie nur in Zweifelsfällen akut wird. Das schließt jedoch nicht aus, daß die Rechtswissenschaft sie a priori als notwendiges Kriterium für eine einwandfreie und sachgerechte Bestimmung des Rechtsguts für maßgeblich hält.

Ein anschauliches Beispiel dafür, wie die Ermittlung der sozialen Funktion des Rechtsguts für die Tatbestandsprobleme des Besonderen Teils des StGB fruchtbar gemacht wird, findet sich bei Roxin in JuS 1964, S. 373 ff., der dort — allerdings nur in groben Umrissen — die soziale Funktion des Rechtsguts der Nötigung darstellt und daraus Richtlinien für die Auslegung und Anwendung dieses Tatbestands ableitet. Die Rechtsprechung macht sich ihre soziologische Untersuchung,

---

[299] Es geht letztlich um die Klärung des Zusammenhangs von Recht und Gesellschaftsstruktur.

[300] s. *Amelung*, bes. S. 201 ff., 366 ff.

[301] Ähnlich *Krawietz*, Das positive Recht und seine Funktion, S. 78, 93, 117. Ergibt eine soziologische Analyse, daß das jeweilige Objekt eine für die Gesellschaft notwendige Funktion hat, so ist es auch von Rechts wegen wert, erhalten und daher geschützt zu werden.

wenn sie sich schon einmal mit der sozialen Funktion einer Norm beschäftigt, meistenteils allzuleicht, so daß ihre Aussagen häufig als soziologisch naiv erscheinen[302].

c) Rudolphis Gleichsetzung von Rechtsgut und sozialer Funktion

In dem Bemühen, den methodisch-teleologischen und den liberalen Aspekt des Rechtsgutsbegriffs miteinander zu vereinen, zeigt auch Rudolphi eine Verknüpfung des Güterschutzgedankens mit der Aufgabe des Strafrechts auf: „Auch die Voraussetzungen für ein gedeihliches Zusammenleben der Bürger in der staatlichen Gesellschaft sind daher nicht irgendwelche Zustände, d. h. etwas Statisches, sondern lebendige Funktionseinheiten. Die Rechtsgüter, die zu schützen Aufgabe des Strafrechts ist, sind mithin nicht irgendwelche in sich ruhende, statische Gegebenheiten, sondern die sozialen Funktionseinheiten, ohne die unsere staatliche Gesellschaft in ihrer konkreten Ausprägung nicht existenzfähig wäre[303].“ Zwar leitet Rudolphi die Berechtigung einer Strafnorm zutreffend von ihrer Notwendigkeit „zur Wahrung und Sicherung der Lebensbedingungen einer auf der Freiheit der Person aufbauenden Gesellschaft“[304] ab und weist darauf hin, daß die Bedingungen menschlichen Zusammenlebens nicht etwas Statisches sind; er verspielt jedoch den Gewinn, den ihm dieser Ansatz zur Bestimmung der Rechtsgüter einbringt, indem er einmal die Bedeutung der sozialen Funktion bzw. der „werthaften sozialen Funktionseinheiten“ im unklaren läßt[305] und zum anderen Rechtsgut und soziale Funktion gleichsetzt: „Denn das Rechtsgut ist gerade die soziale Funktion selbst und nicht nur etwas, dessen Dasein in der Wirklichkeit in einem ‚In-Funktion-Sein‘ besteht[306].“ Wollte man an dieser Auffassung festhalten, so müßte man den jeder Rechtsnorm zugrundeliegenden Wertungsakt des Gesetzgebers leugnen und käme zudem in erhebliche Schwierigkeiten bei der Ermitt-

---

[302] Vgl. etwa BVerfG 10, 59 ff. (über die Funktion der Familie; s. dazu unten 3. Teil I 1).

[303] *Rudolphi*, Aspekte des Rechtsgutsbegriffs, S. 163.

[304] S. 159.

[305] *Rudolphi* bezeichnet zwar das „Schutzgut der Strafdrohungen“ als „die für den Bestand unserer Gesellschaft in ihrer konkreten Ausgestaltung erforderlichen und deshalb werthaften sozialen Funktionseinheiten“ (S. 166), stellt aber in seinen Ausführungen und Beispielen nicht auf den soziologischen Begriff der Funktion ab (s. dazu unten 3 d), sondern mehr auf die Handlungsmöglichkeiten, so daß man annehmen muß, daß er unter der Funktion doch wieder nur die Nutzungsmöglichkeit der Güterobjekte versteht. Dann aber ist seine Rechtsgutsbestimmung über die Interessentheorie nicht wesentlich hinausgekommen (s. auch oben Anm. 279).

[306] S. 164. Diese Gleichsetzung schafft im übrigen auch begriffliche Verwirrung.

lung und Abwägung der Rechtsgüter[307]. Wenn wir dagegen die soziale Funktion als ein zwar grundsätzlich notwendiges, aber erst zum gesetzgeberischen Werturteil hinzukommendes Korrektiv beschreiben, so bedeutet das, daß wir für die Ermittlung der Rechtsgüter zunächst von dem die Gegenstände des Normschutzes und ihren Umfang in groben Umrissen bestimmenden Wertungsakt des Gesetzgebers ausgehen können[308] und erst dann mit Hilfe der sozialen Funktion die Rechtsgüter nach ihrem Beitrag zur Bewältigung der Organisationsprobleme auslegen und erfassen. Unsere Auffassung trägt daher sowohl dem positivistischen Ursprung des Rechtsgutsbegriffs als auch der ihn begrenzenden Aufgabe des Strafrechts Rechnung, während Rudolphi die Konstituierung des Rechtsguts zugunsten einer am Strafrechtszweck orientierten Lösung allzusehr vernachlässigt.

d) Die soziale Funktion im soziologischen Funktionalismus

aa) Parsons' analytische Systemtheorie

Die soziale Funktion bezeichnet den Wirkungszusammenhang zwischen einem sozialen Element und dem System als Ganzem, dessen Änderungen sie ebenso wie das System selbst unterworfen ist, und weist die Kriterien für die Wichtigkeit der verschiedenen dynamischen Faktoren und Prozesse innerhalb eines Systems auf. Sie ist durch eine soziologische Analyse der jeweiligen funktionalen Beziehungen innerhalb des Systems, d. h. der organisatorischen Probleme menschlichen Zusammenlebens zu ermitteln. Diese Überlegungen gehen zurück auf

---

[307] s. oben bei Anm. 160 f., 249 f. Im Grunde kommt *Rudolphi* damit auf eine ungewisse vorpositive Konstituierung der Rechtsgüter zurück. Das zeigt sich auch in seinen Ausführungen zur Rechtsgutsbestimmung der §§ 153 ff. StGB in GA 1969, S. 140 ff.

[308] Beispielsweise läßt sich die Relativität des Güterschutzes u. E. nur durch die Wertung des Gesetzgebers erklären, der hier die jeweiligen Rechtsgüter nur oder besonders gegen die Angriffe bestimmter Personengruppen schützt bzw. bestimmte Personengruppen als Adressaten der Verbotsnorm ausschließt, weil ihm die Gefährdung des jeweiligen Rechtsguts hier überhaupt erst oder besonders sozialschädlich (§§ 153, 336 StGB) bzw. strafrechtlich indifferent (Selbstmord) erscheint. Da den Schutzobjekten hier unabhängig von ihrer Beziehung zu bestimmten Personengruppen eine soziale Funktion in bezug auf das menschliche Zusammenleben zuzusprechen ist, kann die Relativität des Güterschutzes mit dem Begriff der sozialen Funktion nicht erklärt werden. *Amelung* führt die Relativität des Güterschutzes darauf zurück, daß sich der Schutz von Rechtsgütern regelmäßig an den einzelnen als Rollenträger richtet (S. 205). Diese Erkenntnis der Soziologie gibt wohl eine Erklärung für die Erscheinung des relativen Güterschutzes, stellt aber keine für das Strafrecht verbindliche Forderung auf, den Rechtsgüterschutz typologisch einzuschränken oder zu erweitern; strafrechtliche Relevanz gewinnt sie erst dort, wo sie vom Gesetzgeber aus den genannten Gründen berücksichtigt wird.

den soziologischen Funktionalismus[309], als dessen erste Vertreter die Völkerkundler Malinowski und Radcliffe-Brown zu nennen sind, die die Soziologie von dem Evolutionsgedanken befreien wollten und ihr statt dessen die sozialwissenschaftliche Analyse der sozialen Funktion gesellschaftlicher Institutionen zur Aufgabe machten[310]. Ihre anthropologischen Untersuchungen hatten ergeben, daß die meisten Elemente einer Gesellschaft miteinander in Beziehung stehen, und zwar in der Weise, daß sie die Bedürfnisse der Individuen erfüllen und dabei zu dem Überleben der Gesellschaft in ihrer Umwelt beitragen. So definieren sie das soziale Leben einer Gemeinschaft als Funktionszusammenhang einer sozialen Struktur: „The function of a particular social usage is the contribution it makes to the total social life as the functioning of the total social system[311].“ Dieser Ansatz wird von Talcott Parsons weiterentwickelt zu einer analytischen Systemtheorie, die soziologische Probleme vom Gesichtspunkt des Systems her beschreibt und ausgehend von der Systemstabilität[312] die funktionale Beziehung jeder einzelnen Bedingung und jeden Prozesses auf den Zustand des Gesamtsystems analysiert[313]. Im Anschluß an die Definition von Malinowski und Radcliffe-Brown beschreibt Parsons die Gesellschaft als ein soziales System, dessen Bestand von bestimmten strukturellen Bedingungen (Systembedürfnissen, Systemproblemen) abhängt, die zugleich die Grundprobleme menschlichen Zusammenlebens sind[314]. Die Systeme stellen nach Parsons nicht Verfassungen oder Institutionen dar, die die Handelnden sich selbst geben, sondern sind Ordnungen, in die sich die Handelnden aus höheren, d. h. funktionalen Gesichtspunkten fügen müssen[315]. Der Handelnde hat innerhalb der Gesellschaft als einem System von Verhaltens-

---

309 Detaillierte Ausführungen dazu bringt die Arbeit von *Amelung* (S. 350 ff.).

310 s. *Malinowski*, Die Funktionaltheorie, S. 20 ff.; ders., Die Dynamik des Kulturwandels, bes. S. 78 f., 90 ff.; *Radcliffe-Brown*, Structure and Function in Primitive Society, S. 178 ff., 188 ff.

311 *Radcliffe-Brown*, S. 181.

312 Dies folgt aus Parsons' Definition, nach der zu den Systemstrukturen nur institutionalisierte und daher relativ stabile Handlungsbeziehungen gehören — bewirkt durch den die Normen internalisierenden Sozialisationsprozeß und die soziale Kontrolle, die auf konformes Verhalten positiv und auf Abweichung negativ reagiert (vgl. *Johnson*, Sociology, S. 48 f.).

313 s. dazu *Parsons*, Systematische Theorie in der Soziologie, S. 31 ff. (bes. S. 38); *Johnson*, Sociology, S. 56 ff.

314 Vgl. *Johnson*, Sociology, S. 51 ff.; *Parsons*, The Social System, S. 167 ff.; *Mayntz*, Strukturell-funktionale Theorie, S. 1133.

315 Das heißt freilich nicht, daß der einzelne nur als Sklave in einer ihm auferlegten festen Ordnung lebt, sondern besagt nur so viel, daß bei der Untersuchung der gesellschaftlichen Existenzbedingungen jeweils ein bestimmtes System zugrunde zu legen ist, bei uns also das Sozialsystem der bundesrepublikanischen Gesellschaft, das uns trotz bestimmter struktureller Bedingungen, denen es genügen muß, um fortzubestehen, noch eigenen Spielraum zur freien Entscheidung über Systemprobleme übrigläßt (s. unten bei Anm. 322 f.).

mustern einen gewissen Status, die soziale Position, inne und spielt, indem er die Rechte und Pflichten ausübt, die seinen Status konstituieren, eine bestimmte Rolle, die jedoch, da der Rollenträger nicht als „individuelle Ganzheit“ beteiligt ist, nur einen bestimmten, differenzierten Sektor seines gesamten Handelns umfaßt[316]. Die Begriffe Rolle und Status beschreiben die Struktur des sozialen Systems als „eines Inbegriffs von Beziehungen Handelnder aufeinander“[317].

bb) Der objektive, systemimmanente Begriff der sozialen Funktion

Die Orientierung am soziologischen Funktionalismus erscheint uns hier deshalb geboten, weil seine Fragestellung bei der Betrachtung der Gesellschaft der unseres Strafrechts entspricht: Er geht aus von der Notwendigkeit der Systemerhaltung und fragt nach den Bedingungen, unter denen die Gesellschaft, das soziale System, bestehen kann, welche Funktionen also erfüllt werden müssen, um das System zu erhalten. Die Gesellschaft wird nicht aus der Perspektive individueller Handlungen erfaßt, sondern als ein sich selbst erhaltendes System („boundary-maintaining system“) und dementsprechend die soziale Funktion als Inbegriff der Bedingungen, von dem die Erhaltung des Systems abhängt[318]. Alle Sozialsysteme haben eigentümliche Systemprobleme, deren Bewältigung für das Funktionieren der Systeme unerläßlich ist[319]. Die Notwendigkeit der Systemfunktionen wird — außer durch vergleichende Analyse — festgestellt, indem man sich die jeweiligen in Frage kommende Struktur wegdenkt und sodann die Wirkung auf das soziale System, d. h. auf die Funktionsfähigkeit des Sozialsystems prüft[320]. So wird die am einzelnen Gesetz orientierte Blickbegrenzung überwunden, das Augenmerk auf die organisatorischen Probleme menschlichen Zusammenlebens gerichtet und ein objektiver, systemimmanenter Begriff

---

316 s. *Parsons*, The Social System, S. 25 f.; ders., Systematische Theorie in der Soziologie, S. 54 f.; *Johnson*, Sociology, S. 16 ff., 48 f.

317 *Jonas*, Geschichte der Soziologie Bd. IV, S. 160; s. auch unten 3. Teil I 2 a.

318 s. *Parsons*, The Social System, Kap. 1 - 5.

319 Parsons unterscheidet vier solcher Hauptproblemgruppen, Systemfunktionen, die als Bezugspunkt für die Strukturanalyse eines sozialen Systems dienen und die jedes soziale System lösen muß, wenn es als eine unabhängige, selbständige Einheit bestehen will: 1. Pattern maintenance and tension management (die Aufrechterhaltung von Grundstrukturen und Spannungsbewältigung), 2. Adaptation (die Anpassung des Systems an die Umgebung), 3. Goal attainment (das Setzen und die Verwirklichung von Zielen), 4. Integration (Problem der Systemintegration, Wahrung des inneren Zusammenhalts des Systems). s. näher dazu *Johnson*, Sociology, S. 52 ff.; *Mayntz*, Soziales System, S. 1017 ff. u. S. 1132 ff.

320 s. *Johnson*, Sociology, S. 74 f.; *Luhmann*, Funktionale Methode und juristische Entscheidung, AöR 1969, S. 1 ff. (14 f.).

der sozialen Funktion gewonnen, der den Beitrag eines Elements zur Lösung dieser Probleme, zur Beständigkeit des Systems bezeichnet[321].

cc) Die Auswahl der funktional äquivalenten Lösungsmöglichkeiten durch den politischen Wertungsakt

Mit diesen Erkenntnissen der Systemtheorie haben wir freilich keine Zauberformel gefunden, die uns eine allein richtige Lösung der Bestandsprobleme bietet; vielmehr wird man auch nach eingehender soziologischer Analyse der Strukturmerkmale einer Gesellschaft mehrere funktional äquivalente Möglichkeiten für die Lösung der Organisationsprobleme finden, wie schon die Existenz unterschiedlicher Gesellschaftsformen zeigt. Die Entscheidung für eine der Lösungsmöglichkeiten ist keine rein logische, sondern eine politische, die bereits in der jeweiligen Verfassung getroffen oder vorgezeichnet ist[322], so daß die Lösungen der Probleme menschlichen Zusammenlebens, soweit sie politische Grundentscheidungen in der Organisation der Gesellschaft berühren, vom Verfassungsrecht abhängig bleiben. Hier zeigt sich das Problem einer wertfreien Bestimmung der Sozialschädlichkeit: Auch der soziologische Funktionalismus läßt durch das Aufzeigen verschiedener Lösungsmöglichkeiten einen Spielraum, der durch einen politischen Wertungsakt ausgefüllt werden muß. Das heißt, daß wir bei der Untersuchung der sozialen Funktion von dem durch die Verfassung festgelegten Sozialsystem der Gesellschaft der Bundesrepublik auszugehen haben[323].

Die Existenz und die Bedeutung eines Systemproblems wird jedoch erst durch die Systemtheorie aufgezeigt, die auch wieder die nach der politischen Grundentscheidung auftretenden Folgeprobleme voraussehbar macht und deren Lösungsmöglichkeiten vorzeichnet[324], wobei mit Hilfe des problemorientierten Vergleichens der Lösungsmöglichkeiten die Entscheidung für eine Lösung ein größeres Maß an rationaler Erkenntnis gewinnt. Die Funktionstheorie gibt uns also kein fertiges, von der Rechtswissenschaft ohne weiteres zu übernehmendes Ergebnis in die Hand; sie zeigt uns jedoch die Problemfelder auf und gibt dem Juristen durch einen Überblick über strukturabhängige Problemzusam-

---

321 Näher zum Begriff der sozialen Funktion s. *Johnson*, Sociology, S. 52 f., 63; *Parsons*, Systematische Theorie in der Soziologie, S. 31 ff.; ders., The Social System, S. 20 f.; *Radcliffe-Brown*, Structure and Function in Primitive Society, S. 178 - 187.

322 z. B. die Frage, ob das Problem der Bedürfnisbefriedigung durch eine kapitalistische oder eine sozialistische Wirtschaftsordnung gelöst werden soll.

323 Daher hängt auch die Legitimierung der strafrechtlichen Normen durch ihren Beitrag zur Sicherung der Bedingungen menschlicher Koexistenz mit der Legitimität der gesellschaftlichen Ordnung zusammen.

324 s. *Luhmann*, Funktionale Methode, S. 11 f.

menhänge und durch die Bezeichnung der durch soziologische Analyse ermittelten Funktion eine wesentliche Entscheidungs- und Auslegungshilfe, was freilich ein Verarbeiten der soziologischen Analysen in eine wirklichkeitsbezogene juristische Dogmatik und Entscheidungstechnik voraussetzt, um zu rationalen, konsistenten Entscheidungen zu gelangen, d. h. die Ergebnisse der soziologischen Analysen müssen wissenschaftlich in Beziehung gesetzt werden zur konkreten rechtlichen Ordnung unter dem Gesichtspunkt der Interdependenz[325].

Obgleich wir der Bedeutung, die die strukturell-funktionale Systemtheorie in der Soziologie der Gegenwart für sich beanspruchen darf, mit unserer gedrängten Darstellung nicht gerecht werden können, wollen wir uns doch im Rahmen dieser Arbeit mit den gegebenen Erläuterungen begnügen, da sie die Grundlage unserer Rechtsgutserfassung deutlich machen und den weiteren Lösungsweg hinreichend kennzeichnen.

4. Die Frage nach der Sozialschädlichkeit

a) Die Konkretisierung des Sozialschadens durch das Grundgesetz

Bestimmt nun unser Grundgesetz die Aufgabe des Strafrechts als Aufrechterhaltung der Bedingungen menschlichen Zusammenlebens und trifft die Verfassung bereits politische Grundentscheidungen über die Auswahl der Möglichkeiten zur Bewältigung der Organisationsprobleme der Gesellschaft, so bedeutet das nicht, daß der Strafrechtler damit auf ein feststehendes Wertsystem der Grundrechte zurückgreifen kann,

---

[325] s. auch *Krawietz*, Das positive Recht und seine Funktion, S. 93; *Luhmann*, Funktionale Methode, S. 1 ff. (bes. S. 12 ff., 19 ff.). Luhmann sieht allerdings die Möglichkeit einer Kooperation von Soziologie und Rechtswissenschaft zu eng, wenn er „sinnvolle Möglichkeiten soziologischer Vorbereitung juristischer Entscheidungen" erst auf der Ebene der Gesetzgebung bejaht (S. 20 u. ff.). Die Auffassung Luhmanns, daß eine gründliche Abwägung der Folgen seiner Entscheidung nicht zum Programm des Juristen gehöre (S. 3 f.), widerspricht entschieden der Vorstellung vom politischen Richter, wie sie sich gegenwärtig immer stärker abzeichnet, nämlich eines Richters, der durch Auslegung und Anwendung der Rechtsnormen gestaltend in das gesellschaftliche Dasein eingreift und sich dieses Einflusses bewußt ist. Da das Recht eine Vielzahl von Fällen zu regeln hat, ist den weitaus meisten Rechtsnormen ein unvermeidlich hoher Abstraktionsgrad eigen — worauf Luhmann selbst hinweist —, so daß die Fälle, in denen der Jurist bei der Eingrenzung der aus dem positiven Recht offenstehenden Entscheidungsmöglichkeiten die Funktion der Rechtsvorschrift zu berücksichtigen hat, nicht so begrenzt sind, wie Luhmann annimmt (S. 5). s. dazu auch oben IV 2 und *Hirsch* (s. oben Anm. 250), der mit großem Engagement für die interdisziplinäre Kooperation von Soziologie und Rechtswissenschaft eintritt: „Eine Verwaltungsverfügung erlassen, ein Urteil in einer Rechtssache sprechen bedeutet nicht bloß, so behaupte ich, Anwendung einer durch normatives Denken geschulten Technik, sondern Lösung eines sozialen Problems unter Berücksichtigung aller dabei in Betracht kommenden Faktoren." (a. a. O., S. 11/12)

vielmehr gibt die Verfassung dem Strafrecht damit nur Richtlinien für die Art der zu erhaltenden Gesellschaft[326]. Dagegen verbindet Sax[327] unter Berufung auf Art. 1 Abs. 3 GG die Wertordnung des Grundgesetzes mit einer die Wertentscheidungen des Grundgesetzes konkretisierenden Rechtsgüterordnung des Strafrechts. Strafrechtliches Unrecht sei nur die Verletzung der in der Wertordnung des Grundgesetzes enthaltenen Werte. Eine Übereinstimmung beider Wertbereiche bestehe jedoch nur in einem „Kernbereich vorgegebener sozialethischer Werte", z. B. des Lebens, der Freiheit und des Eigentums. Dieser Bestimmung des Verhältnisses zwischen der Güterordnung des Strafrechts und der Wertordnung — als feststehendem Wertsystem — des Verfassungsrechts ist entgegenzuhalten, daß die Gesellschaft nicht etwas Statisches ist, sondern ein nach bestimmten Funktionsgesetzen sich ständig verändernder und fortentwickelnder Organismus, die Aufgabe der Verfassung daher nicht in der Aufstellung einer Wertordnung, sondern in der Organisation des Gemeinwesens liegt[328] und in der Sicherung der in ihr gewählten Organisationsform gegen Veränderungen durch das politische System, vom gesellschaftlichen Machtzentrum her[329]. Neben den Bestimmungen über die Struktur des politischen Systems erfüllen auch die Grundrechte organisatorische Aufgaben, da sie als Institutionen eine bestimmte Ordnung der Gesamtgesellschaft gewährleisten[330]. Das Strafrecht dagegen bezweckt auch die Aufrechterhaltung dieser gesellschaftlichen Ordnung, schützt sie aber nur gegen Angriffe der einzelnen Mitglieder der Gesellschaft[331].

Daraus folgt, daß das Grundgesetz zwar keine Wertskala für das Strafrecht bereithält, aber insofern auf das Strafrecht einwirkt, als es einmal die Aufgabe des Strafrechts auf den Schutz des menschlichen Zusammenlebens beschränkt und zum anderen für die Lösung der Probleme menschlicher Koexistenz politische Grundentscheidungen trifft und durch diese Wertentscheidungen zur Konkretisierung des Sozialschadens beiträgt[332].

---

326 s. oben bei Anm. 322 f.; s. auch *Rudolphi,* Aspekte des Rechtsgutsbegriffs, S. 158 ff.

327 *Sax,* Grundsätze der Strafrechtspflege, S. 911 ff.

328 Gerade die Art. 92 ff. GG enthalten genaue Vorschriften über die Organisation der rechtsprechenden Gewalt, was übrigens auch die Auffassung Sax' widerlegt, die Rechtsgüter der Rechtspflegedelikte seien im Grundgesetz nicht ausgeformt (*Sax,* S. 912); s. dazu auch *Rudolphi,* Aspekte des Rechtsgutsbegriffs, S. 163.

329 s. Art. 1 Abs. 3 u. Art. 79 Abs. 1 u. 3 GG. Vgl. auch *Luhmann,* Grundrechte als Institution, S. 71 ff., 138, 197.

330 s. dazu die grundlegenden Ausführungen bei *Luhmann,* Grundrechte als Institution, insbes. S. 71 ff., 138, 181 ff., 196 ff.

331 s. dazu *Amelung,* S. 312 f., 366 ff.

332 s. schon oben bei Anm. 322 f.

b) Der funktionalistische Sozialschadensbegriff

Das Strafrecht darf also nur solche Verbote aufstellen, die die Abwehr sozialer Schäden bezwecken[333]. Nach unseren Untersuchungen zur Sozialbezogenheit des Rechtsguts können wir den Begriff der Sozialschädlichkeit — angereichert um die soziologische Dimension der strukturell-funktionalen Systemtheorie — als ein Verhalten beschreiben, das die Lösung der Organisationsprobleme des sozialen Systems der jeweiligen Gesellschaft beeinträchtigt oder gefährdet, d. h. aber — wie wir jetzt wissen — ein Verhalten, das die vom Strafrecht geschützten Rechtsgüter in der ihnen zukommenden sozialen Funktion verletzt[334]. Haben wir also die soziale Funktion eines Rechtsguts mit Hilfe der funktionalen Systemtheorie durch eine soziologische Analyse ermittelt, so können wir mit der Aussage über den Beitrag zur Bewältigung der Organisationsprobleme und über die Wirkungen der pönalisierten Handlung zugleich auch genaue Angaben über die Sozialschädlichkeit des betreffenden Verhaltens machen. Dabei ist zu beachten, daß die jeweiligen Handlungen nur deshalb als sozialschädlich unter Strafe zu stellen sind, weil sie generell und auf Dauer gesehen den Bestand des Sozialsystems unserer Gesellschaft gefährden. Der hier skizzierte Sozialschadensbegriff ist somit vom positiven Recht relativ unabhängig, da wir die Sozialschädlichkeit nicht an einzelnen abzählbaren Schutzobjekten aufzeigen — wie die reine Rechtsgutsverletzungslehre —, sondern an den Existenzbedingungen des sozialen Systems unserer Gesellschaft.

Stellt sich also heraus, daß ein Rechtsgut keine soziale Funktion hat, so ist die entsprechende Strafnorm[335] — weil mit der durch die Verfassung gestellten Aufgabe nicht vereinbar — als verfassungwidrig zu beurteilen[336], es sei denn, daß das Rechtsgut nicht nur um seiner selbst willen geschützt wird, sondern seine Verletzung mittelbar — durch ihre Wahrnehmung — zu einer Sozialstörung führt[337]. Das ist etwa dann der Fall, wenn jemand ein Tier in der Öffentlichkeit grausam mißhandelt und dadurch einen Sturm der Entrüstung, der sich in einer öffentlichen Störung auswirkt, unter den diese Mißhandlung wahrnehmenden

---

[333] s. oben IV 1 b.

[334] Bzw. mittelbar durch die Rechtsgutsverletzung die Lösung der Bestandsprobleme beeinträchtigt (s. u.).

[335] Bzw. eine Auslegung, die zu dieser Feststellung führen muß: z. B. die Entscheidungen zur Verlobten-Kuppelei BGHSt. 6, 46 (52 ff.); 17, 230 (232 ff.); s. dazu die Kritik von *Roxin*, JuS 1966, S. 382; *Schönke - Schröder*, § 180, Rdnr. 4 m. w. N.

[336] z. B. §§ 173, 175 Abs. 1 Nr. 1 oder auch der frühere § 175 b StGB. s. dazu ausführlich *Jäger*, Rechtsgüterschutz, bes. S. 56 ff., 68 ff., 84 f.; *Roxin*, Täterschaft und Tatherrschaft, S. 412 ff.; ders., JuS 1966, S. 382 und ZStW 81, S. 622 ff.; *Rudolphi*, Aspekte des Rechtsgutsbegriffs, S. 153, 165; vgl. auch AE BT, Sexualdelikte usw., Begründung S. 38.

[337] Vgl. auch oben IV 1 b.

Passanten auslöst. Das Tier ist hier zwar Schutzobjekt — das läßt sich der Wertung des Gesetzgebers entnehmen[338] —, leistet aber als solches keinen Beitrag zur Erhaltung der menschlichen Gesellschaft; dennoch ist sein strafrechtlicher Schutz erforderlich, da Angriffe auf solche Objekte wie Tiere oder das menschliche Pietätsgefühl (§ 189 StGB)[339] in der Öffentlichkeit zu erheblichen Friedensstörungen führen können[340], so daß der Schutz dieser Objekte nicht um ihrer selbst willen erfolgt, sondern zur Erhaltung des sozialen Friedens, also zur Bewältigung eines Problems, das ebenfalls zu den Organisationsproblemen menschlicher Koexistenz gehört[341]. Dieses Beispiel zeigt, daß es nicht ausreicht, die Aufgabe des Strafrechts auf den „Schutz von Rechtsgütern" zu beschränken, daß vielmehr stets auf die soziale Funktion des Rechtsguts abzustellen ist bzw. — wenn diese nicht gegeben ist — direkt auf die Systemprobleme der Gesellschaft.

Es ist hier nicht der Platz, die lösungsbedürftigen Organisationsprobleme der Gesellschaft im einzelnen darzulegen, die Bedingungen und Funktionszusammenhänge zu analysieren, auf denen unser gesellschaftliches Leben basiert[342]; soweit sie das „Hausrecht" betreffen, werden wir uns im folgenden Teil der Arbeit noch eingehend damit zu befassen haben. Unsere bisherigen Ausführungen dürften jedoch ausreichen, um die Frage nach der Sozialschädlichkeit und dem Wesen des Rechtsguts grundsätzlich zu beantworten und um damit unseren weiteren Weg bei der Untersuchung des Rechtsguts des Hausfriedensbruchs vorzuzeichnen und zu legitimieren.

---

338 s. schon oben Anm. 163.

339 Das gleiche gilt entsprechend von unsittlichen und irreligiösen Handlungen. In der dem Einblick der Öffentlichkeit entzogenen Privatsphäre entfällt freilich die konfliktträchtige Wirkung solcher Handlungen (s. dazu unten 3. Teil I 2 b).

340 Die Reformierung des Sexualstrafrechts zeigt freilich, wie schwierig es ist, festzustellen, wie weit ethische und religiöse Überzeugungen in der Bevölkerung noch verwurzelt sind und wie weit daher die Gefahr besteht, daß solche Gutsverletzungen zu schweren Friedensstörungen führen können. Aus rechtsstaatlichen Gründen wird man die Grenze jedenfalls sehr hoch ansetzen müssen.

341 Entscheidend ist also nicht der bloße Widerspruch mit den herrschenden Wertvorstellungen — dann wäre auch die heimliche Unmoral strafbar —, sondern erst eine aus ihm möglicherweise resultierende erhebliche Friedensstörung. s. auch *Rudolphi*, Aspekte des Rechtsgutsbegriffs, S. 165 f.; vgl. auch die frühere Vorschrift des § 360 Ziff. 13 StGB (s. oben Anm. 163).

342 s. dazu die Ausführungen von *Amelung*, S. 350 ff.

Dritter Teil

Soziologische Analyse der im Tatbestand des Hausfriedensbruchs genannten Räumlichkeiten

Unserem strukturell-funktionalen Ansatz entsprechend haben wir vornehmlich konkrete Lebensbereiche zu erforschen; es sind nämlich die faktischen Verhältnisse der im Hausfriedensbruch genannten Räumlichkeiten aufzuzeigen und ihre akute und grundsätzliche Beziehung zum gegenwärtigen gesellschaftlichen Gesamtzustand und zur Lösung der gesellschaftlichen Organisationsprobleme transparent zu machen. Denn jede dieser Räumlichkeiten genügt als Institution bzw. als Teil einer Institution einer Reihe von Bedürfnissen der Inhaber der Räume und der Gesellschaft insgesamt und erfüllt so eine bestimmte Funktion. Erst die Ermittlung und Beschreibung der sozialen Funktion des mit den jeweiligen Räumlichkeiten geschützten Rechtsguts, seiner sozialorganisatorischen Bedeutung, ermöglicht es uns, den Tatbestand des Hausfriedensbruchs in seinem vollen Umfang zu erkennen und ihn der sozialen Wirklichkeit entsprechend auf die verschiedenen Problemfälle anzuwenden. Die folgenden soziologischen Untersuchungen werden auf Erfahrungen zurückgreifen, „die eindeutig festgestellt werden können, die gemeingültig sind, d. h. die jedem beliebigen Beobachter zugänglich sind, und die sich wiederholen und die daher mit induktiven Verallgemeinerungen verknüpft, also voraussagend sind“[1].

I. Die soziologische Analyse der Wohnung bzw. des Wohnraums

1. Die Wohnung als Lebensraum der Kernfamilie

Eine vollständige Wohneinheit, gleichgültig ob es sich um ein Einfamilienhaus oder um eine Wohnung in einem Mehrfamilienhaus handelt, wird von den Soziologen als eine „Kombination von miteinander verbundenen Räumen“ beschrieben, die „gemäß den in unserer Gesellschaft allgemein anerkannten Vorstellungen die ungestörte geordnete Führung eines Haushalts, einer Gruppe oder einer Einzelperson,

[1] *Malinowski*, Eine wissenschaftliche Theorie der Kultur, S. 102. Zur Bedeutung der empirisch-analytischen Betrachtungsweise für die Rechtswissenschaft (als Erwiderung auf den Rechtspositivismus) s. auch *Trappe*, Die legitimen Forschungsbereiche der Rechtssoziologie, Einführung in: *Geiger*, Vorstudien zu einer Soziologie des Rechts, S. 13 ff.

gestattet"[2]. Dazu gehört grundsätzlich Platz zum Kochen, Schlafen und für längeren Aufenthalt im wachen Zustand, ferner Einrichtungen, die es dem einzelnen oder der Gruppe gestatten, sich je nach Bedarf nach außen abzuschließen. Freilich sind diese Merkmale nicht bei allen Räumlichkeiten zu finden, die dem Menschen als Wohnung dienen[3] und auch soziologisch als Wohnung gelten — man denke nur an bloße Wohngelegenheiten, Untermieträume für Studenten und Gastarbeiter —, dennoch erfüllt das Gros der Wohnungen in der Bundesrepublik die genannten Voraussetzungen[4], wie auch die meisten Wohnungen den Lebensraum einer Familie darstellen[5], so daß es zum Zweck einer vollständigeren Schilderung des Wohnens und einer besseren Herausarbeitung seiner Regelhaftigkeiten gerechtfertigt ist, zunächst die genannten Wohnungen zum Gegenstand unserer Untersuchung zu machen, solange wir in unseren Auswertungen nicht über die allen Wohnräumen gemeinsamen Kriterien hinausgehen. Als erstes offensichtliches Kriterium läßt sich feststellen, daß alle Wohnräume in unserer Gesellschaft dem längeren privaten Aufenthalt eines oder mehrerer Menschen dienen und durch bauliche Vorkehrungen nach außen abgeschirmt sind. Diese erste knappe Definition deutet schon an, daß die Wohnung einen baulich abgegrenzten Freiraum darstellt. Innerhalb dieses Freiraums spielen sich sehr heterogene Vorgänge ab — wie Schlafen, Essen, Arbeiten, Interaktionen und Freizeitbeschäftigungen, die wir mit dem Begriff Wohnen zusammenfassen[6]. Mit diesem Begriff steht immer die Familie als primäre Gruppenform in Verbindung; ihr Mittelpunkt ist die häusliche Sphäre in der Wohnung, die in anderen soziologischen Untersuchungen daher auch häufig als Lebensraum, als räumliches Zentrum und als materielles Substrat der Familie beschrieben wird[7]. So ist der soge-

---

[2] *Bahrdt,* Humaner Städtebau, S. 33.

[3] Der Begriff der klar abgrenzbaren, vollständigen Wohneinheit ist ein „Produkt neuerer städtischer Kultur und wohl kaum viel älter als 200 Jahre", setzt sich aber auch in der ländlichen Wohnvorstellung immer stärker durch (s. *Bahrdt,* Städtebau, S. 35).

[4] Vgl. die soziologische Studie über das Wohnerlebnis von *Silbermann,* Vom Wohnen der Deutschen, S. 25 f., 168 mit genauen Zahlenangaben.

[5] s. *Bahrdt,* Städtebau, S. 61 f. mit Quellenangaben; näher dazu unten.

[6] Da es uns um die soziale Bedeutung von Wohnräumen geht, die gegen das Eindringen von außen geschützt werden sollen, können wir unsere Untersuchung auf den sozialen Prozeß des Wohnens, auf den Lebensbereich innerhalb der Wände des Wohnraums, konzentrieren und die anderen Bereiche der Wohnungssoziologie wie Städteplanung und Wohnlage (Einbettung der Wohnung in die äußere Struktur) aus unserer Betrachtung ausscheiden (s. zur Wohnungssoziologie *Silbermann,* S. 11 ff.).

[7] s. *van Hessen*: Familie, Freizeit und Sozialisation der jungen Generation, S. 67 f.; *Neidhardt,* Die Familie in Deutschland, S. 8; *Pfeil,* Soziologie der Großstadt, S. 260 f.; diesem Gedanken wird auch in der Wohnungspolitik Rechnung getragen, s. den vom Wohnungsbauministerium herausgegebenen Band „Wohnen in neuen Siedlungen", Stuttgart 1965, S. 9 f.: „Bei den grundsätz-

nannte Haushalt der „organisierende Faktor der Familie", der Inbegriff aller Sachen, die für die Familie wesentlich sind[8]. Es ist daher angebracht, daß wir uns zunächst mit der Bedeutung der Familie als dem grundsätzlichen Inhaber einer Wohnung auseinandersetzen[9]. Die Wohnung grenzt den Bereich der Familie gegen die Außenwelt ab: Sie bildet das „Gehäuse, das Geborgenheit im physischen wie im sozialen Raume gewährt, den Binnenraum, in dem sich das Familienleben im Wechsel der Tage und Jahre und im Generationenwechsel entfaltet und erhält. Gehört die Abkehr von der Welt zum Wesen des Familienheims, so ist es doch gleichzeitig ihr auch wieder zugekehrt: indem es Erholung und Wiederherstellung gewährt, entläßt es die Familienmitglieder zu neuer Bewährung draußen"[10]. Die Familie definieren wir in Übereinstimmung mit der neueren familiensoziologischen Terminologie als eine Gruppe, in der ein Ehepaar mit seinen direkten Nachkommen zusammenlebt[11]. Zu dieser sogenannten Kernfamilie („nuclear family") gehören nur diejenigen Familienangehörigen, die in einem Haushalt und damit in einer Wohnung als ständigem Bezugspunkt aller Familienmitglieder zusammenleben[12]. Durch die räumliche Nähe der einzelnen Mitglieder und die Alltäglichkeit ihres Zusammenseins bildet die Familie das engste soziale Betätigungsfeld, in dem ständig Zonen berührt werden, die „in den öffentlichen Bereichen der Gesellschaft tabuiert werden"[13]. Die Kernfamilie ist daher und aufgrund ihrer biologischen Struktur nicht nur eine Intimgruppe, sondern gleichzeitig eine sogenannte Primärgruppe, die den Menschen in seiner persönlichen Entwicklung ursprünglich bestimmt.

---

lichen Überlegungen für die Eigentums- und Wohnungspolitik steht die Familie im Vordergrund. Sie ist die ursprünglichste Gemeinschaftsform ... So ist der Leitgedanke von Bundeswohnungsminister Paul Lücke zu verstehen, daß eine gute Wohnungspolitik beste angewandte Familienpolitik ist."

[8] *König*, Familie und Familiensoziologie, S. 260 (s. auch S. 249 über die frühere Gleichsetzung von Haus und Familie). Auch Parsons bezeichnet die Kernfamilie als wichtigste Wohngemeinschaft (*Parsons*, Sozialstruktur und Persönlichkeit, S. 78); ähnlich *Bahrdt*, Die moderne Großstadt, S. 48 ff., 102.

[9] Laut statistischen Erhebungen gab es in der Bundesrepublik Deutschland 1961 19,4 Mill. Privathaushalte mit 54,7 Mill. Personen; davon waren 15,4 Mill. Familienhaushalte mit 50,6 Mill. Personen (s. Strukturdaten aus der Volkszählung vom 6. 6. 1961 — S. 8 der Beilage zum Statistischen Jahrbuch für die Bundesrepublik Deutschland 1963).

[10] *Pfeil*, Soziologie der Großstadt, S. 260.

[11] Auch in den heute noch vorhandenen Drei-Generationen-Familien bildet doch die Kernfamilie eine besondere Einheit (s. *Goode*, Die Struktur der Familie, S. 37 ff.; *Neidhardt*, Die Familie in Deutschland, S. 8).

[12] Vgl. *Claessens*, Familie und Wertsystem, S. 21 ff., 48 ff.; *Neidhardt*, S. 6 ff. Dieser Wandel in der Familienstruktur wird überwiegend auf die in der modernen Industriegesellschaft auftretende Mobilität zurückgeführt (s. *Bahrdt*, Wege zur Soziologie, S. 80 ff.; *Neidhardt*, S. 25 f.).

[13] *Neidhardt*, S. 9.

a) Die primäre Sozialisation des Kindes durch die Familie

Die erste fundamentale Bedeutung der Familie liegt in ihrer Vermittlungsfunktion im Rahmen der Gesamtgesellschaft, in der primären Sozialisation des Kindes, d. h. in der Übertragung geltender Werte und Kenntnisse, die von der betreffenden Gesellschaft geteilt werden und ihre zeitliche Kontinuität garantieren sollen, und in der Anpassung an die Rollenerwartungen der Gesellschaft. Der Prozeß der Sozialisation spielt somit eine entscheidende Rolle einmal bei der Führung und Prägung des Kindes durch die Verhaltenserwartungen und Verhaltenskontrollen seiner Familie und bei der damit verbundenen Internalisierung gesellschaftlicher Normen, zum anderen sowohl bei der Entwicklung und Reifung generell, der Erlernung der Verhaltensweisen und Symbole der sozialen Umwelt, als auch bei der Ausformung der individuellen Eigenschaften des Kindes[14]. In der Familie lernen die Kinder die in der Gesellschaft verwendeten Symbolsysteme zu gebrauchen und werden durch Übermittlung der in der Gesellschaft gültigen Normen auf die Forderungen und Erwartungen, die die Gesellschaft an sie stellt, vorbereitet und an sie herangeführt, „so that they can truly become members of the society into which they have been born“[15] und es schließlich zu einer Integration von Person, Kultur und Gesellschaft kommt. Die soziale Prägung des Menschen erfolgt zwar auch durch andere Institutionen wie Schule, Kirche und nachbarschaftliche Lebensgemeinschaften, jedoch kommt hier der Kernfamilie eine besondere Bedeutung zu, da die Kinder hier ihre ersten sozialen Erfahrungen machen, die Familie also naturgemäß den Primärraum der Sozialisation darstellt[16], in dem nach der physischen die „zweite, sozio-kulturelle Geburt“ des Menschen stattfindet, mit der die Persönlichkeitsentfaltung des einzelnen und seine Integration in die Gesellschaft beginnen[17]. Das Erleben

---

[14] s. *Goode*, Soziologie der Familie, S. 27, 42 f.; *Parsons - Bales*, Family, Socialization and Interaction Process, S. 35 ff. Entsprechend den genannten Auswirkungen der Sozialisation unterteilt Wurzbacher diesen Begriff in Sozialisation („Vergesellschaftung“), Enkulturation und Personalisation (*Wurzbacher*, Der Mensch als soziales und personales Wesen Bd. 1, S. 11 ff.), wobei auf die Notwendigkeit der Integration von Person, Kultur und Gesellschaft Bezug genommen wird (S. 5 ff.).

[15] *Parsons - Bales*, S. 16.

[16] Ausgangspunkt der Sozialisationsforschung ist daher die Kernfamilie (s. *Claessens*, Familie und Wertsystem, S. 21 f.; *Gottschalch*, Sozialisationsforschung, S. 18 f., 26; *Parsons - Bales*, S. 16 f.). Gerade hier wirkt sich eine grundlegende Voraussetzung für die Rollenübernahme aus, nämlich die bei jedem Kind anlagemäßig vorhandene Imitations- und Identifikationsbereitschaft, die sich im Verlauf der psychosozialen Entwicklung zwangsläufig entfaltet.

[17] Grundlegend dazu *Claessens*, Familie und Wertsystem; *Goode*, Struktur der Familie, S. 33 ff.; *König*, Soziologie der Familie, S. 121 ff., 145 ff.; *Parsons*,

menschlichen Miteinanderseins, sozialer Beziehungen und Bindungen in ständiger Polarität der Geschlechter, der Generationen und verschiedenen Altersstufen kann das Kind nur in dem Lebensraum der Familie erfahren. In der emotional erfüllten Intimgruppe der Familie sind die Mitglieder schon früh langdauernd und spontan aufeinander bezogen, so daß hier die besten Voraussetzungen für gemeinsame Vorstellungen, Normen und Symbole gegeben sind. Durch ihre ständigen und unmittelbaren Einwirkungen gewährleistet die Familie „die eingehendste, kontinuierlichste und am wenigsten durchbrochene soziale Kontrolle“ des Kindes[18] und leistet damit einen wesentlichen Beitrag zur Erhaltung der bestehenden Gesellschaft[19]. Die Familie dient der Vorbereitung der zivilisatorischen Lern- und Rollenfähigkeit und wirkt damit in ihrer Bedeutung weit über den Familienkreis hinaus; die Verhaltenskonstanten, die hier übermittelt werden, dienen dem Kind einerseits als Instrument der Umweltbewältigung, andererseits stellen sie zugleich einen Maßstab dar, mit dessen Hilfe vielschichtige Umwelteinflüsse, die auf das Kind einströmen, und gesetzte Normen, die nicht gesprengt werden dürfen, entflochten und — den übertragenen Wertvorstellungen entsprechend — eingeordnet werden können[20].

The Social System, S. 207 ff. — Daß andere Stellen die Familie in der Sozialisationsfunktion nicht ersetzen können, zeigen die häufigen Störungssymptome bei den in Heimen oder wechselnden Pflegestellen aufgewachsenen Kindern.

[18] *Goode*, Struktur der Familie, S. 35 f. Daß diese familiären Einwirkungen des Elternhauses das Handeln des Menschen — in verminderter Stärke — sogar noch nach seiner Kindheit beeinflussen, ist eine uns allen bekannte Erfahrungstatsache.

[19] s. dazu *Parsons - Bales* (S. 16 f.) und *Johnson* (Sociology, S. 52 f., 110 ff.), die in dieser Funktion der Familie einen Beitrag zur Lösung des gesellschaftlichen Organisationsproblems „pattern maintenance“ sehen: „The patterns of a social system — its social structure — must be maintained in the sense that the units of the system ... must learn the patterns and invest them with the appropriate attitude of respect. Thus any social system must have mechanisms of ‚socialization‘ — the process by which cultural patterns come to be incorporated in the personalities of system members“ (*Johnson*, S. 53). s. zu den vier gesellschaftlichen Grundproblemen schon oben 2. Teil, Anm. 319.

[20] Vereinzelt wird diese gesellschaftsstabilisierende Funktion der Kernfamilie kritisiert: Auf diese Weise würden manipulierbare Untertanen erzogen (vgl. etwa die kritische Untersuchung von *Gottschalch*, Sozialisationsforschung, bes. S. 30 f.). Diese Kritik verkennt, daß das Kind die Interaktionsfähigkeit und die Verhaltenssicherheit eines Erwachsenen nur dann erwerben kann, wenn es sich der in der Gesellschaft verwendeten Symbole bedient und sich zunächst einmal den gültigen Normen anpaßt, was nicht mit totaler Unterwerfung gleichzusetzen ist (vgl. auch *Claessens*, Familie und Wertsystem, S. 67, Anm. 1). Im übrigen schließt eine solche Anpassung — wie gerade die heutigen Erfahrungen zeigen — nicht aus, daß die übermittelten Normen später kritisch überprüft oder gar in Frage gestellt werden (s. auch oben 2. Teil, Anm. 315 u. 322). Eine Beziehung der Familie zur Herrschaftsstruktur ist freilich nicht zu leugnen, aber eine Gesellschaft als soziales System ist grundsätzlich darauf ausgerichtet, sich selbst zu erhalten, so daß die gesellschaftsstabilisierende Bedeutung der Sozialisation durch die Familie

b) *Die Entlastungsfunktion der Kernfamilie*

Neben dieser — „instrumentalen" — Sozialisationsfunktion, die sich primär auf die Beziehungen zwischen der Familie und der äußeren Situation, auf die Anpassung an die Bedingungen dieser Situation und die Erwartungen des Systems bezieht, erfüllt die Familie noch eine überwiegend „expressive" Funktion, die in erster Linie die Harmonie und Solidarität der Gruppe, „die internen Beziehungen zwischen den Mitgliedern und ihre ‚emotionalen' Spannungszustände — bzw. deren Fehlen —" betrifft[21]. Beide Sphären sind jedoch innerhalb der Kernfamilie derart ineinander verwoben, daß eine klare Trennung nicht möglich ist. So ist für die erfolgreiche Sozialisation des Kindes ein Gefühl der Geborgenheit, des Zuhauseseins, ein „sozial-emotionales" Gleichgewicht innerhalb der Familie notwendig; die Familie muß daher ein Heim mit „bleibenden Menschen", d. h. mit kontinuierlichen Beziehungen, und einen affektive Bedürfnisse befriedigenden Schutzraum bieten, in dem die Mitglieder der Familie sich entfalten und die sozialen Beziehungen sich entwickeln können[22].

aa) Der Intimisierungsprozeß in der Kernfamilie

Die Bedeutung der Familie als „emotionales Refugium gegenüber der Versachlichung des außerhalb der Familie wirkenden Gesellschaftlichen"[23] für die Harmonisierung auch des erwachsenen Menschen ist erst durch die moderne — besonders die familiensoziologisch allgemein bedeutsame amerikanische — Familiensoziologie erkannt und hervorgehoben worden. In Deutschland sprach man nach der Industrialisierung lange Zeit nur von einem durch Desintegration und Desorganisation der Familie bewirkten Funktionsverlust, bis neuere analytische Untersuchungen klarmachten, daß zwar neben dem Wechsel von der Groß- zur Kleinfamilie eine Abnahme der Funktionen im ökonomischen und staatlichen Bereich festzustellen ist[24], es sich dabei aber letztlich um

---

als einer Institution dieser Gesellschaft durchaus zu bejahen ist. s. dazu auch *Goode*, Struktur der Familie, S. 38 f.; *Wurzbacher*, Der Mensch als soziales und personales Wesen Bd. 1, S. 11, 12.

[21] s. *Parsons*, Sozialstruktur und Persönlichkeit, S. 76 f.; ausführlicher zu der qualitativen Differenzierung von „instrumentalen" und „expressiven" Funktionen in der Gruppe s. *Parsons - Bales*, S. 45 ff.

[22] Vgl. auch *Goode*, Struktur der Familie, S. 38 f.; *Parsons - Bales*, S. 16 f.

[23] *Claessens*, Familie und Wertsystem, S. 45.

[24] Als Folge der Entwicklung zur arbeitsteiligen, kapitalintensiven Wirtschaft ist die frühere Produktionsgemeinschaft weitgehend zur Konsum- und Wohngemeinschaft reduziert worden und hat infolge der Desintegration in unserer differenzierten Leistungsgesellschaft sowohl Aufgaben der Ausbildung als auch der sozialen Sicherung an staatliche Institutionen delegiert. Dabei darf jedoch nicht übersehen werden, daß auch im modernen Kleinfamilienhaushalt noch zahlreiche Arbeitsaufgaben anfallen. Ausführlich dazu mit statistischen Angaben *Bahrdt*, Wege zur Soziologie, S. 80 ff.

einen Funktionswandel der Familie handelt[25]. So sieht Schelsky mit diesem Funktionsabbau verbunden eine „Absonderungstendenz der Familie zu einer erhöhten Intimität" aufgrund der „durch den Funktionsverlust bedingten Verlagerung der Grundlage der Familie in die Harmonie der persönlichen Beziehungen und Gefühle, in ein Zusammenstimmen von freier und selbständiger gewordenen Individualitäten", was durch die „Dominanz des Politischen und der Wirtschaft, durch die soziale Mobilität und nicht zuletzt auch durch die geringe Beachtung der Familienverhältnisse in der öffentlichen Meinung" forciert werde[26]. Damit wird die Widerstandsfähigkeit der Familie gegen die Erschütterungen in der modernen Wirtschaftsgesellschaft bei gleichzeitiger Elastizität als Beweis für ihre Stabilität deutlich hervorgehoben[27]. Die Desintegration der Familie führt somit zu einer funktionellen Reduktion auf rein familiale Leistungen, zu denen neben der Sozialisierung des Kindes auch die Aufgabe, als Schutz- und Erholungsraum für die Familienangehörigen zu dienen, gehört.

bb) Die Familie als Austragungsort emotionaler Spannungen

Die Kernfamilie, in der die persönlichen und emotionalen Interessen der Individuen enger als in jeder anderen Gruppe verknüpft sind und den Mitgliedern der Familie ein „hohes Maß diffuser Affektivität" erlaubt ist[28], sorgt durch die sie auszeichnende große Intimität, ein hohes Vertrauens- und Solidaritätsniveau und durch innere Konsistenz für die Aufrechterhaltung des emotionalen Gleichgewichts aller Familienangehörigen[29]. Dieser emotionale Spannungsausgleich meint nicht eine einzige Eintracht und Familienidylle, „weniger die Friedlichkeit und Nettigkeit der Gefühle als das Ausmaß, bis zu dem Gefühle der verschiedensten Art ausgelebt werden können"[30]. Gefördert wird die Schutz- und Ausgleichsfunktion durch die sich in der Kernfamilie bildende Solidarität — bedingt durch Neigung, die alltägliche gemeinsame Aufgabe der Lebenshaltung, durch Berufsüberlastung und eine weitgehende Abkapselung nach außen und die fehlende räumliche Distanzierungsmöglichkeit für den einzelnen.

---

[25] Instruktiv dazu die übersichtliche Darstellung von *Neidhardt*, Die Familie in Deutschland, bes. S. 57 ff.; s. auch *Bahrdt*, Großstadt, S. 45 ff., 51 ff.

[26] *Schelsky*, Wandlungen der deutschen Familie in der Gegenwart, S. 17, 18.

[27] Empirische Belege für diese Eigenschaften der Familie sind vor allem *Schelsky* (a. a. O.) zu verdanken.

[28] *Parsons*, Sozialstruktur und Persönlichkeit, S. 78. Nach Parsons' Betrachtung des sozialen Systems bildet die Affektivität eine der alternativen Orientierungsmöglichkeiten (pattern variables) des Handelnden in einer Rollenbeziehung. Ein Beispiel für affektive Orientierung ist eben das Verhalten in der Familie: die sofortige Befriedigung expressiver Bedürfnisse.

[29] s. dazu *Claessens*, Familie und Wertsystem, S. 130 ff.

[30] *Neidhardt*, Familie in Deutschland, S. 69.

Die Polarisierung des öffentlichen und des privaten Lebens hat eine Emotionalisierung im Privaten und eine Versachlichung im Öffentlichen bewirkt[31]. Die Privatisierungstendenz und die Betonung der Emotionalität innerhalb der Familie sind von der Erfahrung getragen, daß das Leben außerhalb dieser überschaubaren, gefühlsmäßigen Lebensgemeinschaft anonymer und kälter ist, was besonders für die Arbeitsplätze in den Industrieunternehmen gilt: „Auf keinem Niveau ist das Unternehmen für die emotionale Balance des Individuums verantwortlich; diese fällt allein in den Verantwortungsbereich der Familie, und zwar so eindeutig, daß sie nirgendwo anders herzustellen ist[32]. Die Kleinfamilie befaßt sich also mit einem Problem, mit dem das industrielle System nicht fertigwerden kann[33].“ Da unsere gesamtgesellschaftlichen Institutionen und Organisationen die notwendigen „seelischen“ Bedürfnisse primärer Art des Menschen immer weniger zu erfüllen und anzusprechen vermögen, wird die Befriedigung dieser Bedürfnisse in die ruhige und konfliktfreie Sphäre der Intimgruppe verlagert, so daß die Familie zum Austragungsort der emotionalen Spannungen wird, die im außerfamiliären Leben erzeugt werden, dort aber unterdrückt werden müssen[34].

Der Familie erwächst daher die Aufgabe, dem einzelnen Schutz und Zuflucht zu gewähren vor der gesellschaftlichen Wirklichkeit, die ohne Rücksicht auf die persönlichen Bedürfnisse des Individuums ihre Anforderungen stellt. Die allen Außeneinflüssen gegenüber widerstandsfähige Innenstruktur der Kernfamilie bedeutet eine Intensivierung des Lebens nach innen und gibt dem Menschen einen inneren Halt, den die gesellschaftlichen Institutionen zu geben nicht in der Lage sind, indem die Familie die Anforderungen und Nöte, unter denen die Familienmitglieder draußen in der Gesellschaft stehen, in ihrem Intimbereich verarbeitet.

---

[31] s. näher dazu unten II 1. Dabei darf freilich nicht verkannt werden, daß der Rückzug der Familie in die Intimsphäre zwar zu einer Vertiefung des Lebens und der Person führt, aber auch die Gefahr einer Reduzierung des öffentlichen Lebens und einer die Entwicklung der einzelnen als Mitglieder der Gesellschaft beeinträchtigenden Isolierung von der Gesamtgesellschaft in sich trägt.

[32] So absolut gilt diese Behauptung allerdings nicht, da auch der einzelne — ohne Familie — eine seine emotionale Balance fördernde Privatsphäre hat (s. unten I 2).

[33] *Goode*, Soziologie der Familie, S. 199.

[34] s. *Schelsky*, Wandlungen der deutschen Familie, S. 354. Soziologische Untersuchungen unter der Bevölkerung der DDR haben ergeben, daß die Familie sich auch in totalitären politischen Systemen, die aus ihrem Mißtrauen gegenüber einer familialen Privatsphäre um eine totale Gleichschaltung und Kontrolle der Familie durch die Staatspartei bemüht sind, vor diesem Zugriff des Systems abschirmt und so die Funktion eines ausgleichenden und opponierenden Privatraumes behält (s. *Storbeck*, Soziale Strukturen in Mitteldeutschland, S. 68 ff., 77).

Diese zweite entscheidende Funktion der Kernfamilie, „the stabilization of the adult personalities of the population of the society“[35], erfüllt die Familie auch aufgrund ihrer Bedeutung als privatester Freizeit- und Erholungsraum. Bundesrepublikanische Erhebungen über die Freizeitbeschäftigung der Deutschen haben ergeben, daß die freie Zeit überwiegend (etwa 80 %) im Hause verbracht wird[36]. Die bewußte Pflege der familialen Binnenbeziehungen und die emotionale Anreicherung ermöglichen somit der Familie die Kompensationsfunktion gegenüber der beruflichen Belastung und der Eingliederung in das städtische Leben.

cc) Die persönliche Selbstentfaltung in der familiären Sphäre der Wohnung

Schon die biologische Struktur der Kernfamilie fördert die Voraussetzungen für eine ungestörte Entfaltung der Persönlichkeit in der familiären Sphäre: Aus der Wechselwirkung zwischen Kind und Eltern entspringt eine gerade in der Familie reibungslos zu verwirklichende Chance zur Ausreifung der Persönlichkeit, indem der Erwachsene sich mit fortschreitender Reifung des Kindes gezwungen sieht, sein dem Kind zunächst adäquates, dann aber als infantil empfundenes regressives (Erziehungs-)Verhalten abzulegen, so daß es durch die Bewältigung der eigenen Kindheitskonflikte[37] zu einer „Integration der elterlichen Persönlichkeit auf höherem Niveau“ kommt[38].

Der in dem privaten Bereich der Kernfamilie mögliche „starke Wechsel und die große Variationsbreite der Rollengestaltung bietet offenbar den Mitgliedern die Möglichkeit, einander unter einem anderen Gesichtspunkt als dem der täglichen Routine zu erfahren“[39]. Während der einzelne in unserer differenzierten Gesellschaft stets nur in bestimmten Rollen erscheint und daher kaum Gelegenheit zu rein persönlichem Auftreten hat, verschafft die Familie als Intimraum eine vorübergehende Befreiung vom unmittelbaren kulturellen und sozialen Druck und ermöglicht dadurch ein „Zu-sich-selbst-Kommen“ der ein-

---

[35] *Parsons - Bales*, S. 16/17.

[36] s. dazu *Silbermann*, Vom Wohnen der Deutschen, S. 75 f., 225 f. (Tab. 205 - 211); *van Hessen*: Familie, Freizeit und Sozialisation, bes. S. 67, 75 f.; *Neidhardt*, Familie in Deutschland, S. 68.

[37] Diese Kindheitskonflikte sind wiederum durch das in der eigenen Kindheit von außen erzwungene Abstreifen des kindlichen Verhaltens bedingt.

[38] s. *Claessens* (Familie und Wertsystem, S. 133 ff., 155 f.), der auch darauf hinweist, daß umgekehrt der zunächst erforderliche Rückfall in die dem Kind angemessenen Verhaltensweisen dem Erwachsenen Gelegenheit gibt, nicht ausgelebte Bedürfnisse nach infantilem Verhalten zusammen mit dem Kind ohne Hemmungen auszuleben, was für die psychologische Entwicklung von großer Bedeutung ist.

[39] *van Hessen*: Familie, Freizeit und Sozialisation, S. 91.

zelnen Mitglieder durch ganz persönliche Selbstentfaltung[40] im Familienkreis, wo eine Übertretung der vorgeschriebenen Verhaltensweisen, der Rollenerwartungen, ohne Gefahr möglich und auch erlaubt ist[41]. Gemeint ist nicht „die bewußtere Form der Selbstdarstellung im auf andere hin gezielten Agieren, dem ein bestimmter, bewußter, bewußt zu machender oder auch unbewußter Anlaß oder Zweck zugrundeliegt; sondern das noch dahinterliegende, kategorial zweckfreie, nicht durch tiefenpsychologische Analyse oder intensive Beobachtung ergründbare An-sich-so-Sein des Menschen“[42]. Im Schutz der als loyal vorausgesetzten engsten Familienmitglieder kann der Mensch sich den gesellschaftlichen Normen und dem Darstellungszwang in der Öffentlichkeit zwischenzeitlich entziehen und sich durch individuelles Entfalten seiner Gesamtpersönlichkeit entspannen, indem er sich durch ungezwungenes, freies Verhalten und durch nicht themengebundene Unterhaltung von seiner sozialen Position distanziert: „Von der ständigen engen Auseinandersetzung, der Anspannung und Lösung in der Intimbegegnung der Ehepartner, von Aggression und Zärtlichkeit..., von den lockeren feinen Varianten des Verhaltens in der Familie bis zum Herumalbern mit Kindern, dem ungehemmten Grimassieren, Geräusche machen usw. reicht die Skala der hier zugelassenen Verhaltensweisen[43].“ Das Unadressierte dieser Selbstentfaltung entlastet den Menschen und kann später in der Interaktion mit anderen Menschen in „Adressiertheit“ umgewandelt werden[44]. Die Familie erscheint somit als entlastendes Gegengewicht zu den „formalisierten Sachbeziehungen des öffentlichen Raumes“ und ermöglicht als ein Raum des Spannungsausgleichs „gesteigerte Individualität und breite Selbstentfaltung“[45].

---

[40] *Claessens* (Familie und Wertsystem, S. 130 ff.) spricht hier von der „Selbstdarstellung des Individuums“. Der Begriff der Selbstdarstellung ist in der Familiensoziologie noch relativ ungeklärt, wird aber überwiegend mit anderem Inhalt als bei Claessens verwendet, so daß wir hier, um Mißverständnisse zu vermeiden, lieber den noch nicht vorbelasteten Begriff der individuellen Selbstentfaltung verwenden wollen, der inhaltlich der „Selbstdarstellung“ i. S. Claessens entspricht (ausführlich unten Anm. 74).

[41] Gesamtgesellschaftlich ist dies die Funktion des „tension management“: „As for tension management, the units of any social system are subject to emotional disturbances and distractions, which must be ‚managed‘ if the units are to be able to carry on effectively. One of the functions of the family, for example, is to keep its members in good working order by relieving anxiety providing encouragement, and caring for minor physical ailments.“ (*Johnson*, Sociology, S. 53; s. auch *Parsons - Bales*, S. 16 f.).

[42] *Claessens*, Familie und Wertsystem, S. 131.

[43] *Claessens*, S. 132.

[44] Damit wird die individuelle Selbstentfaltung gleichzeitig zur Voraussetzung persönlicher Selbstdarstellung (vgl. unten bei Anm. 73 ff.).

[45] s. *Neidhardt*, Die Familie in Deutschland, S. 69. An mangelnder Intimität und Geborgenheit scheitern häufig die heute experimentierenden „Großfamilien“. Sie unterliegen — anders als die Kernfamilien — grundsätzlich der

Die durch Gelöstheit und gegenseitiges Vertrauen gekennzeichnete Intimität der Kernfamilie und ihre allen Außeneinflüssen gegenüber widerstandsfähige Innenstruktur setzen freilich auch eine physische, räumliche Abgrenzung nach außen voraus, eben die nach außen abgeschirmte Wohnung[46]. So haben Untersuchungen in der Nachkriegszeit deutlich gemacht, daß schon beengte Wohnverhältnisse, die Unterbringung in Lagern und Massenquartieren und andere ungenügende Abgrenzungen von Wohnräumen zu einer starken Belastung des Familienlebens und sogar zu individuellen und familiären Verfallserscheinungen führen[47]. Treffend beschreibt Mitscherlich die Bedeutung der Wohnung und des Wohnens: „Gelingt es uns, unsere Wohnung zu einem Ort zu machen, an dem wir ins Gleichgewicht kommen, dann beherrschen wir die Kunst des Wohnens[48].“ Das freilich gilt — wie wir im folgenden darlegen werden — für die Familie wie für den einzelnen im gleichen Maße.

2. Die Wohnung als private, häusliche Sphäre des einzelnen

Aus unserer Analyse der modernen Kernfamilie hat sich als besonderes Merkmal die Intimität und die enge Privatheit der organisationsfreien, familiären Sphäre und damit ihre Grundlage als Sozialisationsfaktor und als Raum der Entspannung der Familienmitglieder durch individuelle Selbstentfaltung herauskristallisiert. Die Untersuchung zeigt die Tendenz, den familiären Bereich „als die Privatsphäre des Menschen vor dem Zugriff durch die Organisationen der Öffentlichkeit zu bewahren, die Intimität als den Bereich der realen Freiheit der Person von jeglicher Fremdbestimmung freizuhalten“[49].

Gefahr, dem einzelnen zu viel Rücksichtnahme abzuverlangen und ihm nicht genügend Möglichkeiten zu bieten, sich innerhalb der Gruppe einen individuellen Raum zu erhalten.

[46] Vgl. auch *Steiner*, Unverletzlichkeit der Wohnung, S. 60 f.; „Eine unverletzliche Wohnung ist Voraussetzung für das Bestehen eines gesunden Familienlebens, für das eigene Glück im Kreise der Angehörigen.“ s. auch *Bahrdt*, Großstadt, S. 76 f.; *König*, Soziologie der Familie, S. 147, 153.

[47] Ausführliche Belege hierfür finden sich bei *Schelsky*, Wandlungen der deutschen Familie, bes. S. 51 f., 93 ff., 250 ff.

[48] *Mitscherlich*: Von den Unmöglichkeiten, zu Hause zu sein, S. 153. — Im Strafrecht leider unbeachtet und vereinzelt geblieben ist der klassische Hinweis auf die Entlastungsfunktion der häuslichen Intimsphäre von *Welcker* im Staatslexikon, Artikel Hausfrieden, Hausrecht, Hausfriedensbruch, Haussuchung: „Es ist traurig, wenn in anderen rechtlichen Verhältnissen und Geschäften, wenn an anderen Orten der Bürger Mangel an Freiheit, an rechtlicher Sicherheit und Befriedigung findet. Doch wenn sein Haus, seine Familie noch unverletzt und sicher bleiben, so hat er noch einen festen Standpunkt, er hat noch ungestörte Kräfte und erfreuliche Aufgaben für ein freies aufopferndes Wirken. Er behält noch ein Gefühl der rechtlichen Freiheit und Würde ...“ (Staatslexikon Bd. 7, S. 471).

[49] *Schelsky*, Wandlungen der deutschen Familie, S. 390.

Es ist jedoch falsch, die Sphäre der häuslichen Privatheit nur der Familie, nicht aber dem einzelnen, der ohne Familie in seiner Wohnung oder seinem Wohnraum lebt, zuschreiben zu wollen[50]. Diese einseitige Verlagerung der Privat- und Intimsphäre auf den Bereich der Familie dürfte sich zum einen aus der exemplarischen Bedeutung der Familie als Wohngemeinschaft und zum anderen aus der Auflösung der Familie als Produktionsgemeinschaft erklären, mit der eine Trennung von Arbeitsraum und familialem Wohnraum und damit eine Polarisierung von Öffentlichkeit und Privatheit einherging, wodurch die Familie sich zu einem als Privatsphäre bewußt abgehobenen Sozialgebilde entwickelte[51]. Dabei wird allzuleicht übersehen, daß auch der einzelne einen Freiheitsraum mit der Möglichkeit individueller Distanzierung braucht, eine Pause, in der er vom unmittelbaren kulturellen und sozialen Druck vorübergehend befreit wird und zu sich selbst kommen kann. Auch der einzelne hat in seinem Wohnraum eine häusliche Intimsphäre, die — wie die folgende Untersuchung zeigen wird — für ihn die Funktion der Entlastung von gesellschaftlichen Zwängen ausübt, ebenso wie die Familie für die einzelnen Familienmitglieder. Da sich das Privatleben der Familie in der häuslichen Privatsphäre realisiert, liegt zwar eine Überschneidung der Kernfamilie, die schon an sich einen Intimbereich bildet, mit der Intimsphäre vor, aber — da auch einzelne in dieser Sphäre leben — noch keine Deckung[52].

a) Die Belastung des Menschen durch den Anpassungs- und Darstellungszwang in unserer Gesellschaft

Die speziellen Anforderungen unserer differenzierten Sozialordnung setzen — worauf wir im Zusammenhang mit der Entlastungsfunktion

[50] Vgl. auch BVerfG 6, 41 zum Intimbereich des Art. 2 Abs. 1 GG: „Hieraus ergibt sich, daß dem einzelnen Bürger eine Sphäre privater Lebensgestaltung verfassungskräftig vorbehalten ist, also ein letzter unantastbarer Bereich menschlicher Freiheit besteht, der der Einwirkung der gesamten öffentlichen Gewalt entzogen ist" (s. auch BVerfG 6, 81). Zu einer inhaltlichen Beschränkung der Intimsphäre auf den Bereich der Familie neigt das Bundesverfassungsgericht aber im „Homosexuellen-Urteil" (BVerfG 6, 389 ff. [432 ff.]), da hier die Kommunikation mit Dritten, soweit sie nicht Familienmitglieder sind, aus der Intimsphäre ausgeschlossen werden soll.

[51] *Ähnlich* Bahrdt, der auch den Individualismus gegenüber der Familie betont (s. Großstadt, S. 76 und Humaner Städtebau, S. 42 f.). Zur Polarität von Öffentlichkeit und Privatheit s. unten II 1.

[52] Vgl. auch *Arzt,* Der strafrechtliche Schutz der Intimsphäre, S. 101 ff., 171 ff. Für die Entlastungsfunktion der Privatsphäre überhaupt auch *Kienapfel,* Privatsphäre und Strafrecht, S. 23 f., 26, 28 ff.; *Luhmann,* Grundrechte als Institution, S. 73 ff. — Sogar innerhalb der Familie braucht der einzelne eine gewisse Selbständigkeit und die Möglichkeit der Distanz (s. *Bahrdt,* Städtebau, S. 42 f., 57); nur handelt es sich hier nicht um die zur Persönlichkeitsentfaltung notwendige Abschirmung nach außen, sondern um eine darüber hinausgehende Eigenständigkeit des Individuums, auf die die Familienmitglieder in gegenseitigem Einverständnis Rücksicht nehmen.

der Familie bereits hingewiesen haben — eine Orientierung an allgemeinen sachlichen Kriterien und eine „Entpersönlichung des Alltagsverhaltens" voraus. Der technisierte und rationalisierte Alltag im Beruf und Verkehr verlangt ein Übermaß an Disziplin, Aufmerksamkeit und blitzartigem Reagieren und schränkt die Bewegungsfreiheit des Individuums immer weiter ein, so daß ein entspanntes Sich-gehen-Lassen hier nicht mehr möglich ist. Der Mensch muß soziale Rollen übernehmen und dabei weitgehend auf ein individuelles Auftreten verzichten; denn Gesellschaft setzt voraus, daß das menschliche Verhalten durch soziale Normen geregelt ist, die den einzelnen stets in sozialen Positionen — etwa als Vater, Rechtsanwalt, Vorstandsmitglied usw. — betreffen und ihm angeben, welches Verhalten von ihm in seiner jeweiligen Position erwartet wird. Jede Position unterwirft den Positionsinhaber dem Anspruch bestimmter Regeln oder Rollenerwartungen. Die soziale Rolle bezeichnet dabei den Komplex dieser Erwartungen, die die Gesellschaft an das Verhalten des Positionsinhabers stellt. Die in den sozialen Rollen gebündelten Verhaltenserwartungen begegnen dem einzelnen mit gewisser Verbindlichkeit, d. h. Nichterfüllung zieht negative Sanktionen — sie reichen von der sozialen Mißachtung der Nachbarn bis zum Verlust beruflicher Aufstiegschancen, des Arbeitsplatzes oder gar der persönlichen Freiheit — und Erfüllung positive Sanktionen — z. B. Wohlwollen der Gesellschaft — nach sich[53]. Diese soziale Kontrolle schafft die unentbehrliche Sicherheit und Verläßlichkeit der sozialen Umwelt und bewirkt eine für das Bestehen des Systems notwendige Konformität[54]; gleichzeitig aber versetzt der Konformitätsdruck den einzelnen durch das ständige Verlangen rollengemäßen Verhaltens in einen ihn belastenden Anpassungs- und Darstellungszwang.

Infolge der beruflichen, ökonomischen und gesellschaftlichen Spezialisierung werden die Menschen voneinander immer abhängiger, ihr Kontakt als Rollenträger bestimmt sich aus der notwendigen Zusammenarbeit, wobei der — kapitalistisch organisierte — Produktionsprozeß Disziplin und Pünktlichkeit zur Steigerung der Arbeitsleistung erfordert. Der Mensch steht heute unter einem ständigen, von der Gesellschaft mit Nachdruck ausgeübten sozialen Druck, der mit einer Fülle von Verzichtleistungen verbunden ist: Da die Verhaltensformen, die im modernen Berufsleben institutionalisiert sind, im schärfsten Gegensatz zu den tiefsten menschlichen Bedürfnissen und Motivationen stehen[55],

---

[53] Zu den Begriffen der sozialen Rolle, der sozialen Position und der sozialen Kontrolle s. näher *Dreitzel*, Die gesellschaftlichen Leiden und das Leiden an der Gesellschaft, S. 105 ff.; *Homans*, Theorie der sozialen Gruppe, S. 37 ff.

[54] Ein universelles Merkmal aller gesellschaftlichen Formen.

[55] Instruktiv dazu die Ausführungen von *Bull*, Verwaltung durch Maschinen, bes. S. 134 ff.

belasten spontane Äußerungen des Menschseins und persönliche Gefühle das reibungslose Funktionieren der Rollenbeziehungen und stören das versachlichte, differenzierte Gesellschafts- und Produktionssystem. Das Individuum muß daher, um den Leistungsansprüchen und den moralischen Normen der Gesellschaft zu genügen, Affektäußerungen, das offene Zeigen seiner Wünsche, Triebe und Emotionen unterdrücken. Solche Funktionsanforderungen und Verhaltensbelastungen führen daher zu einem starken Entspannungs- und Schutzbedürfnis der individuellen Persönlichkeit[56].

b) *Die Bedeutung der häuslichen Privatsphäre in unserer pluralistischen Gesellschaft*

aa) Die Entlastung des einzelnen von der beruflichen Anspannung und dem Konformitätsdruck der ihn umgebenden Gesellschaft

Von dem Konformitätsdruck und den „affektsperrenden modernen Arbeitsbedingungen"[57] kann sich der Mensch nur dann vorübergehend entlasten, wenn er sich einen individuellen Eigenraum schafft, eine Sphäre, die dem Einblick und den Verhaltenserwartungen unerwünschter Dritter verschlossen bleibt[58]. Es ist dies gerade ein Ausdruck typisch städtischen Zusammenlebens: die Fähigkeit zur abgestuften Distanz und die „Anonymität", d. h. „die Freiheit des Individuums, nur demjenigen den eigenen Namen und damit meine Adresse mitzuteilen, dem ich einen Zugang zu meiner Privatsphäre zubilligen will"[59]. Diese Intimsphäre findet der Mensch heute in seiner — vom Arbeitsraum getrennten — Wohnung, wo er die Tür hinter sich schließen und jedem Außenstehenden den Eintritt verbieten kann, um sich selbst sodann frei und unbeobachtet zu bewegen[60]. Angespannt von dem aufgestauten Triebdruck und vom körperlichen und nervlichen Verschleiß des Arbeitsprozesses flüchtet sich der Mensch in die häusliche Sphäre, die ihm überschaubar erscheint und ein Gefühl der Geborgenheit vermittelt. Hier fühlt er sich als Herr im Hause, der über sich selbst bestimmen kann[61].

---

56 s. auch *Plessner*, Das Problem der Öffentlichkeit und die Idee der Entfremdung; *Schelsky*, Wandlungen der deutschen Familie, S. 353 f.

57 *Schelsky*, S. 355.

58 Eine beeindruckende literarische Schilderung eines permanenten Darstellungszwangs, auch innerhalb der Wohnung, finden wir in George Orwells utopischem Roman „1984".

59 *Bahrdt*, Wege zur Soziologie, S. 62.

60 Aus diesem Gesichtspunkt heraus hat übrigens der IV. Zivilsenat des BGH die Vernehmung eines heimlich eingeführten Beobachters in den Wohnbereich des Ehepartners im Ehescheidungsprozeß für unzulässig erklärt (Az.: IV ZR 45/69).

61 Daß der Mensch sich in Einzelfällen auch zu Hause vereinsamt und unzufrieden fühlen kann, widerlegt noch nicht die grundsätzliche Entlastungsfunktion der häuslichen Privatsphäre, die durch Untersuchungen nachgewiesen ist.

Diese Feststellungen sind empirisch belegt durch soziologische und sozialpsychologische Untersuchungen über das Wohnverhalten und das Wohnerlebnis in der Bundesrepublik Deutschland. Diese haben ergeben, daß die freie Zeit auf eigenen Wunsch überwiegend im Hause verbracht wird[62], was mit dem weiteren Untersuchungsergebnis korrespondiert, daß bei dem Gros der Befragten bei Betreten ihrer Wohnung positive Empfindungen wie Geborgenheit, Sicherheit und allgemeines Wohlbefinden ausgelöst werden[63]. Besonders die typischen Beispiele wörtlicher Nennungen[64] spiegeln einmal das starke Verlangen nach Privatheit und zum anderen die primäre Bedeutung der Wohnung — bzw. des einzelnen Wohnraums — als ausgleichender Schutz- und Entspannungsraum wider. Diese Bedeutung der häuslichen Sphäre als Entlastungsmechanismus, der das Ausmaß der aufgetretenen Spannungen reduziert, wird auch aus den Untersuchungen über die in einem Wohnraum vorgenommenen Betätigungen sichtbar: In erster Linie dient der Wohnraum heute der Zerstreuung und Unterhaltung und danach „rekreativen Tätigkeiten" — wie Schlafen, Essen, Ausruhen und Körperpflege — und der Kommunikation mit anderen. Mit weitem Abstand folgen dann Arbeiten oder arbeitsähnliche Tätigkeiten[65].

Die Wohnung, einzelne Wohnräume und Wohngelegenheiten[66], die durch äußere Merkmale einen Sonderbereich der Intimsphäre des ein-

---

[62] s. oben bei Anm. 36.

[63] Dabei ergab sich ein Verhältnis der positiven gegenüber den negativen Empfindungen von 83 % zu 17 %, wobei noch zu berücksichtigen ist, daß zu den negativen Empfindungen auch räumliche Beschränktheit und materielle Mängel gezählt wurden; s. *Silbermann*, Vom Wohnen der Deutschen, S. 101 f., 249 ff.; s. auch *Pfeil*, Soziologie der Großstadt, S. 266; *Scharmann - Scharmann:* Das Verhältnis von Familie, Beruf und Arbeit in ihren Sozialisationswirkungen, S. 259.

[64] s. *Silbermann*, a. a. O., S. 249: Sicheres Gefühl / Gott sei Dank, daß ich zu Hause bin / mein Heim ist meine Welt / zu Hause in der Wohnung ist es am schönsten / bin froh, daß ich in meinen vier Wänden bin / ist meine Insel der Freiheit / das ist unsere Burg, hier sind wir für uns / Abgeschlossenheit und Ruhe / Gemütlichkeit / Besinnung / Behaglichkeit, wohnliches Gefühl / die vertraute und wohltuende Atmosphäre stimmt mich freudig und glücklich / richtiger Feierabend / Zufriedenheit u. a. m.

[65] Vgl. *Bahrdt*, Großstadt, S. 98 ff. (105 ff.); *Silbermann*, a. a. O., S. 80, 239 f. (Tab. 230). Die genannten Untersuchungen beziehen sich auf die gesamten Wohnverhältnisse in der Bundesrepublik und widerlegen daher die Ansicht, die heutige Wohnung verliere Stetigkeit und Sicherheit und sei vielfach nur noch Schlafstätte (vgl. *Steiner*, Unverletzlichkeit der Wohnung, S. 59, dessen oberflächlicher Beschreibung der Wohnung offensichtlich jeglicher soziologische Hintergrund und damit der Bezug zur sozialen Realität fehlt). Gerade wegen der umfangreichen Bedeutung der Wohnungen wird man aber die Forderungen nach Maßnahmen zur Behebung der in der Bundesrepublik bestehenden Wohnungsnot und nach einer humaneren, den Bedürfnissen stärker entsprechenden Wohnungsbaupolitik voll unterstützen müssen.

[66] Da die einzelnen Wohnräume und Wohngelegenheiten ebenfalls eine nach außen abgeschirmte Privatsphäre begründen, sollen sie im folgenden bei der Verwendung des Begriffs Wohnung inhaltlich mit eingeschlossen sein.

zelnen oder der Familie abstecken, schaffen damit einen Kernbereich menschlicher Freiheit, in dem das Individuum Entlastung nicht als Flucht vor einer unbefriedigenden Wirklichkeit in Tagträumerei erfährt, sondern den in unserer arbeitsteiligen und wertpluralistischen Gesellschaft notwendigen Spannungsausgleich zum Konformitätsdruck der umgebenden Gesellschaft („tension management")[67].

bb) Die individuelle Selbstentfaltung in der häuslichen Intimsphäre

In seiner Wohnung schöpft der Mensch auch neue Kräfte für die Ausübung seiner sozialen Rollen[68] und gewinnt durch die Distanz zum dauernden Disziplindruck und Darstellungszwang Möglichkeiten schöpferischen abweichenden Verhaltens, der Initiative und Kritik, also Verhaltensweisen, die dem einzelnen persönlich zugerechnet werden und daher sein Handeln nach außen über die ausdrucksschwache Normausführung hinausheben[69]. In der Wahlmöglichkeit zwischen Anpassung und Distanzierung sehen Riesman und Schelsky die Chance personaler Autonomie: „Der ‚Autonome' ist der Mensch, der fähig ist, auf die Ansprüche der Gesellschaft einzugehen — was der Anomale nicht kann —, der aber zugleich die Kraft findet, sich zu Zeiten und in bestimmten Bereichen diesem sozialen Konformitätsdruck zu entziehen, was dem Angepaßten und Anpassung Suchenden nicht gelingt[70]." Die Entspannung in der häuslichen Intimsphäre geht daher nicht nur gesellschaftlich-funktional vor sich, sondern hat außerdem einen Eigenwert als individuelle Selbstentfaltung, die durch ein von allen Fremdeinflüssen unabhängiges „Man-selbst-Sein", durch ein Sich-Offenbaren der Individualität gekennzeichnet ist[71]. Diese Selbstvergewisserung geschieht nicht nur innerhalb der Sphäre der Familie, sondern auch — und gerade — in der Intimsphäre des einzelnen, da die Selbstentfaltung gerade

---

[67] s. auch *Dreitzel*, Die gesellschaftlichen Leiden, S. 274 und *Johnson*, Sociology, S. 58, 217, 270: „Tension management ... has to do with the internal state of individuals in their capacity as role-and-status-occupants" (S. 270).

[68] Darin liegt selbstverständlich eine das Gesellschaftssystem fördernde Funktion, woraus aber noch nicht — wie von entschiedenen Kritikern unseres Gesellschaftssystems behauptet wird — der Schluß abzuleiten ist, daß Freizeit und Privatsphäre nur der Reproduktion der Arbeitskraft dienen und damit Bestandteil des Produktionsprozesess selbst sind, denn sie schaffen erst die Möglichkeit der Distanz und haben zudem eine weitere gerade die Individualität des einzelnen betreffende Funktion (s. unten).

[69] Vgl. *Luhmann*, Grundrechte als Institution, S. 65 f.

[70] *Schelsky*, Einführung in: *Riesman*, Die einsame Masse, S. 24.

[71] s. auch *Fechner*, Die private Sphäre in der Gegenwart, S. 31 ff.; *Nipperdey*, Freie Entfaltung der Persönlichkeit, S. 849. — Die Schwierigkeit, den Begriff der Selbstentfaltung klarer zu umreißen, dürfte darin liegen, daß man Verhaltensweisen zwar häufig eindeutig einer Rolle, nicht aber einwandfrei dem Selbst zuordnen kann.

ein Bedürfnis des Mensch-Seins überhaupt ist und in der menschlichen Intimsphäre, sei diese nun in der Wohnung der Familie oder des einzelnen, sich vollzieht. In dem vor anderen abgeschirmten Geheimbereich hat daher erst recht das Individuum Gelegenheit, sein Selbst auszuleben und zu erfahren, wodurch es später gegebenenfalls seiner Rolle die charakteristischen besonderen Züge, die „persönliche Note“ verleihen kann[72].

cc) Die häusliche Sphäre als Voraussetzung einer konsistenten persönlichen Selbstdarstellung

Die Möglichkeit der individuellen Selbstentfaltung in der Intimsphäre gibt somit dem einzelnen darüber hinaus die Chance einer individuellen Rollenstilisierung, durch die er seinem Rollenspiel ein besonderes, über das sozial standardisierte rollenmäßige Verhalten hinausgehendes persönliches Gepräge gibt[73]. Die individuelle Selbstentfaltung wird daher zur Voraussetzung einer gelungenen persönlichen Selbstdarstellung: „Von jedem Menschen wird unter den genannten gesellschaftlichen Bedingungen erwartet, daß er imstande sei, sein Handeln auf mehrere soziale Systeme zu beziehen und deren unausgeglichene Anforderungen in einer persönlichen Verhaltenssynthese zu vereinen. Er kann dies tun in dem Maße, als er in die Lage versetzt wird, seinem Verhalten in den verschiedensten sozialen Situationen eine durchgehende persönliche Linie zu geben und diese zu sozialer Darstellung und Anerkennung zu bringen[74].“ Da sich die Selbstidentifikation des Menschen im sozialen

---

[72] s. auch *Bahrdt*, Großstadt, S. 77: „Wo sich eine private Sphäre entfaltet, gewinnt das Leben vor allem an seelischer Differenziertheit. Das Zusammenleben wie auch das individuelle Dasein erhalten allmählich in psychologischer Hinsicht einen Nuancenreichtum, der ohne die Abschirmung nach außen immer wieder kupiert würde.“ Vgl. auch *Claessens*, Familie und Wertsystem, S. 131 f.

[73] Gemeint ist hier nicht der Begriff der Persönlichkeit — in ihn wird zumeist schon Rollenspezifisches impliziert —, sondern das Selbst hinter der Rolle. So verhalten sich verschiedene Leute in der gleichen Position bei gleichen Rollenvorschriften verschieden, selbst wenn die Rollenvorschriften sogar die Bewegungen und verbalen Äußerungen festlegen, was man besonders deutlich bei einer verschiedenen Besetzung der bekannten Hauptrolle etwa einer Oper feststellen kann. s. hierzu dei instruktiven Ausführungen bei *Sader*, Rollentheorie, S. 215 f.

[74] *Luhmann*, Grundrechte als Institution, S. 53; s. auch *Schelsky*, Wandlungen der deutschen Familie, S. 153 f. — Während Claessens die Selbstdarstellung nur als Ausdruck des Individuellen, des Menschlichen im Intimbereich versteht (als Selbstentfaltung, s. oben Anm. 40), sieht Luhmann die Selbstdarstellung als Darstellung der Persönlichkeit im Rollenspiel. Erst die „Individualisierung“ dieser Darstellung läßt nach Luhmann den Handelnden als Interaktionspartner mit persönlichem Niveau erkennen. Luhmann hat diesen Unterschied zu Claessens offenbar übersehen (unklar insoweit auch *Amelung*, Rechtsgüterschutz, S. 322 ff.), da er einerseits die Familienfunktion unter Hinweis auf Claessens als „Entspannung durch ganz persönliche Selbstdarstellung im Familienkreis“ bezeichnet (S. 104), andererseits aber die

Kontakt vollzieht, der Mensch also mit jeder einsehbaren Lebensäußerung absichtlich oder unabsichtlich eine Aussage über sich selbst verbindet, wird er die Persönlichkeit, als welche er sich darstellt und auf deren Darstellung im sozialen Verkehr, sei es zustimmend oder ablehnend, eingegangen wird[75]. Wegen der notwendigen Komplementarität des menschlichen Rollenverhaltens erhält das soziale Handeln eines Menschen mit der Wahrnehmung durch andere einen bestimmten Ausdruckswert, der jedoch nur dann der Person zugerechnet wird, wenn das Handeln über die sozial standardisierten Rollenerwartungen hinausgeht und durch Abweichungen und Initiativenreichtum ein persönliches Verhaltensniveau aufweist, das den Träger der Rolle persönlich sichtbar macht[76].

Dieses Ergebnis sozialpsychologischer Untersuchungen[77] führt uns zu drei Vorbedingungen einer erfolgreichen persönlichen Selbstdarstellung: Zum ersten setzt die persönliche Zurechnung des Handelns Freiheit von offensichtlichem Zwang voraus[78]; zweitens benötigt der einzelne eine Intimsphäre, in der er von sozialen Rollenerwartungen weitgehend freigestellt ist und daher seine Individualität erfahren und im Hinblick auf

---

Selbstdarstellung nur auf das Rollenspiel in der Gesellschaft bezieht (S. 53 ff.). Um solche Mißverständnisse und Fehldeutungen zu vermeiden, wollen wir die Entspannung durch das Ausleben des Individuellen, Menschlichen in der Intimsphäre als individuelle Selbstentfaltung bezeichnen, die wiederum die Möglichkeit zur individuellen Rollenstilisierung, zu einem Projizieren der — von der sozialen Position beeinflußten — eigenen Persönlichkeit schafft, welchen Vorgang wir in Übereinstimmung mit dem grundlegenden Werk von *Goffman* (The Presentation of Self in Everyday Life, in deutscher Übersetzung unter dem unglücklich gewählten Titel „Wir alle spielen Theater“ — Die Selbstdarstellung im Alltag —) und mit *Luhmann* (auf S. 53 ff.) mit dem Begriff der persönlichen Selbstdarstellung belegen (ähnlich *Bahrdt*, Großstadt, S. 66 ff.). — Die Gemeinsamkeit der Auffassungen Claessens und Luhmanns liegt in der uns hier besonders interessierenden Chance des einzelnen, durch Individualisierung seiner Darstellung seine Ausdrucksfähigkeit — und damit seine Fähigkeit, Eindrücke hervorzurufen — zu verstärken und zu erweitern und dadurch bei seinen Mitmenschen persönliche Achtung und Anerkennung zu erfahren.

75 Vgl. dazu *Bahrdt*, Großstadt, S. 68 f.; *Goffman*, bes. S. 230 ff. (der deutschen Ausgabe); *Luhmann*, Grundrechte, S. 53 ff. (60).

76 Damit wird zwar das häufig anzutreffende Vorurteil widerlegt, daß unsere moderne Sozialordnung keine Chancen der Persönlichkeitsbildung eröffne, nicht läßt sich jedoch daraus der Schluß ziehen, daß unsere Sozialordnung deshalb persönlichkeitsfreundlich institutionalisiert sei (so *Luhmann*, Grundrechte, S. 54 f.). Der grundsätzliche Gegensatz der Struktur unserer Sozialordnung zum Individuum läßt sich — wie unsere Erörterungen gezeigt haben — nicht leugnen, wobei freilich die Polarität der beiden Bereiche auch Möglichkeiten zu wechselseitigen Beziehungen eröffnet. Vgl. unten II 1.

77 s. die Nachweise bei *Luhmann*, Grundrechte, S. 65, Anm. 37.

78 Die Möglichkeit der persönlichen Selbstdarstellung entfällt daher, wenn dem einzelnen eine bestimmte Rolle oktroyiert wird, z. B.in Gefängnissen und anderen geschlossenen Anstalten. Vgl. auch *Dreitzel*, Die gesellschaftlichen Leiden, S. 226; *Luhmann*, Grundrechte, S. 69, Anm. 47 und S. 79, Anm. 68.

die Selbstdarstellung gewissermaßen üben kann[79], wobei die in der entlastenden Intimsphäre entwickelte Selbstsicherheit auch zu größerer Offenheit und Sicherheit gegenüber Außenkontakten führt. Diese Intimsphäre findet sowohl der einzelne als auch die Familie in der Wohnung, die die Intimsphäre durch äußere Merkmale als menschlichen Geheimbereich absteckt und einen Handlungsspielraum gewährleistet, dessen Ausfüllung dem Menschen als Person voll zurechenbar ist. Dieser Geheimbereich, der auch durch bloße Wohngelegenheiten ausgeprägt ist, erfüllt zugleich die dritte Voraussetzung einer erfolgreichen persönlichen Selbstdarstellung: In ihm kann der einzelne Handlungen — vor allem die nicht darstellbaren — vornehmen, deren Wahrnehmung in der Öffentlichkeit seiner persönlichen Selbstdarstellung abträglich sein würde. Denn die Darstellung der Persönlichkeit umfaßt nur einen ausgewählten Kreis von Informationen über die Person selbst, so daß jede Indiskretion und jeder nachteilige Einblick in den Geheimbereich die notwendige Konsistenz der Darstellung und die Würde des Darstellenden gefährden würden[80]. Die häusliche Sphäre gibt somit dem Individuum Gelegenheit, vor den Interaktionspartnern die Handlungen und Eigenschaften zu verbergen, die seiner persönlichen, auf soziale Anerkennung und Achtung ausgerichteten Selbstdarstellung schaden können[81]. Durch die Ausblendung dieser Elemente bewahrt der Mensch nach außen hin seinen Achtungsanspruch. Die Intimsphäre wird daher zur Voraussetzung der menschlichen Würde, denn der Mensch muß über die Darstellungen, die ihm persönlich zugerechnet werden und die darüber bestimmen, was er ist, selbst entscheiden können[82]. Wer aber zu einer

---

[79] Dabei ist es gleichgültig, ob der Mensch die Intimsphäre allein oder zusammen mit seiner Familie innehat, denn im Familienkreis ist die Individualität der einzelnen Mitglieder bekannt und daher ohne Zurückhaltung auslebbar, so daß der einzelne auch hier einen „Umkleideraum für die verschiedenen sozialen Rollen" (*Luhmann*, Grundrechte, S. 106) findet.

[80] Vgl. *Luhmann*, Grundrechte, S. 67: „Mit jeder Kommunikation riskiert der Mensch seine Würde." s. auch *Bahrdt*, Großstadt, S. 66 ff., 75 ff.; *Goffman*, S. 189 ff., 208 ff.

[81] So kann der in der Öffentlichkeit geachtete Bürger in seinem vor den Blicken der Öffentlichkeit abgeschirmten Geheimbereich der Wohnung seinen unmittelbaren Bedürfnissen und abweichenden Neigungen nachgehen (z. B. seine ekelerregende Krankheit pflegen, Pornographie lesen, herumalbern u. a. m.), ohne daß sein soziales Ansehen dadurch irgendwie beeinträchtigt würde.

[82] Die Notwendigkeit eines „Eigenraumes" zur Wahrung der menschlichen Würde betont auch *Nipperdey*, Freie Entfaltung der Persönlichkeit, S. 849; vgl. auch *Luhmann*, Grundrechte, S. 75, der in diesem Zusammenhang auf das Verbot der Würdebedrohung im Strafverfahren hinweist. In der Entscheidung vom 16. 2. 1954 (BGHSt. 5, 332 ff.) hat der BGH zutreffend hervorgehoben, daß die Untersuchung des Beschuldigten mit einem „Polygraphen" (Lügendetektor) die Freiheit der Willensentschließung und Willensbetätigung verletze und damit gegen § 136 a StPO in Verbindung mit Art. 1 Abs. 1 GG verstoße, da eine solche Untersuchung vom Beschuldigten auch unbewußte und unwillkürliche „Aussagen" zu erlangen suche, also Kommunikationen er-

ausreichenden Selbstdarstellung nicht in der Lage ist, wird von den anderen nicht ernstgenommen und scheidet als Kommunikationspartner aus. Eine erfolglose Selbstdarstellung kostet den Menschen die Würde und die Persönlichkeit, denn „Selbstdarstellung ist jener Vorgang, der den Menschen in Kommunikation mit anderen zur Person werden läßt und ihn damit in seiner Menschlichkeit konstituiert“[83]. Daraus erklärt sich die Notwendigkeit einer durch Wahrnehmungsschranken konstituierten Freiheitszone, in der dem einzelnen der für eine konsistente und „würdevolle“ Selbstdarstellung erforderliche Geheimbereich gewahrt bleibt.

3. Zusammenfassung

Als Ergebnis unserer soziologischen Untersuchung der Wohnräume wollen wir im Hinblick auf die juristische Auswertung uns noch einmal die wichtigsten Punkte vor Augen führen: Entscheidendes Kriterium der Wohnung ist die räumlich abgesteckte und vor dem Einblick Dritter geschützte häusliche Privatsphäre. In dieser Sphäre werden drei für die Lösung gesellschaftlicher Systemprobleme bedeutende Prozesse verwirklicht. Als erstes eröffnet sich hier der Kernfamilie das Feld für die Sozialisation des Kindes, womit die Familie eine für das Bestehen sozialer Strukturen notwendige elastische Transmission kultureller Normen und Werte übernimmt und damit die erforderliche soziale Homogenität aufbaut. Neben diesem Systemproblem der „pattern maintenance“ erfüllt die Familie die in engem Zusammenhang damit stehende Funktion des „tension management“. Diese soziale Funktion der Entlastung bewältigt die Familie im wesentlichen aufgrund der Privatheit und Intimität, die — wie wir gesehen haben — auch der einzelne in seiner häuslichen Sphäre vorfindet, so daß Familie und Privatsphäre sich insoweit überschneiden und wir das Schwergewicht der Entlastungsfunktion auf die in allen Wohnräumen analysierte Geheim- und Privatsphäre lokalisieren können: Sie verschafft dem Menschen Distanz und physische und psychische Erholung, die gleichzeitig als Ablösung sowohl von den sozialen Zwängen als auch vom unmittelbaren Druck der Gegenwart neue und höhere Kräfte freisetzt und diese bei der voraussehenden Beherrschung und Ausnützung von zu erwartenden Problemen im Rollenspiel zur Entfaltung bringt und damit auch wieder auf die Gesellschaft zurückwirkt.

Der Spannungsausgleich schließt die — nur in dem nach außen abgeschirmten Geheimbereich mögliche — Selbstentfaltung des Individuums mit ein. Während die völlige Inanspruchnahme durch Arbeit und Beruf

---

wirken will, „die der Täter nicht in seine Selbstdarstellung eingliedern kann“ (*Luhmann*, a. a. O.; s. dazu auch *Roxin*, Strafprozeßrecht, Prüfe Dein Wissen, Heft 11, Nr. 93).

[83] *Luhmann*, Grundrechte, S. 69.

zu einem Ausfall oder zur Reduzierung von Antriebsqualitäten und Verhaltensformen führt, deckt das Sich-Durchprobieren, das Sich-Zulassen und Sich-Ablehnen, die variablen menschlichen Antriebe von durchaus wechselnder Inhaltlichkeit und Bestimmtheit auf, aus denen Begeisterung, schöpferische Ideen und Kritik am Bestehenden entspringen, also Eigenschaften, die den einzelnen zum Orientierungsfaktor für andere machen und ihm zu einer überzeugenden persönlichen Selbstdarstellung im gesellschaftlichen Rollenspiel verhelfen, zumal der Mensch in seinem Geheimbereich zugleich diejenigen Handlungen vornehmen kann, deren Wahrnehmung durch die Öffentlichkeit der Darstellung seiner Persönlichkeit schaden würde. Damit ist die dritte fundamentale Bedeutung der häuslichen Privatsphäre genannt: die Vorbereitung und Vorbedingung einer konsistenten persönlichen Selbstdarstellung als soziale Voraussetzung der menschlichen Würde. Die innerhalb der Wohnung sich ausprägende Intimsphäre entlastet daher das Individuum nicht nur von dem gesellschaftlichen Zwang zur Konformität, sondern bietet ihm zugleich die optimalen Möglichkeiten zur Entfaltung in der Gesellschaft.

Die Möglichkeit des einzelnen, sich in seiner Wohnung vorübergehend vor der Öffentlichkeit zurückzuziehen und sich von den gesellschaftlichen Normen zu distanzieren (durch Übertreten oder Ignorieren), führt nicht allgemein zu einer stärkeren Polarisierung von Individuum und Gesellschaft, sondern zu einer besseren Verträglichkeit und einer gewissen Toleranz des einzelnen gegenüber der Gesellschaft[84]. Darüber hinaus erlangt die Privatsphäre hier insofern eine weitere gesellschaftlich-funktionale Bedeutung, als die Schaffung von nicht einsehbaren Freiheitsräumen dem einzelnen Gelegenheit gibt, seinen von den herrschenden Werthaltungen stark abweichenden Neigungen in diesen Räumen nachzugehen, ohne daß dadurch gesellschaftsgefährdende Konflikte entstehen, wie dies bei der Vornahme solcher Handlungen in der Öffentlichkeit der Fall wäre[85]. Die Privatsphäre trägt daher unserer wertpluralistischen Gesellschaft Rechnung und löst das gesellschaftliche Organisationsproblem der Konfliktvermeidung[86].

---

[84] Vgl. auch *Claessens* (Familie und Wertsystem, S. 157 f.), der diese Auswirkungen allerdings unzutreffend auf die familiäre Sphäre beschränkt.

[85] *Dreitzel* spricht hier von einem für jeden Menschen notwendigen Bereich „heimlicher Abweichungen und heimlichen Konsums" (Die gesellschaftlichen Leiden, S. 244; s. auch S. 343).

[86] Vgl. schon oben 2. Teil, Anm. 341. Die soziologische Konfliktlehre bezeichnet diese systemerhaltende Art der Vermeidung offener Konflikte als „insulation" (Isolierung); s. *Johnson*, Sociology, S. 554 und *Parsons*, The Social System, S. 307 ff.: „In the absence of such insulating mechanisms it would not be possible to prevent the conflicting elements from direct confrontation with each other, resulting in the transformation of a latent into an open conflict" (*Parsons*, a. a. O., S. 308). Vgl. auch *Luhmann*, Grundrechte, S. 131, Anm. 61 und S. 159, Anm. 49.

II. Analytische Untersuchung der Geschäftsräume

1. Das Verhältnis von Privatheit und Öffentlichkeit

a) Die Trennung von Wohn- und Arbeitsraum

Unsere soziologische Untersuchung der Wohnung hat gezeigt, daß die in den Wohnräumen ausgeübten Tätigkeiten höchst privater Art sind und nur in seltenen Fällen mit der Erwerbsarbeit zusammenhängen. Diese Konzentration des privaten Lebensbereichs auf die häusliche Sphäre ist auf die im Laufe des 19. und 20. Jahrhunderts vollzogene Trennung von Wohn- und Arbeitsraum zurückzuführen. So war das Dasein der alten Familie der vorindustriellen Zeit zugleich öffentliches Dasein; die Familie bildete eine auf der Einheit von Erwerb, Verbrauch und Generationswandel aufgebaute Produktionsgemeinschaft, die ihre Unternehmerrolle kaum von anderen sozialen Rollen trennte, während heute die Güter, die früher in der Familie produziert wurden, aufgrund der wirtschaftlichen Entwicklung direkt über den Markt bezogen werden und auch Ausbildung und Berufsvorbereitung der Kinder auf andere Institutionen übertragen worden sind[87]. Da Arbeiten und Wohnen typischerweise nicht getrennt waren und fremde Arbeitskräfte zumeist bei ihren Dienstherren wohnten, gab es in der alten Bürgerstadt keine reinen Wohnhäuser, wie sie heute üblich sind. Erst durch die Herauslösung der Verbrauchsgüterproduktion aus dem Familienhaushalt und durch die industrielle Arbeitsorganisation sind Arbeitsbereich und familialer Raum, d. h. Arbeit und Freizeit und Arbeitsstätte und Wohnstätte, immer stärker voneinander getrennt worden[88], so daß heute mit der gleichzeitigen Identifikation von Wohnen und Freizeit die private Sphäre durch die Wohnung ziemlich genau abgegrenzt wird[89].

---

[87] Vgl. *Bahrdt*, Großstadt, S. 51: „... wird die Erwerbsarbeit in der Regel überwiegend nicht daheim geleistet; sie hat mit dem Familienleben nichts zu tun, außer daß sie Geld für den Haushalt abwirft."

[88] Diese Entwicklung läßt sich deutlich an dem Wohnungsbau und der Wohnungsgestaltung in unseren Städten ablesen, denn das Bild vor allem der Großstadt wird heute weitgehend von der Dichotomie von Arbeitsstadt und Wohnstadt bestimmt; vgl. dazu besonders *Bahrdt*, Großstadt, S. 98 ff.; *Pfeil*, Soziologie der Großstadt, S. 260 ff.

[89] Selbständige Berufstätige, die ihre Arbeit noch in engem räumlichen Kontakt zur privaten Wohnung ausüben (z. B. Anwälte, Ärzte, Gastwirte und bestimmte Handwerker), sind in unserer industriellen Gesellschaft in der Minderheit (vgl. *Bahrdt*, Großstadt, S. 51, 98 ff.; ders., Wege zur Soziologie, S. 80 ff.; *Scharmann - Scharmann*: Das Verhältnis von Familie, Beruf und Arbeit, S. 250 f.). Im übrigen streben auch diese Berufsgruppen immer mehr eine Trennung der Wohnsphäre von der Berufssphäre an. Geschäftsleute, Ärzte u. a. verlegen heute ihre Privatwohnung aus den Geschäftsstraßen in ein stilles Wohnviertel, und sogar die Bauernhöfe haben heute vielfach einen Wohnteil, der von den Wirtschaftsbauten deutlich getrennt ist. Begünstigt wird diese Trennung dadurch, daß die familienfremden Arbeitskräfte kaum noch in den Haushalt ihres Arbeitgebers eingegliedert werden, sondern nach

In der Auflösung der Einheit von Lebens- und Arbeitsraum sieht Schelsky die „vielleicht folgenreichste Änderung“ durch die industrielle Produktionsordnung: „Indem sich in der Fabrik, wie schon vorher in den Kanzleien und Kontoren der staatlichen und gewerblichen Verwaltung, der Arbeitsraum von der Wohnstätte und dem Lebensbereich der Familie trennt, wird der Gegensatz von privatem Dasein auf der einen und Arbeitswelt, Beruf oder ‚Dienst‘ auf der anderen Seite als heute schon selbstverständliche Grundlage unseres modernen Daseins geschaffen“[90]. Mit der weiteren Ausdifferenzierung des gesellschaftlichen Systems stehen sich familiale Privatheit und gesellschaftliche Öffentlichkeit — trotz mancher Wechselbeziehungen — mit ihren entgegengesetzten Strukturen gegenüber[91]. Darüber hinaus hat — wie wir gesehen haben — die industrielle Gesellschaftsform mit ihren abstrakten und weitreichenden Wirtschafts-, Verkehrs- und Kommunikationsbeziehungen den privaten Lebensbereich auch des einzelnen auf seine häusliche Sphäre beschränkt, so daß wir heute von einer Polarität der durch Intimität geprägten häuslichen Privatheit der Familie wie auch des einzelnen zum Berufsleben und zur gesellschaftlichen Öffentlichkeit überhaupt sprechen können. Während die häusliche Sphäre immer privater wird, wird die Arbeits- und Organisationswelt immer öffentlicher.

Die Unterscheidung zwischen beruflicher und persönlicher, öffentlicher und privater Sphäre ist erst durch die Entwicklung ermöglicht worden. Während der Mensch in den früheren, eng integrierten Gemeinschaften ständig in der Gesellschaft stand und von ihr überwacht wurde, erlauben und erfordern die das Berufsleben und die Öffentlichkeit heute beherrschende Versachlichung und Rationalisierung eine verstärkte Intimität und Individualität im häuslichen, nach außen abgeschirmten Privatbereich. Die Wohnstätte wird zum Raum der Entspannung, der Klärung und Deutung der individuellen Einstellung zum öffentlichen Bereich. Die Trennung von Wohnraum und Arbeitsstätte setzte daher auch eine Polarisierung von personaler Privatheit und kollektiver Öffentlichkeit in Gang.

b) Der Begriff der Öffentlichkeit

Der Begriff des Öffentlichen und der Öffentlichkeit umfaßt mannigfaltige konkurrierende Bedeutungen, die aus verschiedenen geschicht-

---

einer festen Arbeitszeit in ihren eigenen Haushalt zurückkehren. Vgl. zu diesen Bestrebungen *Bahrdt*, Großstadt, S. 107, ders., Städtebau, S. 35 f., 38 f.

[90] *Schelsky*, Industrie- und Betriebssoziologie, S. 161; s. auch *Scharmann - Scharmann*: Das Verhältnis von Familie, Beruf und Arbeit, S. 249 ff.

[91] Grundlegend dazu der Beitrag von *Wurzbacher - Kipp*, Das Verhältnis von Familie und öffentlichem Raum unter besonderer Berücksichtigung der Bundesrepublik Deutschland. S. 1 ff. und *Habermas*, Strukturwandel der Öffentlichkeit, S. 184 ff.

lichen Phasen stammen[92]. Die historische Entstehung der Öffentlichkeit aus der bürgerlichen Privatheit hat Habermas überzeugend dargestellt: „Bürgerliche Öffentlichkeit läßt sich vorerst als die Sphäre der zum Publikum versammelten Privatleute begreifen" (in den Klubs, Salons, Kaffeehäusern, im Theater und im Pressewesen)[93]. Die früheste Form einer Öffentlichkeit aus soziologischer, phänomenologischer Sicht ist der Markt, der gekennzeichnet ist durch eine gewisse Transparenz und durch beliebige und unmittelbare Kontaktaufnahme von einander unbekannten Menschen, die als Käufer oder Verkäufer auf dem Markt auftreten[94]. Auch nach der deutschen Vorgeschichte bedeutete Öffentlichkeit — unabhängig von ihren verschiedenen Auswirkungen — die Eigenschaft, „daß etwas offenbar, tatsächlich bekannt oder doch jedenfalls allgemein zugänglich, der Kenntnisnahme offenstehend ist — oder den Bereich, in dem dieses Offenbarsein, dies tatsächliche Bekanntsein oder doch diese Möglichkeit der Kenntnisnahme besteht"[95]. Neben dieser Zugänglichkeit von Veranstaltungen oder Wahrnehmbarkeit von Vorgängen für einen unbestimmten Personenkreis kennzeichnen den öffentlichen Raum heute — entsprechend der frühen Marktöffentlichkeit — mangelnde Integration, Beliebigkeit der Kontaktaufnahme und Verhinderung distanzlosen Verhaltens[96]: In der Öffentlichkeit muß sich der einzelne darauf einstellen, daß sein Verhalten ständig dem Blick und den Reaktionen anderer Menschen ausgesetzt ist, die er nicht kennt, mit denen er aber Kommunikation pflegen und sich arrangieren muß. Auf der Straße, in den Verkehrsmitteln, auf den Ämtern und Behörden, beim Einkauf im Warenhaus bewegt sich der Mensch unter einer Menge, die er nicht kennt und auch nicht zu kennen braucht, mit der er aber gemeinsam die allgemeinen Einrichtungen benutzt und daher nach bestimmten Regeln zusammenwirken muß. Die Notwendigkeit der Soziierung und die allgemeine Wahrnehmbarkeit veranlassen den einzelnen zu einer sorgfältig gepflegten Distanz, d. h. zur unverbindlichen Gestaltung der sozialen Beziehungen und zur Ausblendung solcher persönlichen Momente, die „für die Offenheit sozialer Kontakte zu empfindlich" sind[97]. Diese Privatisierung, die Aussonderung aus der öffentlichen, jedermann einsehbaren Sphäre, wird durch die Beliebigkeit der sozialen Kontakte im öffentlichen

---

92 Die Diskussion über den Öffentlichkeitsbegriff orientiert sich heute vor allem an dem Werk von *Habermas*, Strukturwandel der Öffentlichkeit. s. auch *Scholler*, Person und Öffentlichkeit, bes. S. 74 ff.

93 s. *Habermas*, S. 42.

94 Vgl. zu dieser Ableitung der Öffentlichkeit vor allem *Bahrdt*, Großstadt, S. 58 ff. (unter Berufung auf Max Webers Definition der Stadt), ferner *Habermas*, S. 43 f., 94 ff.; *Scholler*, Person und Öffentlichkeit, S. 76.

95 *Smend*, Zum Problem des Öffentlichen und der Öffentlichkeit, S. 12.

96 Vgl. dazu *Bahrdt*, Städtebau, S. 114, 153 f.; ders., Wege zur Soziologie, S. 189 f.; *Habermas*, S. 107, 268 ff.

97 *Bahrdt*, Großstadt, S. 66; s. auch oben bei Anm. 57 ff.

Raum ermöglicht und führt zur Schaffung eines Privatraumes, in dem die besonders empfindlichen intimen Lebensbereiche vor den Einblicken und Eingriffen der Öffentlichkeit geschützt und in ihrer Eigenart bewußt herausgebildet und weiterentwickelt werden.

Gleichzeitig zwingt die Unbestimmbarkeit der Öffentlichkeit nicht nur zur distanzierten, würdigen Selbstdarstellung der eigenen Person, sondern auch zur Darstellung von Gemeinsamkeiten, um dadurch die gegenseitige Kommunikation und Integration zu ermöglichen. Die Darstellung solcher Gemeinsamkeiten zeigt sich z. B. auch in bestimmten Umgangsformen, in der Kleidung und in charakteristischen Bauformen[98]. Die Anonymität und die Möglichkeit und „Freiheit der Individuen zu Kontaktaufnahme und Distanz"[99] sind zugleich Voraussetzung dafür, daß das Privatleben des einzelnen respektiert wird und ein ausgeglichenes Wechselverhältnis zwischen Privatleben und öffentlichem Leben gewahrt bleibt.

c) Das Wechselverhältnis von Privatheit und Öffentlichkeit und der Bereich des Berufslebens

Wie die seit dem 17. Jahrhundert laut werdenden Forderungen nach einer politischen Öffentlichkeit[100] in engem Zusammenhang mit dem Streben nach einer rechtlich gesicherten Privatsphäre stehen, ist auch das städtische Leben heute durch das Wechselverhältnis von Öffentlichkeit und Privatheit charakterisiert. Die Menschen leben nicht isoliert voneinander, sondern schöpfen zahlreiche Befriedigungen aus dem Zusammenleben mit anderen. Schon ein Blick auf die bauliche Struktur unserer Städte zeigt zwei voneinander getrennte, aber aufeinander bezogene Bereiche: einmal die Plätze und Straßen mit den an repräsentativen Stellen liegenden Rathäusern, Kirchen und anderen öffentlichen Einrichtungen, die auf die Gemeinschaftsbedürfnisse der Bewohner abgestellt sind; zum anderen die privaten Wohnbauten mit ihren Höfen und Gärten[101]. Die jeweils zur öffentlichen Straße führende Haustür verschafft den Bewohnern einen direkten Zugang zur Öffentlichkeit, die nicht nur

---

[98] So waren vor allem früher die Fenster der „repräsentativen" Räume Fenster zur Öffentlichkeit. Heute bilden vielfach die Balkone und die Höfe großer Wohnblocks solche Kontaktstellen zur Öffentlichkeit; s. auch *Bahrdt*, Großstadt, S. 93 ff.; ders., Städtebau, S. 172 ff.

[99] *Bahrdt*, Städtebau, S. 114. — Entfällt das für die Öffentlichkeit konstitutive Moment der Distanz, so verwandelt sich die Öffentlichkeit in Masse.

[100] Freilich gab es schon vorher, vor allem in den antiken Stadtstaaten, eine politische Öffentlichkeit, aber noch nicht die Ausbildung einer mit ihr korrelativen Privatsphäre.

[101] Vgl. *Bahrdt*, Großstadt, S. 82, 83 ff. Die Höfe und Gärten werden allerdings durch die Häuser nicht mehr so strikt von der Öffentlichkeit der Straße abgeschirmt wie die Höfe der früheren Baublöcke. s. dazu die Ausführungen zum befriedeten Besitztum (unten 4. Teil IV).

Kräfte und Impulse aus dem Privatbereich empfängt, sondern ihrerseits auch auf die Privatsphäre zurückwirkt. Das Wechselverhältnis von Privatheit und Öffentlichkeit wird heute jedoch dadurch gefährdet, daß mit der zunehmenden Bevölkerungsdichte und Intensivierung des zwischenmenschlichen Verkehrs, der wachsenden Kompliziertheit des technischen Apparates und der Abhängigkeit von großen Organisationen das Privatleben auf sehr engen Wohnraum zusammengedrängt wird und der öffentliche Bereich für den einzelnen immer abstrakter und undurchsichtiger wird[102], so daß sich die Tendenz zu einer die Öffentlichkeit entleerenden Abkapselung im privaten Kämmerlein verstärkt. Zu fordern ist daher eine klare bauliche Trennung von öffentlicher und privater Sphäre, eine Abschirmung des privaten Bereichs der Wohnung von den Räumen des öffentlichen Lebens, damit sich beide Bereiche eigengesetzlich entwickeln und in ihrer wechselseitigen Bedingtheit auswirken können[103].

Zwischen den beschriebenen Sphären der Privatheit und der Öffentlichkeit finden wir heute auch Bereiche, die weder eindeutig öffentlich noch privat zu nennen sind. Zu ihnen gehört auch das Berufsleben: „Unter arbeitssoziologischem Aspekt hat die formelle Zugehörigkeit eines Unternehmens zum privaten und einer Behörde zum öffentlichen Bereich ihre Trennschärfe verloren. Wie immer ein Großbetrieb noch der Verfügung von individuellen Eigentümern, Großaktionären oder Verwaltungsdirektoren unterstehen mag, gegenüber den privaten Dispositionen hat er sich doch so weit objektivieren müssen, daß sich die ‚Arbeitswelt' als eine Sphäre eigener Ordnung zwischen privatem und öffentlichem Bereich etabliert hat[104].“ Zwar wird durch die Akkumulation von Produktionsmitteln und anderem Kapital die private Verfügungsgewalt einer Minderheit wirtschaftlich erheblich erweitert, das führt jedoch im Zuge der kapitalistischen Entwicklung nur zu einer Ausweitung der Machtsphäre, nicht der Privatsphäre im soziologischen Sinn. Denn der Anspruch auf eine durch Privateigentum begründete soziale Privatheit der Betriebsstätten läßt sich nur durch den „Herr-im-Haus-Standpunkt“ des Wirtschaftsliberalismus des 19. Jahrhunderts rechtfertigen, als der Unternehmer in seinem Betrieb noch eine Freistätte sehen konnte, in der er von staatlichen Eingriffen frei war und in weiten Grenzen tun und lassen durfte, was er wollte[105]. Heute dagegen ist der

---

[102] Träger der Öffentlichkeit sind heute nicht mehr so sehr die zum Publikum versammelten Bürger, sondern die Organisationen, Verbände, die Kommunikationsmittel und die politischen Parteien (vgl. dazu bes. *Habermas*, Strukturwandel, S. 213).

[103] s. dazu das für Wohnungspolitik und Städtebau richtungweisende Werk von *Bahrdt*, Humaner Städtebau; ders., Großstadt, S. 75 ff., 127 ff.

[104] *Habermas*, Strukturwandel, S. 184.

[105] Vgl. *Stein*, Wirtschaftsaufsicht, S. 125; *Bahrdt*, Großstadt, S. 17 f.

Arbeitnehmer bzw. die Gewerkschaft sowohl rechtlich[106] als auch tatsächlich an der Gestaltung des Arbeitsprozesses beteiligt — jedenfalls so weit, daß der Arbeitgeber in seinem Betrieb keine nach außen abgeschirmte eigene Privatsphäre, wie er sie in seiner Wohnung vorfindet, mehr aufbauen kann, er vielmehr hier auf die fremden Interessen der Arbeitsumwelt Rücksicht nehmen muß. Hinzu kommt, daß das Produktionsmittel zwar im juristischen Sinne privat bleibt, aber, wie Art. 13 Abs. 3 GG und zahlreiche Wirtschaftsaufsichtsgesetze zeigen[107], einschneidenden staatlichen Kontrollen — besonders zum Zwecke des öffentlich-rechtlichen Arbeitsschutzes — unterworfen ist[108]. So entsteht eine Zone, die einerseits in starkem Gegensatz zur häuslichen Privatheit der Wohnung steht, andererseits noch keine durchgehend öffentliche Struktur besitzt und daher im soziologischen Sinn weder privat noch öffentlich zu nennen ist[109]. Eine genauere Vorstellung von dem Inhalt dieser Zone dürften wir dann gewinnen, wenn wir die im Tatbestand des Hausfriedensbruchs genannten Geschäftsräume, in denen sich der wesentliche Teil des Berufslebens abspielt, soziologisch untersuchen.

2. Analyse der Arbeitsräume

a) Abgrenzung der „Geschäftsräume"

Der in § 123 verwendete Ausdruck Geschäftsräume umfaßt nach einhelliger Meinung der strafrechtlichen Literatur und Rechtsprechung nicht nur die Räume eines Verkaufsladens, sondern alle Räume, die hauptsächlich und für eine gewisse Dauer für eine gewerbliche, wissenschaftliche, künstlerische und ähnliche Arbeitstätigkeit bestimmt sind, die nicht notwendig auf Erwerb gerichtet zu sein braucht, so daß auch Sprechzimmer, Beratungsstellen, Vereinsräume, Baubuden, Lagerräume und Fabrikhallen unter den allgemeinen Begriff der Geschäftsräume fallen[110].

---

[106] s. insbesondere das Betriebsverfassungsgesetz vom 15. 1. 1972, §§ 74 ff.; vgl. auch schon Art. 165 Abs. 1 der Weimarer Reichsverfassung.

[107] Vgl. die Aufzählung bei *Stein*, Wirtschaftsaufsicht, S. 121, Anm. 9.

[108] *Bahrdt* spricht hier von einer „partiellen ‚Entprivatisierung' durch öffentliche Kontrolle" (Großstadt, S. 17). Diese Entwicklung zeigt, daß heute nicht mehr nur das Interesse des Arbeitgebers am Unternehmen berücksichtigt wird, sondern die Belange aller, die überhaupt am Unternehmen beteiligt sind, also auch öffentliche Interessen. s. dazu auch BVerfG NJW 1971, S. 2299 (2300 f.); *Schelsky*, Industrie- und Betriebssoziologie, S. 188, 198 ff.; *Stein*, Wirtschaftsaufsicht, S. 72 ff., 128 ff.

[109] Vgl. *Bahrdt*, Großstadt, S. 18 ff., 100 f. *Bahrdt* bezeichnet die Berufssphäre als „halböffentlich" (Wege zur Soziologie, S. 167 f.), *Habermas* stellt sie als „quasi-öffentlichen" Bereich der Privatsphäre der Familie gegenüber (Strukturwandel, S. 186 f.). s. auch *Scholler*, Person und Öffentlichkeit, S. 83; *Stein*, Wirtschaftsaufsicht, S. 128 f.

[110] Vgl. statt aller *Schönke - Schröder*, § 123, Rdnr. 6; *Maurach*, Lb. BT S. 181; RGSt. 32, 371; Bayr. ObLG VRS 29, 115.

Diese Auslegung stimmt mit der in der Soziologie vertretenen Auffassung überein, nach der die Geschäfts- und Betriebsräume den Sozialbereich bilden, in dem sich das Arbeits- und Berufsleben abspielt. Wir wollen daher im folgenden die genannten Räumlichkeiten unter dem übergreifenden Begriff der Arbeitsräume zusammenfassen, zu denen auch die mit den eigentlichen Arbeitsräumen in funktionalem Zusammenhang stehenden Räumlichkeiten gehören, wie Höfe, Keller, Lagerräume usw[111].

b) *Inhalt und Struktur der Arbeitsräume*

Die in den Arbeitsräumen ausgeübten Tätigkeiten sind in ihren speziellen Zielrichtungen zu unterschiedlich, als daß wir die einzelnen Arbeitsbereiche für sich untersuchen könnten. Wir müssen uns daher darauf beschränken, Wesen, Struktur und Bedeutung der Arbeitstätigkeit überhaupt und ihre häufigste Organisationsform, den Betrieb, in unserer Gesellschaft darzustellen, die durch ein modernes, auf weitgehender Arbeitsteilung und erwerbswirtschaftlichen Marktbeziehungen beruhendes Wirtschaftssystem geprägt ist. Die menschliche Arbeit ist als eine Form von Leistung zu verstehen, als bewußte und wertschaffende Ausführung und Durchführung gestellter Aufgaben, deren Produkt einmal den Wert hat, den das produzierte Gut selbst darstellt, und zum anderen den Wert, den es für den Arbeitenden als Sicherung seines Lebensunterhalts im weitesten Sinn und für die Gesellschaft hat. Das Wesen der modernen Arbeit, zu der nicht nur die Industriearbeit — die von dem größeren Teil der Erwerbsbevölkerung ausgeübt wird —, sondern auch die Tätigkeit des Handels, der Verwaltung und der Landwirtschaft zu zählen ist, beruht auf dem Grundkonzept des Leistungsgedankens („efficiency") und wird durch drei Merkmale geprägt: durch die Mechanisierung, die Rationalisierung und die Organisation[112]. Daraus resultiert eine rein zweckgebundene Koordination sowohl der Arbeitnehmer als auch der Arbeitstätigkeiten.

aa) Der Betrieb als räumlicher Mittelpunkt der meisten Arbeitsverhältnisse

Ein augenfälliges Produkt der modernen industriellen Gesellschaft ist die Betriebsstätte, die den räumlichen Mittelpunkt der meisten Arbeitsverhältnisse bildet. Der Versuch einer Definition des Betriebs erweist sich als äußerst schwierig, wenn nicht gar unmöglich, da man den Betrieben

---

[111] Dem entspricht die Definition der Arbeitsräume im Arbeitsrecht (s. *Hueck - Nipperdey*, Lehrbuch des Arbeitsrechts Bd. I, S. 394).

[112] Vgl. *Bell*, Arbeit, S. 38 ff.; *Fürstenberg*, Betriebssoziologie, S. 109 ff. — Die Rationalisierung des Arbeitsstils findet heute ihren Ausdruck in der Trennung von Arbeit und Freizeit und von Arbeitsstätte und Wohnstätte.

prinzipiell beliebig viele Zwecke zuschreiben kann: soziale und rechtliche, wirtschaftliche und technische, öffentliche und private, politische und militärische usw. Wir müssen uns daher damit begnügen, den Betrieb wie den Arbeitsraum überhaupt als eine soziale Organisationsform in ihren überwiegend wirtschaftlichen Zusammenhängen formal zu beschreiben ohne Berücksichtigung der verschiedenen Betriebstypen und -zwecke. Danach ist die Betriebsstätte ein Gebilde, in dem Menschen mit Maschinen und Material zur Erreichung eines bestimmten Arbeitszwecks zusammenwirken. Darüber hinaus erkennen wir in den Betrieben regelmäßig auf Leistung eingestellte Organisationen von unpersönlichem Charakter und mit einer hierarchischen Struktur, in der die Rollen der Mitglieder im Arbeitsprozeß spezifisch definiert und genau abgegrenzt sind und die Kommunikation auf bestimmte Kanäle beschränkt ist[113]. Die nach formalen, technischen und wirtschaftlichen Gesichtspunkten organisierte planmäßige Zusammenfassung von Arbeitsmitteln und Arbeitskräften zur kontinuierlichen Erfüllung spezifischer Wirtschaftsaufgaben bedingt eine hierarchische Autoritätsverteilung und eine funktionale Kooperation: „Daraus ergibt sich ein hierarchisch organisiertes, formal festgelegtes System von technisch-organisatorischen Funktionen. Diese in ihren Arbeitsaufgaben, in ihrem Verantwortungsbereich und Unter- und Überordnungsverhältnissen bestimmten Arbeitsplätze werden, sowie sie mit Personen besetzt sind, zu sozialen Rollen mit einem sich aus ihrer Stellung in der Betriebsorganisation ergebenden Status (Rang). Die formale soziale Organisation ist also ein System sozialer Rollen in hierarchisch-herrschaftlichen Bezügen, das auf die Erfüllung des Betriebszwecks hin organisiert ist[114].“ Die formale Organisation integriert daher die Betriebsmitglieder durch Rolle, Status und Sanktionen in ein kooperatives soziales System und ermöglicht damit den planmäßigen Ablauf des Arbeitsprozesses und die Funktion des Betriebs als einer sozialen Institution.

bb) Der Arbeitsprozeß in den übrigen Arbeitsräumen

Auch in den Arbeitsverhältnissen außerhalb der Industrie, z. B. des Handels, des Transportgewerbes, der Büroarbeit, der Landwirtschaft und der akademischen Berufe, ist eine Rationalisierung der Arbeit und ihrer Organisation festzustellen, d. h. die Anwendung rationaler Methoden auf den Arbeitsvollzug, die Arbeitsteilung und die Zusammenarbeit im Sinne einer ständigen Leistungssteigerung[115]. Auch hier sind formelle

[113] Vgl. *Fürstenberg*, Betriebssoziologie, S. 113; *Schelsky*, Industrie- und Betriebssoziologie, S. 182 ff., 187 ff.

[114] *Lepsius*, Industrie und Betrieb, S. 134 f.

[115] Vgl. *Bahrdt*, Wege zur Soziologie, S. 130 ff.; ders., Großstadt, S. 99; *Plessner*, Das Problem der Öffentlichkeit und die Idee der Entfremdung, S. 10 f.

Organisation, Disziplin und Rationalisierung Voraussetzung für einen ungestörten Ablauf und ein gleichgewichtiges Funktionieren des der Bedarfsbefriedigung dienenden Arbeitsprozesses. Die Verbindung der miteinander Arbeitenden ist rein funktionell, d. h. eine durch die technische Organisation zwecks Leistungserzielung erzwungene gegenseitige Abhängigkeit, und die Arbeit des einzelnen erhält ihren Sinn zumeist nur mit Bezug auf das Gesamtwerk, das aufgrund der Rollendifferenzierung in dem Arbeitsraum bzw. dem gesamten Unternehmen geleistet wird. Diese Kriterien fügen sich zu einem Arbeitssystem, das sein Gepräge durch das Wirtschaftssystem bekommt, in das es eingeschlossen ist[116]. Da unser Wirtschaftssystem die privatwirtschaftlichen Interessen vor kulturelle und politische Gesichtspunkte stellt, muß jedes Arbeitsunternehmen seinen Arbeitsprozeß nach wirtschaftlichen Gesichtspunkten rational und formal organisieren, um eine möglichst große Leistung zu erzielen und dadurch gegenüber dem Vorgesetzten bzw. der Konkurrenz bestehen zu können. Daher ist trotz der seit einiger Zeit feststellbaren Bemühungen der Unternehmer um Werksverbundenheit und Arbeitsfreude der Arbeitnehmer eine rationelle Durchformung der Arbeitsorganisation vorherrschend.

Abgesehen von den strukturellen und wirtschaftlichen Erfordernissen ist jedes Geschäft, jeder Betrieb, jedes Arbeitsunternehmen zunächst eine räumliche Gegebenheit, setzt also den Raum voraus[117]. Dieser Arbeitsraum ist seit der heute fast vollendeten Trennung von Wohnraum und Werkraum dem reinen Arbeitszweck unterworfen[118]. Er dient sowohl der Bereitstellung von Arbeitsmitteln zur Ermöglichung der Zusammenarbeit und der Kontaktaufnahme nach außen als auch dem Schutz vor Eingriffen, die den Ablauf der rationalisierten und funktional disziplinierten Arbeitsvorgänge stören könnten[119].

c) *Die Funktion der Arbeit und der Arbeitsräume*

Wollen wir die Funktion der Arbeitsräume ermitteln, so müssen wir von dem gesellschaftlichen Beitrag der in diesen Räumen ausgeübten Tätigkeit ausgehen. Aus unserer Beschreibung der Arbeit selbst läßt sich entnehmen, daß jede Arbeitstätigkeit Teil eines rational und formal

---

[116] s. auch *Luhmann*, Grundrechte, S. 110 f.: „In den Rollen des Wirtschaftssystems handelt der Mensch nach dessen Systembedingungen. Durch solche Ausdifferenzierung der Wirtschaft wird mithin ein Rollensystem für rationales — sei es kooperierendes, sei es konkurrierendes — Verhalten geschaffen, mit dessen Hilfe Bedürfnisse insgesamt wirksamer befriedigt werden können."

[117] Vgl. auch *Briefs*, Betriebssoziologie, S. 32: „Die Kooperation mehrerer Menschen an einem Zweckmittelsystem setzt den Raum voraus."

[118] *Briefs*, a. a. O., spricht hier von „völliger Verzweckung", s. auch *Schelsky*, Industrie- und Betriebssoziologie, S. 162.

[119] Näher zum Begriff des Arbeitsraums s. unten 4. Teil II 1 b.

organisierten Arbeitsprozesses ist. Diese Arbeit, insbesondere die wirtschaftlich orientierte Arbeit, dient der Bedarfsbefriedigung und damit der Anpassung der Handelnden an die soziale, kulturelle oder physische Umwelt. Die menschliche Arbeit wird in der Soziologie als eine zentrale Form der Anpassung verstanden, mit der die durch eine gegebene Umweltsituation gestellten Aufgaben bewältigt werden: „Mittels der Arbeit eignet sich die Gesellschaft die Außenwelt an und gestaltet sie um im Sinne einer schöpferischen Anpassung. Die Wirtschaft insgesamt ist das Ergebnis dieses Anpassungsprozesses“[120]. Das Ziel der Anpassung, die nicht als passive Angleichung, sondern als aktive Veränderung aufzufassen ist, besteht darin, die Mittel zu erwerben, die notwendig sind, um die angestrebten Ziele zu erreichen und die verschiedenen Situationen innerhalb der Gesellschaft zu bewältigen: „Letztlich garantiert also die Anpassung im Sinne einer schöpferischen Bewältigung vielseitiger materieller, sozialer, kultureller und psychischer Situationen das Überleben der menschlichen Gesellschaft in der Zeit“[121]. Die verlangte Anpassung an neue Aufgaben oder andere Rollenmodelle, die offensichtlich in einem Mindestmaß für das Erreichen jeglichen Zieles notwendig ist, erfolgt nicht durch bloße Konformität gegenüber den jeweiligen Rollenerwartungen, sondern durch aktive Ausübung der differenzierten Rollen im Arbeitsprozeß und durch die Entwicklung einer den sich wechselnden Bedingungen und Bedürfnissen entsprechenden Verhaltensorientierung. Diesen Prozeß vollzieht der einzelne freilich nie ganz allein, sondern in ständiger Interaktion und Kommunikation mit seinen Rollenpartnern, mit denen zusammen er die wechselnden Situationen meistern muß[122]. Das bedeutet, daß der Arbeitende in seinem Arbeitsraum häufig auf den Kontakt mit anderen[123] angewiesen ist, der Arbeitsraum daher eine gewisse Transparenz und Zugänglichkeit aufweist.

---

[120] *König*, Anpassung, S. 30 f.

[121] *König*, a. a. O.; s. auch *Eisermann*, Wirtschaft und Gesellschaft, S. 100 ff. (107 ff.); *Homans*, Theorie der sozialen Gruppe, S. 108 ff., 162 f. In der strukturell-funktionalen Theorie der Gesellschaft von Parsons bezeichnet die Anpassung — als deren Prototyp die Wirtschaft gilt — eines der vier Systemprobleme, die jede Gesellschaft zu ihrer fortgesetzten Erhaltung zu bewältigen hat: „The economy is the primary sub-system specialized in relation to the *adaptive* function of a society“ (*Parsons - Smelser*, Economy and Society, S. 46 ff. [47], 196 ff.). s. zur Anpassungsfunktion auch *Mayntz*, Soziales System, S. 1021; ferner *Johnson*, Sociology, S. 51 ff., 57 f., 202 ff.: „Any social system must be adapted to its social and nonsocial environment“ (S. 53). „The economy ... is conceived as one of four functional subsystems of society — specifically, the subsystem that fulfills, more or less adequately, the adaptive function of society“ (S. 214). „In the adaptive subsystem, business firms have clear primacy“ (S. 58).

[122] Vgl. *Dreitzel*, Die gesellschaftlichen Leiden, S. 393 f.; *Luhmann*, Grundrechte, S. 108 f.

[123] Nicht nur mit den Mitarbeitern, sondern auch mit Kunden, Klienten, Zulieferern.

Wie das Wirtschafts- und Arbeitsleben eine generalisierte Kommunikationsstruktur unserer Gesellschaft bildet, so ist auch der Beruf eine wesentliche Kontaktstelle in unserer Gesellschaft: Er verbindet den einzelnen mit der Außenwelt und ordnet ihn in umfassendere soziale Bezüge als die Familie ein. Arbeit und Beruf formen auch das persönliche Auftreten außerhalb der Arbeitsstätte, und gerade der mit Titeln und Symbolen ausgestattete Beruf bestimmt den Platz des Arbeitenden und der Familie in der gesellschaftlichen Hierarchie. Daraus erklärt sich die weitere gesellschaftliche Funktion der Arbeit: Sie bewirkt eine Aufforderung an den einzelnen, in seinem nach außen tretenden Verhalten den gesellschaftlichen Normen zu entsprechen. Da der einzelne seine beruflichen Chancen wahrnehmen und zudem durch seinen Beruf ein steigendes Maß an allgemeiner, fachlicher und finanzieller Anerkennung seiner Arbeit erreichen will, ist er bestrebt, von seinen Vorgesetzten und Kollegen akzeptiert zu werden und die ihm nahegebrachten beruflichen Rollenerwartungen, deren Beachtung von den Gruppenmitgliedern ständig kontrolliert wird, soweit wie möglich zu erfüllen und sich den Gegebenheiten seiner Rolle im Beruf anzupassen[124]. Dieses Einfügen in die Normen des Arbeits- und Berufslebens setzt voraus, daß der Ablauf des Arbeitsprozesses ungestört bleibt und die angestrebte Arbeitsleistung erreicht wird. Einerseits wirkt sich die Konformität mit den gesellschaftlichen Normen zwar als sozialer Zwang auf den Menschen aus[125], andererseits jedoch enthält er auch einen positiven Aspekt: den Symbolwert der Arbeits- und Berufsdarstellung. Unterbleibt nämlich diese Angleichung, dann kommt es im allgemeinen zu der — häufig angeführten — Entfremdung des Arbeitenden, d. h. zur Erfahrung der Macht-, Norm- und Bedeutungslosigkeit, die zu einem — nicht nur vorübergehenden — Rückzug auf den häuslichen Privatbereich und häufig über die Ablehnung der herrschenden Normen zur sozialen Isolation führt[126], die wiederum die Gefahr der Desintegration der Gesellschaft in sich trägt.

Es zeigt sich somit ein doppelter Bezug der in den Arbeitsräumen ausgeübten Tätigkeit zum Bestehen der Gesellschaft: In erster Linie löst die Arbeit das gesellschaftliche Problem der Mittelbeschaffung (Anpassungsfunktion), und darüber hinaus bewirkt sie ein Angleichen an die gesellschaftlichen Normen. Insbesondere die Wirtschaft ist mit der Gesellschaft in hohem Maße integriert. So wie nach Vorstellung der strukturell-funktionalen Soziologie die einzelnen Institutionen als Sub-

---

[124] Vgl. zu dieser Art der —passiven — Anpassung („adjustment") *Daheim*, Der Beruf in der modernen Gesellschaft, S. 280 ff.; *Eisermann*, Wirtschaft und Gesellschaft, S. 107 ff.

[125] s. oben I 1 b, 2 a.

[126] Vgl. *Daheim*, S. 288 ff. Über die ausgleichende Funktion der Familie in diesem Zusammenhang s. oben I 1 b.

systeme voneinander abhängig sind und das System mit seinen Systemstrukturen immer darauf ausgerichtet ist, sich in ein Gleichgewicht einzupendeln, so sind auch in dem Arbeitsprozeß der industriellen Gesellschaft die einzelnen Faktoren — wie Produktion, Kapital und die Arbeitenden selbst — voneinander abhängig und darauf ausgerichtet, Investitionen in Erträge umzusetzen, die der Erhaltung des Ganzen und dessen geradliniger Weiterentwicklung zukommen.

Die genannten Funktionen zur Lösung der gesellschaftlichen Organisationsprobleme kann die Arbeit nur dann leisten, wenn sie von Räumen umgeben wird, die — anders als die Wohnräume — einerseits die nötige Zugänglichkeit aufweisen, um die erforderliche Kooperation und Kontaktaufnahme mit den Kunden und anderen Teilnehmern zu eröffnen, und die andererseits den Arbeitsprozeß durch räumliche Abtrennung vor äußeren den planmäßigen Arbeitsablauf störenden Eingriffen schützen sollen. Daher muß der Schutz der Arbeitsräume im Hinblick auf die soziale Funktion der Arbeit diesen beiden Aspekten Rechnung tragen, die nur in einem scheinbaren Widerspruch zueinander stehen, denn sie entsprechen genau der Zwitterstellung des Arbeitsbereichs als quasi- oder halböffentliche Sphäre, wie im folgenden Abschnitt noch auszuführen sein wird.

d) Der Bezug der Arbeitsräume zur Öffentlichkeit

Als wirtschaftliche Stätten der Dienstleistungen, der Gütererzeugung und des Güter- und Leistungsaustauschs, des Warenverkehrs, sind die Arbeitsräume überwiegend dem öffentlichen Gebilde des Marktes im weitesten Sinne zugewandt und als eine Kommunikationsform für die Befriedigung des wirtschaftlichen Bedarfs vielfältig mit der Umwelt durch Marktbeziehungen, Verträge, Abkommen und „public relations" verknüpft[127]. Besonders bei den Verkaufsläden und Warenhäusern drängt sich der Vergleich mit dem frühen Warenmarkt als der frühesten Form einer soziologischen Öffentlichkeit auf: Sie erscheinen gerade bei ihrer heutigen Größe und dem umfassenden Warenangebot als nach innen verlegte Märkte, die während der Öffnungszeit — faktisch und bestimmungsgemäß — eine allgemeine Zugänglichkeit und die Möglichkeit der unmittelbaren und beliebigen Kontaktaufnahme eröffnen und daher eine Art Öffentlichkeit entstehen lassen, ebenso wie Cafés und Gaststätten, die auch heute noch häufig zum Treffpunkt des „Publikums" werden und wie der Markt aufgrund ihrer Beliebigkeit der Kontakt-

---

[127] s. auch *Schelsky*, Industrie- und Betriebssoziologie, S. 198 ff. und oben II 1 b.
Die weitverzweigte Verknüpfung ergibt sich auch aus der Bedeutung der Wirtschaft als einer für jede Gesellschaft notwendigen Methode, nach der die von der Gesellschaft erzeugten Güter unter ihre Mitglieder verteilt werden.

aufnahme und der Kontaktunterlassung eine offene Raumstruktur besitzen[128].

Auch das Bundesverfassungsgericht hat in seiner Entscheidung über die Auslegung des Wohnungsbegriffs in Art. 13 GG den Bezug der Arbeitsräume zur Öffentlichkeit hervorgehoben: „Den Geschäfts- und Betriebsräumen eignet nach ihrer Zweckbestimmung eine größere Offenheit ‚nach außen'; sie sind zur Aufnahme sozialer Kontakte bestimmt, der Inhaber entläßt sie damit in gewissem Umfang aus der privaten Intimsphäre, zu der die Wohnung im engeren Sinn gehört ... Die Tätigkeiten, die der Inhaber in diesen Räumen vornimmt, wirken notwendig nach außen und können deshalb auch die Interessen anderer und die der Allgemeinheit berühren[129]."

III. Analyse der zum öffentlichen Dienst oder Verkehr bestimmten abgeschlossenen Räume

1. Abgrenzung der Dienst- und Verkehrsräume

a) Diensträume

Zu den für den öffentlichen Dienst bestimmten abgeschlossenen Räumen werden in der strafrechtlichen Literatur und Rechtsprechung baulich begrenzte Räumlichkeiten gezählt, in denen nach den Vorschriften des öffentlichen Rechts ein Dienst für öffentliche Angelegenheiten stattfindet, der nicht nur von staatlichen Stellen[130] ausgeübt wird, sondern auch von solchen Körperschaften, die aufgrund von öffentlichrechtlichen Vorschriften — d. h. bestimmungsgemäß oder anerkanntermaßen — wie der Staat für das Gemeinwohl wirken. Für den öffentlichen Dienst bestimmt sind danach z. B. Sitzungssäle des Parlaments und Wahllokale, Justizgebäude und Strafvollzugsanstalten, Universitäten und Schulgebäude, die Kirchen der öffentlich-rechtlichen Religionsgemeinschaften, öffentliche Bibliotheken und Museen, kommunale Anstalten wie Schlachthöfe, Theater, Krankenhäuser und Badeanstalten[131].

---

[128] Vgl. dazu auch *Bahrdt*, Städtebau, S. 154. Gleiches gilt für andere Einrichtungen mit Publikumsverkehr, z. B. freie Badeanstalten, Büchereien, Ausstellungsräume und ähnliches. — Im übrigen wird der Bezug zur Öffentlichkeit auch dadurch indiziert, daß unsere Eigentums- und Wirtschaftsordnung von der freien Teilnahme des einzelnen am Kommunikationssystem der Wirtschaft ausgeht (s. *Luhmann*, Grundrechte, S. 108 ff.).

[129] BVerfG NJW 1971, S. 2299 (2300 f.). Ähnlich äußert sich *Nipperdey*, Freie Entfaltung der Persönlichkeit S. 850/851: „... weil die berufliche und gewerbliche Betätigung sich im wesentlichen in der Öffentlichkeit abspielt." s. auch *Bahrdt*, Großstadt, S. 118 ff.

[130] Die Begriffe „staatlich" und „Staatsgewalt" sollen hier auch die anderen Träger hoheitlicher Gewalt, insbesondere die Gemeinden und die Gemeindeverbände mit einschließen.

[131] Vgl. statt aller *Schäfer*, LK, § 123, Rdnr. 16 ff.; *Schönke - Schröder*, § 123, Rdnr. 9.

b) Verkehrsräume

Zum öffentlichen Verkehr bestimmt sind baulich begrenzte Räumlichkeiten, die der Allgemeinheit für die Beförderung von Personen und Sachen zur Verfügung stehen — z. B. Straßen- und Eisenbahnwagen, Omnibusse des Linienverkehrs, Post- und Gepäckwagen, Warteräume und Hallen auf Bahnhöfen —, wobei es unerheblich ist, ob der Träger des Verkehrsunternehmens die öffentliche Hand oder ein privater Unternehmer ist[132].

2. Inhalt und Struktur der für den öffentlichen Dienst bestimmten Räumlichkeiten

In den staatlichen Zwecken dienenden Räumen erfüllen verschiedene Organisationen des öffentlichen Dienstes Gemeinschaftsaufgaben. Die Wahrnehmung dieser Aufgaben umfaßt nicht nur die Ausübung hoheitsrechtlicher Befugnisse durch die öffentliche Verwaltung, sondern auch „die Justiz, das Erziehungs- und Bildungswesen, die Pflege von Wissenschaft und Kunst sowie das Militärwesen"[133], ferner die beliehenen Unternehmer und Versorgungsunternehmen, die Aufgaben des Gemeinwohls wahrnehmen. Zu diesen öffentlichen Aufgaben zählen nicht alle öffentlichen Angelegenheiten, an deren Erfüllung die Öffentlichkeit interessiert ist[134], sondern nur die öffentlichen Aufgaben im engeren Sinne, das sind öffentliche Angelegenheiten, die „von Organen eines Gemeinwesens tatsächlich wahrgenommen werden"[135]. Dabei handelt es sich in der Hauptsache um öffentliche Aufgaben des Bundes, der Länder, der Gemeindeverbände, der Gemeinden sowie der Körperschaften, Anstalten und Stiftungen des öffentlichen Rechts, zu denen noch die mit Hoheitsbefugnissen beliehenen Unternehmen hinzutreten. Der öffentliche Dienst wird nur zum Teil mit hoheitlichen Mitteln erfüllt; einige Aufgabenbereiche werden von den Hoheitsträgern zuweilen auf andere öffentliche und private Rechtsträger (z. B. Zweckverbände, GmbH, AG) übertragen. Allgemein läßt sich daher sagen, daß in den Räumen des öffentlichen Dienstes Personen mit einem umgrenzten Aufgabenkreis für den Staat oder für sonstige Träger öffentlicher Gewalt zur Erfüllung öffentlicher Zwecke tätig werden.

Aus der Verschiedenartigkeit der zu lösenden Aufgaben und aus der Besonderheit der Organisation der öffentlichen Dienststellen entwickeln

---

[132] s. *Schäfer*, LK und *Schönke - Schröder*, a. a. O.

[133] s. *Haußleiter*, Verwaltungssoziologie, S. 8.

[134] Solche Aufgaben werden auch in den Arbeitsräumen privater Unternehmer wahrgenommen, z. B. das Pressewesen, privates Theater, Lebensmittelhandel usw.

[135] *Wolff*, Verwaltungsrecht I, § 2 II b

sich verschiedene Stilarten staatlichen Handelns[136]. Gemeinsam ist den Organisationen des öffentlichen Dienstes jedoch eine hierarchische, unpersönliche und auf Leistungsfähigkeit ausgerichtete Struktur und die Abhängigkeit von koordinierenden und kontrollierenden Organisations- und Planungsvorschriften[137] mit dem Ziel der Wahrnehmung von Gemeinschaftsaufgaben. Insbesondere das eigentliche Verwaltungshandeln soll aufgrund seiner rational gefaßten Vorschriften und der Aktenmäßigkeit des Verfahrens kontinuierlich und berechenbar sein. Noch stärker als die moderne Wirtschaftstätigkeit ist der öffentliche Dienst — bedingt durch rechtsstaatliche Prinzipien — durch genau abgegrenzte Zuständigkeit, durch das Leistungsprinzip, Sachlichkeit und durch Rationalität der an formale Verfahrensvorschriften gebundenen Tätigkeit geprägt. Um der Einheitlichkeit, Generalisierbarkeit und Effektivität willen ist die Organisation hierarchisch strukturiert und werden einfache Arbeitspraktiken ausgebaut zu teilweise starren Arbeitsprinzipien und Formalismen. In den Räumen des öffentlichen Dienstes vollzieht sich somit eine sachlich und unpersönlich arbeitende, fachlich an Regeln und hierarchisch an Weisungen orientierte Bürokratie mit rationalen, organisationsbedingten Sachentscheidungen[138]. In der auf Rationalität eingestellten Leistungsgesellschaft unseres modernen Sozial- und Leistungsstaats ist auch das staatliche Handeln dem wirtschaftlichen Prinzip unterworfen und sind die Leistungen der Gesellschaft nachzuweisen. Da staatliches Handeln jedoch trotz der Komplexität der Umwelt berechenbar sein und den sozialen Verhaltenserwartungen entsprechen muß, schirmen die System- und Aktionsregeln die Organisationen gegen „die unübersehbare Vielfalt der Umwelt und die Widersprüchlichkeiten der Wirklichkeit ab, damit die Organisation im Rahmen ihrer Möglichkeiten agieren kann“[139].

3. Funktion und Öffentlichkeit der Diensträume

Für die systemtheoretische Betrachtungsweise sind Staat und Verwaltung Untersysteme der Gesellschaft mit der spezifischen Funktion, verbindliche und durchschnittlich anerkannte rationale Entscheidungen für das Publikum im Hinblick auf die gesellschaftlichen Probleme zu treffen. Der Arbeitsbereich des öffentlichen Dienstes ist daher als ein

[136] Die Tätigkeitsgebiete der öffentlichen Hand werden in der Verwaltungssoziologie unterteilt in herrschaftssichernde, pflegerische und fördernde sowie in unternehmerische Verwaltung (s. dazu *Haußleiter*, Verwaltungssoziologie, S. 7 ff., 14 ff.).

[137] Diese Abhängigkeit wird verstärkt durch mannigfache Kontrollen, z. B. durch die vorgesetzten Dienstbehörden, durch das Parlament und seine Ausschüsse, durch die Verwaltungsgerichtsbarkeit usw.

[138] Vgl. *Becker*, Zur Veränderung der Struktur der Verwaltung, Die Verwaltung 1970, S. 389 ff.; *Lindemann*, Behörde und Bürger, S. 55 ff., 71 ff.

[139] *Becker*, S. 419.

System sozialen Handelns zu begreifen, das Informationen verarbeitet und Entscheidungen produziert. In der Gestalt des positiven Rechts bilden die Entscheidungsprogramme die Struktur des öffentlichen Dienstes, dessen Rechtsgebundenheit daher als Programmiertheit durch Rechtssätze aufzufassen ist[140]. Diese juristische Programmierung ermöglicht ein Entscheiden der Behörden nach allgemeingültigen, abstrakten Programmen ohne Ansehen der Person[141].

Da in den Räumen des öffentlichen Dienstes Aufgaben des Gemeinwohls[142] wahrgenommen werden mit Hilfe eines rational organisierten Dienstbetriebes, der eine effektive Durchführung der Aufgaben sowie die sachgerechte Arbeit der Organe bezweckt, haben die Diensträume zunächst einmal die äußeren Voraussetzungen eines störungsfreien Dienstbetriebes zu gewährleisten, seine Organisation und Leistungsfähigkeit. Es liegt auf der Hand, daß der Staat ohne einen leistungsfähigen öffentlichen Dienst nicht existenzfähig wäre. Neben dem programmierten Entscheiden aber müssen sowohl die Verwaltung als auch andere öffentliche Stellen mit Einzelfallregelungen gestaltend und weiterführend politische Funktionen miterfüllen und daher mit dem Bürger persönlichen Kontakt aufnehmen: „werben und anregen, belehren und Interessen artikulieren, überreden und zwingen"[143], Informationen entgegennehmen und Impulse weiterleiten.

Da die Leistungsstärke unseres Repräsentationsstaates auf der einsichtigen Beteiligung des Bürgers beruht, muß der öffentliche Dienst offen sein für die Bedarfsmitteilungen der Bürger, und er muß seine Ergebnisse und Entscheidungen häufig im Rückgriff auf die Öffentlichkeit rechtfertigen. Die öffentliche Verwaltung — im weiteren Sinne als öffentlicher Dienst überhaupt — ist auf staatsbürgerliches Verhalten angewiesen und muß ständig Beziehungen zum Publikum schaffen und pflegen und um öffentliches Vertrauen werben. Diese „public relations"-Arbeit ist eine Auswirkung der demokratischen Funktion der modernen Verwaltung und hat das weitere Ziel, das allgemeine Unbehagen an Gesellschaft und Staat und den Widerstand gegen die Staats-

---

[140] s. dazu *Luhmann*, Recht und Automation in der öffentlichen Verwaltung, S. 21 ff. Auch der gesetzesfreie öffentliche Dienst unterliegt der Bindung an das Recht (z. B. Gewohnheitsrecht, oberste Rechtsgrundsätze, verfassungsgestaltende Grundentscheidungen).

[141] Der Bereich des öffentlichen Dienstes wird daher durch die Orientierungsalternativen der Kollektivbezogenheit („collectivity orientation") und des Universalismus charakterisiert (vgl. *Johnson*, Sociology, S. 138 f.; *Parsons*, The Social System, S. 58 ff.).

[142] Es ist hier nicht möglich, diese unterschiedlichen Aufgaben (z. B. die Rechtsprechung als staatliche Funktion) zu untersuchen — eine solche Analyse muß Einzeluntersuchungen vorbehalten bleiben —, so daß wir nur die gemeinsamen formalen Merkmale berücksichtigen können.

[143] *Luhmann*, Grundrechte als Institution, S. 161.

autorität abzubauen. Sie verlangt Kenntnis und Einsichtnahme des Bürgers in die Aufgaben und Funktionen der Behörden und eine kritische Anteilnahme der Öffentlichkeit an ihrem Tun[144]. Der Bürger wird daher heute — im Gegensatz zur alten obrigkeitsstaatlichen Geheimniskrämerei — stärker an der Lösung allgemeiner Probleme beteiligt, zumeist durch Teilnahme an den Sitzungen des Parlaments und anderer Vertretungskörperschaften, durch öffentliche Hearings oder besondere Anhörungen (z. B. in den Städten bei Fragen der Stadtplanung, der Verkehrsregelung u. a.)[145]. Obgleich der Bürger den Verwaltungsbehörden häufig als Entscheidungsabnehmer gegenübertritt, ist er daher auch aktiv in das Verwaltungsgeschehen verflochten, indem er seine Interessen geltend macht, Anträge stellt und eigene Informationen an die Verwaltung weitergibt, die diese trotz der Programmiertheit durch das Recht für ihre Entscheidungen — verstanden als Mitteilung einer Informationsverarbeitung — benötigt, um durch größere Kenntnis und höhere Elastizität ihr Leistungsniveau trotz zunehmender Komplexität zu erhalten[146].

Aus der öffentlich-rechtlichen Widmung bzw. aus der Gemeinschaftsaufgabe der Diensträume folgt, daß diese Räume dem Bürger zur Erledigung der ihn betreffenden Angelegenheiten — wie Meldewesen, Sozialwesen, Baugesuche, Polizei, Schule und Kultur und zur Einholung hierzu benötigter Auskünfte — zugänglich sind. Ihnen eigentümlich ist die widmungsgemäße Nutzung durch das Publikum. Dabei liegt die Zugangsmöglichkeit, die in manchen Fällen sogar mit einem Benutzungszwang korrespondiert[147], nicht nur im Interesse des einzelnen, sondern auch im Interesse der Gesamtheit[148]. Denn unser freiheitlich-

[144] Entscheidend für das demokratische Verhältnis zwischen Bürger und Staat (Art. 20 Abs. 1 GG) ist auch die unmittelbare Kontrollmöglichkeit des Bürgers gegenüber allem staatlichen Handeln; s. dazu *Thieme*, Mängel im Verhältnis von Bürger und Staat, S. 22 ff., 57 ff.

[145] Vgl. auch *Haußleiter*, Verwaltungssoziologie, S. 69 ff.; *Thieme*, S. 12 ff., 160 f.; *Bahrdt*, Großstadt, S. 73 f. — Freilich bleibt die Bürokratie der staatlichen Institutionen für den Bürger häufig noch undurchschaubar und ist seine Mitwirkung in manchen Fällen auf eine mittelbare Kontrolle reduziert, so daß hier eine auch in der Praxis stärkere — politische — Öffentlichkeit und eine stärkere Integration des Bürgers in die Öffentlichkeit noch zu fordern sind.

[146] Vgl. *Luhmann*, Grundrechte als Institution, S. 150; ders., Recht und Automation in der öffentlichen Verwaltung, S. 21 ff.; s. auch *Becker*, Die Verwaltung 1970, S. 419: „Eine lebendige leistungsbereite Verwaltung wird ihre Struktur und ihre Aktionsregeln aber auch von sich aus mehr als bisher auf Transparenz für den Staatsbürger anlegen müssen."

[147] z. B. bei Bestattungseinrichtungen und Schlachthöfen, s. § 8 NGO.

[148] Vgl. *Knemeyer*, DÖV 1970, S. 598; s. auch *Thieme*, Mängel im Verhältnis von Bürger und Staat, S. 62: „Die neuerdings im Gespräch befindlichen Bestrebungen, Behörden mit starkem Publikumsverkehr auch außerhalb der normalen Arbeitsstunden zum Zwecke der Beratung und Entgegennahme von Anträgen offenzuhalten, verdienen in diesem Zusammenhang Unterstützung und sollten im Interesse des Bürgers verwirklicht werden."

demokratischer Staat gibt jedem Bürger Chancen und Auftrag, auf die Bestimmung des Gemeinwohls Einfluß zu nehmen. Das Verhältnis von Staat und Gesellschaft in der freiheitlichen Demokratie ist ein „Verhältnis der Zuordnung, der gegenseitigen Annäherung, Beeinflussung und Durchdringung bei gleichwohl jederzeitiger klarer Unterscheidbarkeit, die durch die Dichotomie von öffentlichem und privatem Recht indiziert wird. In der freiheitlichen Demokratie umgibt die freie politische Gesellschaft die nach dem staatlichen Demokratiegebot zur Öffentlichkeit ihrer Tätigkeit verpflichteten staatlichen Organe, um in einem permanenten Prozeß der öffentlichen Meinungs- und Willensbildung als freiheitsverbürgendes Korrektiv staatlicher Machtausübung zu wirken“[149]. Die öffentlichen Dienststellen müssen daher offen sein für eine ständige Kommunikation mit den Bürgern, was eine allgemeine Zugänglichkeit ihrer Räume voraussetzt. Dadurch erst wird das Gebot einer politisch fungierenden Öffentlichkeit erfüllt, demzufolge das Publikum einen kritischen Prozeß öffentlicher Kommunikation in Gang setzen soll[150]. Gerade zur politischen Öffentlichkeit gehört die öffentliche Meinung und ein öffentlicher Prozeß der Meinungsbildung, d. h. daß auch die Gegenstände, über die sich die öffentliche Meinung bildet, öffentlich sind, also dem Einblick und dem Eingriff aller offenliegen, die sich für sie interessieren[151].

Die unmittelbar ausgeprägte Transparenz der Räume des öffentlichen Dienstes konstituiert somit die Teilnehmerrolle des einzelnen am politischen System, die für die Informationsbearbeitung und für das Wechselspiel der staatsbürokratischen Prozesse strukturwichtig ist.

4. Die zum öffentlichen Verkehr bestimmten abgeschlossenen Räume

Die Verkehrsräume sind baulich begrenzte räumliche Einrichtungen, die die Ortsveränderung von Personen und Gütern unmittelbar oder mittelbar bewerkstelligen. Sie dienen den Beförderungsbedürfnissen des Publikums und stehen dem allgemeinen Verkehr offen, d. h. sie sind unbestimmt vielen Verkehrsteilnehmern zugänglich[152]. Zu den öffentlichen Verkehrsräumen gehören demnach auch Wartesäle und Bahnhofshallen, die nur mittelbar der Beförderung dienen, indem sie

[149] So die treffende Umschreibung von *Ridder*, Zur verfassungsrechtlichen Stellung der Gewerkschaften im Sozialstaat nach dem Grundgesetz für die Bundesrepublik Deutschland, S. 14; s. auch *Denninger*, ZRP 1968, S. 43 f.

[150] Vgl. *Habermas*, Strukturwandel der Öffentlichkeit, S. 263 ff. (274 ff.); *Malinowski*, Kultur und Freiheit, S. 224, 237.

[151] s. auch *Bahrdt*, Wege zur Soziologie, S. 188 ff.

[152] s. *Illetschko*, Verkehrsbetrieb, S. 111 f. — Das Kriterium der Öffentlichkeit fehlt daher z. B. bei Omnibussen mit geschlossener Reisegesellschaft.

das mit öffentlichen Verkehrsmitteln reisende Publikum während der unvermeidlichen Beförderungspausen aufnehmen oder die für den Reiseverkehr notwendigen Fahrkartenschalter, Auskunftsstellen und ähnliches unterbringen[153].

Dadurch, daß uns die modernen Verkehrsmittel jederzeit rasch zu den Konzentrationspunkten der Arbeit, des Handels, der Kultur und zu anderen öffentlichen Geschehen bringen, gewährleisten sie dem einzelnen die Teilnahme sowohl am wirtschaftlichen Markt als auch an der politischen und kulturellen Öffentlichkeit[154]. Auch die Dynamik des städtischen Lebens überhaupt wäre ohne einen raumüberbrückenden öffentlichen Verkehr nicht denkbar, zumal die Verkehrsbedürfnisse durch das Zerfließen der Großstädte in die weite Landschaft der Einzugsgebiete und durch die Verlängerung der täglichen Wege zur Arbeit immer größer werden, die Entfernungen daher wirtschaftlich verkürzt werden müssen[155].

Durch ihre Bedeutung als allgemein zugängliche Kontaktmittel zu den verschiedenen Bereichen des öffentlichen Lebens tragen die Verkehrsräume das Moment der Öffentlichkeit schon in sich, und da sie ebenfalls eine Gemeinschaftsaufgabe wahrnehmen, nämlich die rational organisierte allgemeine Beförderung von Personen und Sachen, können wir sie insoweit mit den zum öffentlichen Dienst bestimmten Räumen zusammenfassen und sie dem gleichen Öffentlichkeitsgebot unterstellen[156].

Unsere soziologische Untersuchung vermittelt zunächst einen Überblick über strukturabhängige Problemzusammenhänge in den durch die Vorschrift des Hausfriedensbruchs geschützten Bereichen und weist deren unterschiedliche Bedeutung und Wirkung auf das soziale System

---

[153] s. auch OLG Bremen NJW 1962, S. 1453. Dazu können auch die auf Bahngelände befindlichen Bedürfnisanstalten gehören. Unerklärlich ist es jedoch, wenn das OLG Hamburg auch andere Bedürfnisanstalten generell als „zum öffentlichen Verkehr bestimmte abgeschlossene Räume" auffassen will (MDR 1968, S. 1027).

[154] Der Verkehr ermöglichte überhaupt erst die arbeitsteilige Wirtschaftsweise in einem größeren Rahmen und ist als Mittel der Raumüberbrückung eine wesentliche Voraussetzung für die Entstehung von Kultur und für den Austausch und den Kontakt mit anderen Kulturkreisen.

[155] Vgl. *Bahrdt*, Großstadt, S. 122 ff.

[156] Vgl. auch OLG Celle MDR 1966, S. 944, das z. B. für die Bahnräume das gleiche Öffentlichkeitsgebot aufstellt wie für die öffentlichen Diensträume. Das Reichsgericht hat den Bahnhofswartesaal sogar noch als öffentlichen Dienstraum qualifiziert (RGSt. 36, 189 f.). Bezeichnend ist auch die Tatsache, daß sich öffentliche Verkehrsanlagen und Verkehrsmittel sehr häufig in öffentlicher Hand befinden oder unter ihrer Kontrolle stehen — im Gegensatz zum privaten Werkverkehr.

der Gesellschaft auf[157]. Zwischen der sozialen Wirklichkeit und dem Recht besteht zwar ein ständiger Konflikt, der aber durch einen fortlaufenden Anpassungsprozeß so weit wie möglich auszugleichen ist, denn keine Normenreihe kann sich völlig von den Gegebenheiten und Bedingungen der realen Welt lösen, denn „wenn das geschieht, verlieren die Normen ihren Wert sowohl als Anreiz als auch als Beurteilungsmaßstab"[158]. Wir wollen daher nunmehr versuchen, das Soziologische in das Juristische zu transzendieren, d. h. die beschreibende Untersuchung sozialer Gebilde, der im Tatbestand des § 123 genannten Räumlichkeiten, und die Ermittlung der sozialen Funktion für den Griff von Norm- und Rechtsforderungen aufzuschließen und in den Entscheidungen der einzelnen Problemfälle juristisch zu konkretisieren.

---

[157] Der Bereich des befriedeten Besitztums fällt aus dem Kreis der geschützten Räume heraus und wird in einem Anhang gesondert behandelt (s. unten 4. Teil IV).

[158] *Homans*, Theorie der sozialen Gruppe, S. 384.

Vierter Teil

Das Hausrecht und seine soziale Funktion – Bestimmung des Hausrechts in den verschiedenen Räumlichkeiten und Lösung der Problemfälle

Fehlt unserer soziologischen Untersuchung der sozialen Sachverhalte auch noch die übliche Prägnanz juristischer Begriffe, so weist unsere Analyse doch schon die stark differierende Bedeutung der in § 123 StGB genannten Räumlichkeiten nach und deckt die in der Annahme eines einheitlichen Rechtsguts liegende Diskrepanz zwischen der herrschenden juristischen Auslegung des § 123 und der sozialen Wirklichkeit auf, so daß wir im folgenden das Hausrecht nach der unterschiedlichen soziologischen Bedeutung der geschützten Räumlichkeiten differenzieren müssen.

I. Das in der Wohnung geschützte Rechtsgut des § 123

1. Das Hausrecht in Wohnräumen und seine soziale Funktion

Wenden wir unsere bisher gewonnenen Erkenntnisse über das Rechtsgut auf das Hausrecht an, so ergibt sich folgendes: Die der Norm des § 123 zugrundeliegende Wertung des Gesetzgebers bestimmt das Rechtsgut des Hausfriedensbruchs, durch den sich der Täter die räumliche Herrschaft über fremde Räume anmaßt, als räumliche Sphäre der Wohnung, der Geschäftsräume und der öffentlichen Dienst- und Verkehrsräume. Wie unsere Abwägung der verschiedenen Auslegungen des Hausrechts gezeigt hat, ist das güterkonstituierende Werturteil für den Bereich der Wohnung dahin zu interpretieren, daß hier der private Bereich des einzelnen innerhalb seiner Wohnung vor dem Zutritt ihm unerwünschter Personen geschützt werden soll. Bestimmen wir somit den Gegenstand des gesetzgeberischen Werturteils als die private Sphäre der Wohnung, so haben wir damit freilich nur den als Rechtsgut geschützten Realitätsausschnitt formal festgelegt[1], der das Schutzobjekt in relativ groben Umrissen bezeichnet. Innerhalb dieses Rahmens sind nun mit Hilfe der von uns als notwendiges Korrektiv erarbeiteten sozialen Funktion die feineren Konturen des Rechtsguts zu ziehen, damit seine Bedeutung für die Lösung gesellschaftlicher Organisations-

[1] s. oben 2. Teil IV 1 a.

probleme sichtbar und der Begriff des Hausrechts inhaltlich angereichert und nach außen hin abgrenzbar wird.

Verwerten wir nun die Erkenntnisse aus unserer soziologischen Untersuchung der im Tatbestand des Hausfriedensbruchs genannten Räumlichkeiten, so dürfte es uns nicht schwerfallen, das jeweilige Hausrecht mit der ihm zukommenden sozialen Funktion zu bestimmen. Wie unsere Analyse der Wohnräume deutlich gemacht hat, ist die Wohnung das „sichtbarste Stück des individuellen Eigenraumes“[2] und die wichtigste Ausprägung einer durch äußere Merkmale abgesteckten Privat- und Geheimsphäre[3]. Die durch die Wohnung abgegrenzte räumliche Sphäre wird durch Art. 13 GG und § 123 StGB als Privatsphäre bzw. als der von der Rechtsordnung zu schützende Ausschnitt aus der menschlichen Privatsphäre konstituiert[4]. Wenn wir hier von der häuslichen Sphäre[5], der Intim- oder Privatsphäre sprechen, so meinen wir damit den durch die Wohnung räumlich abgesteckten Bereich der Privatsphäre. Der Sprachgebrauch und die Bestimmung des Begriffs der Privatsphäre sind sowohl in der Wissenschaft als auch in der Praxis sehr unterschiedlich: So spricht man von „Eigenleben“, „Privatleben“, „privatem Lebensbereich in engerem Sinn“, „ursprünglicher und erweiterter Privatsphäre“, „Intimsphäre“, „Geheimsphäre“, „Vertrauenssphäre“, „Individualsphäre“, „Eigenraum“, „persönlichem Lebens- und Geheimbereich“[6], wobei diese Begriffe häufig synonym, aber auch als verschiedene Abstufungen des allgemeinen Persönlichkeitsrechts verwendet werden[7]. Angesichts der erdrückenden Fülle unterschiedlicher

---

[2] *Fechner*, Die private Sphäre in der Gegenwart, S. 33.

[3] Der Zusammenhang von Heim, Wohnung und Geheimbereich drückt sich schon in der Wortbildung aus; so bedeutet das Wort „geheim“ ursprünglich „zum Haus gehörig“ und geht über „vertraut“ in seine heutige Bedeutung über (s. *Kluge*, Etymologisches Wörterbuch der deutschen Sprache, 20. Aufl., 1967, Stichwort „geheim“).

[4] Das Strafrecht kann nicht die Privatsphäre in ihrer gesamten Breite und Tiefe schützen, sondern nur bestimmte, abgrenzbare Ausprägungen dieser Sphäre; s. dazu *Arzt*, Der strafrechtliche Schutz der Intimsphäre, S. 142 f.; *Kienapfel*, Privatsphäre und Strafrecht, S. 47 f.

[5] Dieser Begriff wird auch ausdrücklich von *Hubmann* (Das Persönlichkeitsrecht, S. 215, 322, 324) verwendet, der damit den „privaten Lebensbereich im engeren Sinn“ meint (S. 322); ähnlich *Gallas*, Der Schutz der Persönlichkeit im Entwurf eines Strafgesetzbuches (E 1962), S. 220.

[6] Vgl. auch die Nachweise bei *Kienapfel*, Privatsphäre und Strafrecht, S. 18 f. und bei *Scholler*, Person und Öffentlichkeit, S. 71 f.

[7] s. *Hubmann*, Das Persönlichkeitsrecht, S. 268 ff., der drei Schutzkreise unterscheidet: die Individualsphäre, die Privatsphäre und die Geheimsphäre. *Henkel* (Der Strafschutz des Privatlebens gegen Indiskretion, S. 80 ff.) läßt die Geheimsphäre als den engsten Bereich von einem mit ihr konzentrischen Kreis der Vertrauenssphäre und diese wieder von jenem der Privatsphäre umschlossen sein. *Scholler* (Person und Öffentlichkeit, S. 79 f.) geht noch weiter und gliedert den allgemeinen Begriff der Privatsphäre in fünf Bereiche.

Auffassungen über den vielschichtigen Begriff der Privatsphäre würde der Rahmen dieser Arbeit zwangsläufig überspannt, wollten wir hier eine allgemeingültige Definition dieses Begriffs erarbeiten. Wir wollen unsere Begriffsbestimmung daher auf die häusliche Sphäre, d. h. auf die Privatsphäre innerhalb der Wohnung beschränken. Nach unserer soziologischen Analyse ist diese Sphäre gekennzeichnet durch das Moment der Abschirmbarkeit nach außen, durch den „Ausschluß der Allgemeinheit vom Zugang und von der Wahrnehmung“[8]. Entscheidend ist die grundsätzliche Abschirmung nach außen und die damit verbundene Möglichkeit des einzelnen, jeden Dritten aus dieser Sphäre auszuschließen. Umgekehrt bedeutet das Hereinlassen bestimmter Personen in diesen Bereich noch keine Aufhebung der Privatsphäre, denn die Entlastung innerhalb der Wohnung kann, wie wir gesehen haben, auch durch gemeinsame Gespräche oder Spiele mit Freunden und Bekannten erfolgen, und auch die Vorbereitung der persönlichen Selbstdarstellung wird durch die zeitlich begrenzte Anwesenheit Dritter nicht beeinträchtigt, da diesen freiwillig Einblick in die Privatsphäre gewährt wird, der Inhaber der häuslichen Sphäre sich daher auf die Beobachtung anderer begrenzt einstellen kann[9] und sein Verhalten persönlich zurechenbar bleibt[10].

Eine Aufgliederung der häuslichen Sphäre in einen engeren Bereich der Geheimsphäre und einen weiteren der Privatsphäre oder in ähnliche Bereiche ist nach dem Ergebnis unserer soziologischen Untersuchung nicht zu rechtfertigen, da die dort festgestellten Merkmale eine solche Trennung nicht zulassen. Sie ist im Rahmen des Hausfriedensbruchs in Wohnräumen auch nicht erforderlich, denn entscheidend ist hier nicht der — geheime — Inhalt aller in der Wohnung vorgenommenen Handlungen, sondern der durch Wahrnehmungsschranken konstituierte Privatbereich, in dem die genannten sozialen Funktionen erfüllt werden. Zu dieser durch die Wohnung abgesteckten Privatsphäre gehören zunächst einmal alle Handlungen, die in ihrer nach außen abgegrenzten Zone stattfinden, unabhängig von ihrem — geheimen — Inhalt, da nur auf die Möglichkeit des Berechtigten abzustellen

---

[8] *Henkel*, Der Strafschutz des Privatlebens, S. 81/82, Anm. 37. In dieser „Ausrichtung auf das restriktive Publizitätselement“ (*Kienapfel*, Privatsphäre und Strafrecht, S. 25) stimmen die meisten Autoren überein.

[9] Was bei der Dauerspannung eines ununterbrochenen Darstellungszwangs nicht möglich wäre (vgl. oben 3. Teil I 2 a).

[10] Das verkennt offenbar *Kienapfel*, wenn er den Umfang der Privatsphäre durch die in ihr vorgenommenen Handlungen zu bestimmen sucht (s. seine „endlose“ Aufzählung privater Tatsachen, Privatsphäre und Strafrecht, S. 28 ff.) und daher die Privatsphäre in der Wohnung verneint, wenn jemand Pressefotografen und Reporter geladen hat (S. 21). Das würde außerdem bedeuten, daß die Wohnung während dieser Zeit der Öffentlichkeit überhaupt zugänglich wäre, was ganz sicher schon der praktischen Lebenserfahrung widerspricht.

ist, sich in seiner Wohnung unbeobachtet und unbefangen verhalten zu können[11]. Nur mit einer solchen formalen Bestimmung der Intimsphäre als eines durch äußere Merkmale abgesteckten Geheimbereichs läßt sich der Schutz dieser Sphäre klar umreißen[12].

Eine Einschränkung des Schutzes erfolgt nur insoweit, als der Gesetzgeber solche Handlungen verbieten kann, die eine die private Sphäre transzendierende und dem staatlichen Zweck der Existenzsicherung zuwiderlaufende Wirkung haben. Sind diese Voraussetzungen dagegen nicht gegeben, so hat der Gesetzgeber diesen Freiheitsraum zu respektieren und ist jedes Eindringen in den Dritten gegenüber abgeschirmten Geheimbereich eine unzulässige Verletzung der Privat- und Intimsphäre. Denn auch die in der häuslichen Sphäre vorgenommenen unmoralischen, d. h. den herrschenden Kulturvorstellungen widersprechenden Tätigkeiten beeinträchtigen die Bedingungen des gesellschaftlichen Zusammenlebens nicht nur nicht — da sie ja dem Einblick der Öffentlichkeit entzogen sind —, sondern sind, wie wir gesehen haben, sogar Ausfluß der sozialen Entlastungs- und Selbstdarstellungsfunktion der häuslichen Privatsphäre.

Die ergänzende Betrachtung des güterkonstituierenden Werturteils des Gesetzgebers und unserer soziologischen Analyse des Wohnens und der Wohnräume erlaubt es uns nunmehr, das Hausrecht in Wohnräumen i. S. des § 123 folgendermaßen zu umschreiben:

Das Hausrecht in Wohnräumen schützt eine dem Menschen zum Zwecke häuslichen Lebens dienende umschlossene Räumlichkeit, die

---

[11] Andere formal bestimmte Ausprägungen der Intimsphäre sind neben der Wohnung etwa die Gewissensfreiheit, das Briefgeheimnis und das Berufsgeheimnis; s. neben Art. 13 GG und § 123 auch Art. 4 und 10 GG und §§ 298, 299, 300 (s. dazu auch *Henkel*, Der Strafschutz des Privatlebens, S. 133; *Stein*, Staatsrecht, S. 185 f.).

[12] Die formale Betrachtungsweise findet sich auch bei *Bahrdt*, Großstadt, S. 102, 140 f.; *Luhmann*, Grundrechte, S. 67; *Gallas*, Der Schutz der Persönlichkeit, S. 207 f. Dagegen begrenzt das Bundesverfassungsgericht (BVerfG 6, 432 f.; s. oben 3. Teil, Anm. 50) den Umfang der Intimsphäre durch eine inhaltliche Bestimmung der in ihr vorgenommenen Handlungen, was dazu führt, daß man bei der Frage, ob eine Handlung der Intimsphäre unterfällt oder nicht, das Geheimnis der einzelnen Vorgänge lüften muß, obwohl man dieses Geheimnis bzw. diese Intimität gerade schützen will.

Die Schwierigkeit einer inhaltlichen Umschreibung der Intimsphäre und die Notwendigkeit ihrer räumlichen Abschirmung vor Dritten erweisen sich deutlich an dem vom BayObLG entschiedenen Liebespaar-Fall (NJW 1962, S. 1782), in dem der Angeklagte, der ein Liebespaar bei dem Austausch von Zärtlichkeiten in einem öffentlichen Park beobachtet hatte, daraufhin von dem Liebhaber verprügelt worden war und diesen dann mit einem Messer verletzt hatte, unter dem Gesichtspunkt der Notwehr freigesprochen wurde. *Rötelmann* betont in einer Anmerkung zu diesem Urteil zutreffend, daß in dem Beobachten kein Angriff auf die Geheim- oder Privatsphäre des Liebespaares zu sehen sei, da dessen Zärtlichkeiten sich nicht in einem gegen die Öffentlichkeit deutlich abgegrenzten persönlichen Bereich abspielten und daher der allgemeinen Wahrnehmbarkeit nicht vorenthalten seien (MDR 1964, S. 207).

eine bestimmte räumlich abgesteckte Sphäre[13] vor der Wahrnehmung durch Dritte abschirmt und dadurch einen Freiraum häuslicher Privatheit ermöglicht, in dem sich in der Regel drei gesellschaftlich-funktionale Prozesse vollziehen: die Sozialisation des Kindes durch die Familie[14], der Spannungsausgleich des einzelnen und die individuelle Selbstentfaltung als Voraussetzung der persönlichen Selbstdarstellung[15].

Voraussetzung der Hausrechtsverletzung ist somit nicht allein das Eindringen in die räumliche Sphäre bzw. der Aufenthalt darin, sondern hinzukommen muß die Beeinträchtigung der sozialen Funktionen.

Unsere Bestimmung des Rechtsguts und seiner sozialen Funktion für den Bereich der Wohnung zeigt, daß dieses Hausrecht weder ein Vermögens- oder Freiheitsrecht ist noch die Räume, auf die es anwendbar ist, um ihrer selbst willen schützt[16]. Vielmehr steht hinter dem Schutz der oben beschriebenen häuslichen Privatsphäre die Person des Berechtigten. Auch heute noch bedarf der einzelne eines räumlichen Schutzbereichs für seine Person, zwar nicht mehr zur Wahrung seines Lebens und seiner körperlichen Integrität, wohl aber zur Schaffung eines individuell geprägten Lebenskreises, der seinen stärksten Ausdruck in der eigenen Wohnung findet[17], d. h. zur Entlastung von den gesellschaftlichen Zwängen und zur individuellen Selbstentfaltung — ein Aspekt, der, wie unsere soziologische Untersuchung gezeigt hat, angesichts ständig zunehmender Technisierung und Bevölkerungsdichte besondere Bedeutung gewinnt[18]. Dieser Bezug zur Person des Berechtigten klingt auch in den zahlreichen Umschreibungen des Hausrechts an[19], doch fehlt diesen Formulierungen infolge der unzureichenden Bestimmung des Rechtsgutsbegriffs der reale Hintergrund und eine klare Abgrenzungsmöglichkeit.

---

[13] Diese räumliche Abgrenzung der häuslichen Sphäre durch den Bereich der Wohnung macht allein den räumlichen Aspekt des Hausrechts aus, dessen Bedeutung z. B. bei *Hanack* (JuS 1964, S. 354) ziemlich unklar bleibt.

[14] Diese Funktion beschränkt sich zwar auf die Familienwohnung, darf aber wegen des bedeutenden Anteils dieser Wohnungen nicht unerwähnt bleiben (s. oben 3. Teil I 1).

[15] Auf die Bedeutung der Selbstdarstellung und der Entspannung verweist auch *Eckhardt*, Diss. S. 188 f. (s. aber auch oben 2. Teil, Anm. 31). — Klassisch für die Entlastungsfunktion schon *Welcker*, s. oben 3. Teil, Anm. 48.

[16] Falsch ist daher insbesondere die vordergründige Beschreibung des Hausrechts durch *Frühling*, der das Wesen des Hausrechts als „rein negatorisches Abwehrrecht" bezeichnet (Diss. S. 49 ff. [50]); s. auch oben 2. Teil I 3.

[17] Vgl. auch Art. 8 Abs. 1 MenschRKonv., der die private häusliche Sphäre der Wohnung schützt.

[18] Ebenso *Schmitt*, Diss. S. 50 ff.; *Steiner*, Unverletzlichkeit der Wohnung, S. 56, 64, 66; s. auch *Arndt*, Strafrecht in einer offenen Gesellschaft, bes. S. 35 f.

[19] Vgl. oben 2. Teil I 4 und II 1.

Der Nachteil unserer Umschreibung, das Fehlen einer eingängigen Kurzformel, dürfte durch den Vorteil einer aussagekräftigen und präzisen Erfassung des Hausrechts und seiner sozialen Funktion mehr als ausgeglichen werden, was sich im einzelnen bei der Anwendung unserer Hausrechtsbestimmung auf die Tatbestandsprobleme des Hausfriedensbruchs erweisen wird.

2. Lösung der Problemfälle

a) Der Begriff der Wohnung i. S. des § 123

Die beschriebene häusliche Sphäre wird von der Wohnung nur räumlich erfaßt und nach außen abgegrenzt. Sie gibt dem Wohnungsbegriff des § 123 erst einen konkreten Inhalt, der — im Gegensatz zu den unbestimmten und unterschiedlichen Umschreibungen der Wohnung in der strafrechtlichen Literatur — eine praktikable Abgrenzung der Wohnung von anderen Bereichen ermöglicht: In unserer Gesellschaft erfüllt die Wohnung nur noch in unbedeutendem Maße ein ursprüngliches Grundbedürfnis des Menschen nach körperlicher Sicherheit und Bequemlichkeit, indem sie ihm etwa Schutz gegen zügellose Gewalt und Fehde[20] und vor Wind und Wetter, Regen und Schnee bietet. Unsere analytische Betrachtung der Wohnräume zeigt, daß es weder auf die Bestimmung der Räume zur Nachtruhe, auf ihre Unbeweglichkeit noch auf die Eigentumsverhältnisse ankommt, sondern allein darauf, ob die Räumlichkeit eine nach außen abgeschirmte private Sphäre umschließt, die dem Ablauf der gesellschaftlich-funktionalen Prozesse dient. Für die Frage, ob das Verhalten des Täters das Hausrecht in Wohnräumen verletzt, ist freilich nicht im einzelnen nachzuprüfen, ob in den betroffenen Räumen die genannten Prozesse tatsächlich stattfinden, sondern es ist allein darauf abzustellen, ob die Räume nach dem Willen des Inhabers die Sozialisationsfunktion bzw. die Entlastungs- und Selbstdarstellungsfunktion erfüllen sollen und objektiv erfüllen können. Jede Räumlichkeit, die diese Voraussetzungen erfüllt, gilt daher mitsamt den dazugehörigen Nebenräumen[21] als Wohnung i. S. des § 123, also auch ein einzelner Wohnraum oder eine bloße Wohngelegenheit, ein Schiff oder auch ein Wohnwagen; auch das Hotelzimmer gehört dazu, da der Gast hier unter Ausschaltung Dritter vorübergehend eine private Sphäre findet, in der er sich von beruflichen und anderen Anstrengun-

---

[20] Diese Asylfunktion des mittelalterlichen Hausfriedens ist heute bei einer gefestigten und den einzelnen schützenden Rechtsordnung in den Hintergrund getreten.

[21] Dazu gehören nicht die Flure und Treppenhäuser großer Wohnhäuser und Mietblocks, s. unten IV 2.

gen erholt und gegebenenfalls auf neue Aufgaben vorbereitet[22]. Keine Wohnung bildet dagegen etwa die zum Pausenaufenthalt der Arbeiter bestimmte Baubude, da hier die Möglichkeit einer Abschirmung des einzelnen nach außen und damit eine Entlastung im oben genannten Sinne nicht gegeben ist[23]. Nicht als Wohnung i. S. des § 123 sind auch leerstehende Wohnungen und noch nicht bewohnbare Neubauten anzusehen, da sie noch keine nach außen abgeschirmte Privatsphäre bilden — der Eigentümer hat seine Privatsphäre in den von ihm tatsächlich bewohnten Räumen — und sich in ihnen keine der genannten Funktionen erfüllen kann[24].

b) Das Hausrecht im Verhältnis des Vermieters zum Mieter

aa) Mietwohnungen

Nachdem wir das Hausrecht in Wohnräumen mit seinem Beitrag zur Aufrechterhaltung der Bedingungen menschlichen Zusammenlebens ermittelt und eingegrenzt haben, lassen sich die im Falle des Mieterhausrechts auftauchenden Fragen ohne Schwierigkeiten beantworten. Die von uns ermittelte soziale Funktion des Wohnungshausrechts läßt keinen Zweifel daran, daß alleiniger Inhaber des Hausrechts derjenige ist, der die jeweiligen Räume bewohnt, und zwar von dem Zeitpunkt an, in dem er hier rechtmäßig seine Privatsphäre begründet, d. h. mit dem Einzug in die Wohnräume. Das Hausrecht endet dementsprechend mit der tatsächlichen Aufhebung der Privatsphäre. Der Besitz an den Räumen ist daher Voraussetzung und Bedingung des Hausrechts[25]. Diese Feststellungen folgen aus der Tatsache, daß die Wohnungssphäre gerade durch die Abschirmbarkeit gegenüber jedem Dritten und die Möglichkeit unbeobachteten Verhaltens gekennzeichnet ist, da sonst die Funktion der Entlastung und der individuellen Selbstentfaltung nicht erfüllt werden könnte[26]. Da sich jeder Mieter seine häusliche Privatsphäre erst

---

[22] So auch die heute h. M., vgl. *Schäfer*, LK, § 123, Rdnr. 5 m. w. N. Über das Verhältnis des Hausrechts des Gastwirts zum Hausrecht des Gastes, s. unten bei Anm. 38 f.

[23] Falsch ist daher die entgegengesetzte Auffassung *Schäfers* (LK, § 123, Rdnr. 4), der nur auf die Möglichkeit eines Raumes zum Aufenthalt von Menschen abstellt — eine Abgrenzung, die den Begriff der Wohnung ins Uferlose führt.

[24] Zutreffend *Schäfer*, LK (§ 123, Rdnr. 9), *Schöffler* (Diss. S. 40) und *Schönke - Schröder* (§ 123, Rdnr. 4), die diesen Räumen die Wohnungseigenschaft absprechen und sie als befriedetes Besitztum einstufen (s. unten IV 1).

[25] Der Besitz muß jedoch rechtmäßig erlangt sein (beachte aber § 864 BGB); ebenso RGSt. 36, 322 (323); *Berge*, Diss. S. 13 f., 29; *Leiser*, Diss. S. 45, 52; *Schäfer*, LK, § 123, Rdnr. 40, 44, 47.

[26] Vgl. oben 3. Teil I 2 b. Das Merkmal des Unbeobachtetseins klingt auch bei *Hanack* an als ein das Hausrecht prägendes „Merkmal des Ungestörtseins vor der räumlich-körperlichen Anwesenheit Dritter“ (JuS 1964, S. 354).

selbst herstellt und eine solche Sphäre erst Gegenstand des Wohnungshausrechts ist, kann dieses Hausrecht nicht vom Vermieter — mit oder ohne Einschränkungen — auf den Mieter übertragen werden, sondern es entsteht originär mit dem Beginn des Wohnens[27], so daß die in dem Mietvertrag enthaltenen Vereinbarungen über die Benutzung der Wohnräume wohl für zivilrechtliche Streitigkeiten der Parteien von Bedeutung sein können, auf den Umfang des Hausrechts des Mieters aber keinen Einfluß haben[28]. Mit unserer Definition des Hausrechts in Wohnräumen und seiner sozialen Funktion stimmt daher auch die fast einhellig vertretene Auffassung überein, daß das Verbleiben des Mieters in der gemieteten Wohnung nach Ablauf oder Kündigung des Mietverhältnisses kein Hausfriedensbruch ist — der Mieter befindet sich noch in seiner eigenen Wohnungssphäre, nicht in der des Vermieters — und daß der Vermieter nicht befugt ist, die Räume des Mieters gegen dessen Willen zu betreten, selbst wenn ein vertragliches Recht dazu durch den Mietvertrag vorbehalten ist[29].

Wesentlicher Bestandteil der häuslichen Privatsphäre ist die Möglichkeit des Berechtigten, in dem durch die Wohnung abgesteckten Bereich auch solche Handlungen vornehmen zu können, deren Wahrnehmung in der Öffentlichkeit seiner Selbstdarstellung abträglich wäre. Das bedeutet für das Verhältnis zwischen Vermieter und Mieter, daß dem Vermieter keine Kontrollfunktion über die Besucher des Mieters zukommt und der Mieter in der Ausübung seines Hausrechts nicht durch Erwägungen der Sittlichkeit und Billigkeit eingeschränkt ist, der Mieter also allein darüber entscheidet, welche Besucher er empfangen und welche „Handlungen" er mit ihnen vornehmen will, ob er z. B. einen Landstreicher bei sich aufnimmt, nächtliche Damenbesuche empfängt oder gar Gruppensex in seiner Wohnung betreibt. Ebensowenig kann der Vermieter ein Hausrecht gegen den in seiner Wohnung randalierenden Mieter ausüben, denn in den Mieträumen besteht nur das Hausrecht des Mieters, und die Sphäre des Vermieters wird nicht durch „Eindringen" oder „Verweilen" des Mieters verletzt. Abzulehnen ist daher nicht nur die Auffassung, daß sich jeder Hauseigentümer bei Abschluß des Mietvertrages das Recht vorbehalte, allen Besuchern des Mieters die Tür zu weisen, deren Aufenthalt im Hause ihm nicht zuzumuten sei, sondern jede Einschränkung des Hausrechts des Mieters in seinen Wohnräumen zugunsten des Vermieters[30].

---

[27] Ebenso *Berge*, Diss. S. 28 ff.; *Leiser*, Diss. S. 52 f.; *Frühling*, Diss. S. 20.

[28] Vgl. auch *Schröder*, NJW 1966, S. 263 f.; *Jauer*, Diss. S. 48.

[29] Eine einmal erteilte Erlaubnis zum Betreten der Räume ist jederzeit frei widerruflich — anders als die tatsächliche Einräumung der Raumherrschaft.

[30] s. oben 1. Teil, bei Anm. 13 ff. — Macht der Mieter von der Wohnung einen vertragswidrigen Gebrauch oder schädigt er das Ansehen des Vermieters,

Die gleichen Erwägungen gelten auch für einzelne Wohnräume von Untermietern, da auch der Untermieter in seinem Zimmer eine eigene nach außen abgeschlossene Privatsphäre begründet, in der er Entlastung von der beruflichen Anspannung und dem Konformitätsdruck der ihn umgebenden Gesellschaft erfährt und die Möglichkeit der individuellen Selbstentfaltung als Voraussetzung einer konsistenten persönlichen Selbstdarstellung findet[31]. Die Tatsache, daß Untermieter durch den Mietvertrag häufig in ihren Befugnissen eingeschränkt werden, hat auf Bestand und Umfang des Hausrechts, das hier die gleichen sozialen Funktionen erfüllt wie bei dem Hauptmieter, keinen Einfluß, sondern berührt nur die zivilrechtlichen Beziehungen[32].

bb) Gemeinsam zu nutzende Nebenräume

Anderes gilt für die von mehreren Mietern oder von Mieter und Vermieter gemeinsam zu nutzenden Nebenräume der Wohnungen, wie Treppenhaus, Keller, Boden, Waschküche usw[33]. Während die von einem Wohnungsinhaber allein zu nutzenden Nebenräume nach Belieben abschirmbar sind und daher auch in ihrer Zweckbestimmung allein dem Willen des Inhabers unterliegen, also auch reinen Wohnzwecken dienen können, sind die von mehreren Parteien gemeinsam zu nutzenden Nebenräume nicht unmittelbarer Bestandteil der von uns beschriebenen Wohnungssphäre, da sie nicht einen vor jedem Dritten abschirmbaren Privatraum bilden, sondern von vornherein nur zu einer von den Beteiligten ausdrücklich oder stillschweigend vereinbarten gemeinsamen Benutzung bestimmt sind, die freilich im Zusammenhang mit ihren Wohnungen steht. Das bedeutet, daß jeder Beteiligte ein gleichrangiges Hausrecht in diesen Räumen hat, das er in vollem Umfang gegenüber fremden Personen geltend machen kann, die ohne Zustimmung eines der Berechtigten in die Räume eindringen oder sich dort aufhalten. Dagegen ist jeder der Beteiligten in der Ausübung des Hausrechts untereinander durch das Hausrecht der anderen eingeschränkt, d. h. er kann von seinem Hausrecht nur insoweit Gebrauch

---

so ist der Vermieter auf die zivilrechtlichen Möglichkeiten des bürgerlichen Rechts zu verweisen. Auf die Gefahr einer Verlagerung zivilrechtlicher Streitigkeiten in die Ebene des Strafrechts und der Strafgerichte weist auch *Schröder* nachdrücklich hin (NJW 1966, S. 263 f.).

[31] Im Ergebnis ebenso *Berge*, Diss. S. 28 f.; *Welzel*, Lb. S. 333. Es ist bezeichnend, daß die Autoren, die das Hausrecht des Untermieters ablehnen oder einschränken, eine Begründung für diese Auffassung schuldig bleiben (s. oben 1. Teil, Anm. 12 f.).

[32] Im übrigen beruht der Umstand, ob eine Wohnung bzw. ein Wohnraum vermietet oder untervermietet wird, häufig nur auf Zufall und nicht auf Unterschieden in der tatsächlichen Ausgestaltung des Vertragsverhältnisses.

[33] Nicht hierher gehören die Flure und Treppenhäuser großer Wohnhäuser und Mietblocks, s. unten IV 2.

machen, als es den übrigen Parteien im Hinblick auf die gemeinsame Benutzung der Räume zumutbar ist.

Die Frage der Zumutbarkeit bei der Ausübung des Hausrechts in den Nebenräumen stellt sich bei der Prüfung des Hausfriedensbruchs nur in den Fällen, in denen Besucher empfangen werden, die die Nebenräume betreten müssen, um zu der Mietwohnung zu gelangen; denn der Mieter ist aufgrund seines eigenen Hausrechts zum Betreten der Nebenräume und zum Aufenthalt in ihnen berechtigt, und die Vorschrift des § 123 schützt das Hausrecht nur gegen Verletzungen in Form des Eindringens und des unbefugten Verweilens, so daß der Mieter — bzw. der Vermieter — sich allein durch unzumutbares Verhalten in den Nebenräumen nicht eines Hausfriedensbruchs schuldig machen kann[34]. Bei dem Empfang von Besuchern ist die Frage der Zumutbarkeit nicht aufgrund moralischer Kriterien zu entscheiden, etwa unter dem häufig angeführten Gesichtspunkt, daß die Ausübung des Hausrechts gegen die guten Sitten verstoße und deshalb dem Vermieter bzw. den anderen Mietern nicht zumutbar sei[35]. Diese Sichtweise ist vielmehr zu entmoralisieren und auf eine den tatsächlichen Verhältnissen Rechnung tragende Betrachtung umzustellen. Man hätte dann zu prüfen, ob durch das Verhalten der Besucher für die anderen Mieter oder den Vermieter die Möglichkeit einer den Vereinbarungen entsprechenden Benutzung der Räume unmittelbar und tatsächlich eingeschränkt wird[36]. Das wäre etwa zu bejahen, wenn die Besucher die Einrichtungen der Nebenräume beschädigen, die Räume übermäßig beschmutzen usw., so daß sie sich durch ihr gegen das Verbot des Vermieters oder der anderen Mieter erfolgte Betreten oder Verweilen in den Räumen eines Hausfriedensbruchs schuldig machen. Keine tatsächliche Beeinträchtigung liegt jedoch vor, wenn einer der Beteiligten einen Besucher empfängt, von dem bekannt ist, daß er bereits mehrere Kellereinbrüche oder Wäschediebstähle aus Bodenkammern begangen hat, oder wenn der Mieter entgegen der Hausordnung auch fremde Kinder in den Nebenräumen spielen läßt, da es hier nur um die Durchsetzung der Hausordnung geht, die Benutzungsmöglichkeit aber nicht unmittelbar eingeschränkt wird[37].

---

[34] Sonst wären wir wohl auch bald ein „Volk von Hausfriedensbrechern".

[35] Vgl. *Maurach*, Lb. BT S. 183; *Schäfer*, LK, § 123, Rdnr. 45, 46.

[36] Ähnlich *Berge*, Diss. S. 31 f., 43; *Jauer*, Diss. S. 51 — Entsprechend ist bei der Ausübung des Hausrechts durch die Ehegatten für den Bereich der ehelichen Wohnung die Zumutbarkeit dann zu verneinen, wenn durch die Anwesenheit des von einem Ehepartner gegen den Willen des anderen eingeladenen Besuchers das Wohnungshausrecht des anderen Ehepartners in der ihm zukommenden sozialen Funktion wesentlich beeinträchtigt wird, so z. B. bei dem Besuch des vielzitierten Ehebrechers, der eine Entspannung und Entlastung des anderen Ehegatten sicherlich verhindert.

[37] Einen völlig unhaltbaren Standpunkt vertritt *Weimar* (Inwieweit sind Hausverbote des Hauseigentümers berechtigt?, JR 1970, S. 58), der das Haus-

cc) Hotelzimmer

Auch die Hotelzimmer sind als Wohnräume i. S. des § 123 einzustufen, da sie dem Gast eine dem Einblick Dritter verschlossene Privatsphäre bieten, in der er sich von beruflichen und anderen Anstrengungen entspannt und auf seine Darstellung im Arbeitsprozeß vorbereitet, so daß er alleiniger Inhaber des Wohnungshausrechts in dem von ihm gemieteten Hotelzimmer ist. Trotz der nur vorübergehenden Inanspruchnahme des Zimmers als Raum der eigenen Privatsphäre bleibt der Gast so lange Inhaber des Hausrechts, bis er auszieht oder mit staatlicher Gewalt aus dem Besitz des Hotelzimmers gesetzt wird. Verstößt also der Hotelgast gegen die Hausordnung oder den Mietvertrag, indem er z. B. lärmende Besucher in seinem Zimmer empfängt oder noch weitere Personen dort schlafen läßt, so kann der Gastwirt zwar — gegebenenfalls fristlos — kündigen, diese Kündigung aber nur mit Hilfe einer einstweiligen Verfügung und des Gerichtsvollziehers durchsetzen; liegt in dem Verhalten des Gastes und seiner Besucher zugleich eine Störung der öffentlichen Sicherheit und Ordnung, so kann der Gastwirt sie freilich auch durch die Polizei vor die Tür setzen lassen. Dringt er aber selbst gegen den Willen des Gastes in das vermietete Zimmer ein, um den Gast oder die Besucher hinauszuweisen, so verletzt er das Hausrecht des Gastes[38]. Insoweit besteht also kein Unterschied zum Hausrecht des Mieters[39], da der Gastwirt — wenn auch nur für begrenzte Zeit — ebenso wie der Wohnungsvermieter seine Räume dem Gast zur Schaffung einer eigenen Privatsphäre zur Verfügung gestellt hat. Dabei hat er selbst das Risiko übernommen, ob der Gast die Hausordnung einhält, und ist bei vertragswidrigem Verhalten des Gastes allein auf die zivilrechtlichen Möglichkeiten zu verweisen[40].

---

recht aus dem Eigentum ableitet und einseitig die Interessen der Hauseigentümer vertritt: Nur in für uns selbstverständlichen Fällen soll ein Hausverbot des Eigentümers unzulässig sein, z. B beim Spielen fremder Kinder in der Mietwohnung (nicht aber beim Spielen in den Nebenräumen!) oder bei Postboten und bei Handwerkern, die im Auftrag des Mieters in der Mietwohnung Arbeiten ausführen wollen.

38 Randalieren die Besucher des Hotelgastes dagegen gerade auf dem — gemeinsam zu nutzenden — Flur oder im Treppenhaus, so kann der Gastwirt sie aus dem Haus weisen, da sie durch ihr Verhalten die Möglichkeit der gemeinsamen Benutzung erheblich beeinträchtigen und dadurch das Hausrecht der übrigen Berechtigten (Gastwirt, Gäste) verletzen.

39 Abgesehen davon, daß der Mieter nicht durch eine einstweilige Anordnung vor die Tür gesetzt werden kann, sondern Räumungsschutz genießt, was aber allein an der zivilgesetzlichen Regelung liegt. Dieser Unterschied ist dadurch gerechtfertigt, daß der Hotelgast noch eine bleibende Privatsphäre in seiner ständigen Wohnung hat und daher eines Räumungsschutzes nicht bedarf.

40 Ebenso *Schöffler*, Diss. S. 31 — Unter der Voraussetzung einer ausschließlichen Gebrauchsüberlassung bejaht auch *Berge* (Diss. S. 29, 38) das uneingeschränkte Hausrecht des Gastes; eine ausschließliche Gebrauchsüberlassung

c) *Weitere Auswirkungen der Hausrechtsbestimmung auf das Tatbestandsmerkmal des Eindringens*

Unserer Bestimmung des Hausrechts in Wohnräumen als einer vor der Wahrnehmung durch Dritte abgeschirmten häuslichen Privatsphäre, die die sozialen Funktionen der Entlastung, der individuellen Selbstentfaltung und der Sozialisation des Kindes erfüllt, ist zu entnehmen, daß wir es hier mit einem gegen Eingriffe von außen empfindlichen Schutzbereich zu tun haben, der durch seinen Charakter als nach außen abgeschirmter Privatraum auf einen lückenlosen Schutz gegen äußere Angriffe angewiesen ist, um eben ein Durchbrechen der Abschirmung zu verhindern und den privaten Charakter der Eigensphäre zu gewährleisten. Das bedeutet für das Tatbestandsmerkmal des Eindringens, daß seine Voraussetzungen schon dann erfüllt sind, wenn jemand die Wohnräume ohne den Willen des Berechtigten betritt, da bei diesen höchst privaten Räumen davon auszugehen ist, daß sie von Dritten nur mit Zustimmung des Berechtigten betreten werden dürfen[41]. Ein Eindringen in Wohnräume liegt daher schon dann vor, wenn jemand in die durch die Wohnung räumlich abgesteckte häusliche Privatsphäre tritt, es sei denn, der Berechtigte stimmt dem Betreten zu[42]. Fehlt eine positive Willensäußerung des Berechtigten, so ist gegebenenfalls zu prüfen, ob in dem einzelnen Fall besondere Umstände eine Einwilligung des Berechtigten vermuten lassen[43]; liegen diese Umstände nicht vor, so ist das Tatbestandsmerkmal des Eindringens in Wohnräume erfüllt. Die Gegenmeinung, die das Eindringen als ein Handeln gegen den Willen des Berechtigten bestimmt, muß erst einen entgegenstehenden Willen konstruieren, wenn sie das Betreten fremder Wohnräume als „Eindringen" qualifizieren will[44]. Damit verkennt sie den Charakter der Wohnung als einer von vornherein nach außen abgeschirmten Privatsphäre und gerät zudem in große Schwierigkeiten bei der Frage, wann ein entgegenstehender Wille des Berechtigten zu vermuten ist, ob z. B. schon der mit dem Betreten verfolgte unerwünschte Zweck ein Eindringen i. S. des § 123 begründet usw.[45]. Nach unserer Bestimmung des Hausrechts für

---

liegt aber bereits in der Vermietung eines Zimmers, weshalb vertragliche Einschränkungen für den Bestand und Umfang des Wohnungshausrechts ja gerade ohne Belang sind, worauf *Berge* auch selbst hinweist (Diss. S. 29).

[41] Da die Vorschrift des § 123 ein Antragsdelikt ist, ist die Gefahr einer Ausdehnung der Strafbarkeit gering.

[42] Die Einwilligung wirkt hier tatbestandsausschließend (sog. Einverständnis).

[43] Wie hier *Schröder*, JR 1967, S. 304; ders., JR 1969, S. 467; *Schönke - Schröder*, § 123, Rdnr. 11.

[44] So *Maurach*, Lb. BT S. 182; *Schäfer*, LK, § 123, Rdnr. 21; *Welzel*, Lb. S. 333 f.

[45] s. schon oben 1. Teil II 2 b.

den Bereich der Wohnräume ist dagegen klar erkennbar, daß bereits in dem Betreten der Wohnräume grundsätzlich ein Übertreten der Abschirmung und damit die Überwindung eines Widerstands liegt[46].

Aus unserer Rechtsgutsbestimmung folgt weiter, daß es für die Frage der Zustimmung auf den wahren Willen des Berechtigten ankommt, also auch derjenige in die Wohnung eindringt, der sich die Einwilligung zum Betreten der Räume erzwingt oder durch Vorspiegelung falscher Tatsachen erschleicht, z. B. sich — der Wahrheit zuwider — als Gasmann oder Kriminalbeamter ausgibt. Denn das Hausrecht in Wohnräumen erschöpft sich nicht in der bloßen Befugnis, über Eintritt bzw. Ausweisung zu entscheiden, sondern schützt einen individuellen Eigenraum, der dem Einblick und den Verhaltenserwartungen unerwünschter Dritter verschlossen bleiben soll und daher von jeglicher Fremdbestimmung freizuhalten ist. Erschleicht sich ein Dritter durch Täuschung oder Drohung die Erlaubnis zum Eintritt in diese Sphäre, so nimmt er dem Hausrechtsinhaber gerade die Möglichkeit, sich vor unerwünschten Einflüssen zu schützen[47] und nur den Personen Einblick in seine häusliche Sphäre zu gewähren, die seine Würde und die notwendige Konsistenz der Selbstdarstellung nicht gefährden. Die individuelle Selbstentfaltung setzt die Gewährleistung eines Handlungsspielraums voraus, dessen Ausfüllung dem Berechtigten als Person voll zurechenbar ist. Die Gewährleistung einer dem Individuum zurechenbaren Handelssphäre ist aber dann nicht mehr gegeben, wenn unerwünschte Dritte die auch gegen sie errichtete Abschirmung der Wohnsphäre überschreiten, indem sie die Zustimmung des Hausrechtsinhabers erschleichen oder erzwingen und damit tatsächlich ihren eigenen Willen an die Stelle des Willens des Berechtigten setzen[48]. Es zeigt sich daher, daß die Einwilligung hier stets durch eine rechtsgutsbezogene Täuschung oder Drohung erreicht wird[49] und das

[46] Ebenso *Hanack*, der zwar ein einheitliches Hausrecht für alle Räumlichkeiten annimmt, für das Betreten fremder Wohnungen aber bereits ein Handeln ohne Willen des Berechtigten als Eindringen qualifiziert, da hier der Widerspruch des Berechtigten „schon nach den Umständen zu vermuten sei" (JuS 1964, S. 354, Anm. 16).

[47] Das betont auch *Eckhardt*, Diss. S. 188, kommt hier aber zu einer Ablehnung des Hausfriedensbruchs, da seine Erörterungen im wesentlichen auf eine Abgrenzung des Hausrechts in Geschäftsräumen hinauslaufen, indem er auf die Realisierbarkeit allgemeiner Zutrittsverbote abstellt, die aber nur bei Geschäftshäusern eine Rolle spielen (s. unten II 2 a).

[48] Vgl. dazu unsere Ausführungen oben 3. Teil, bei Anm. 73 ff.

[49] Eine rechtsgutsbezogene Täuschung des Berechtigten liegt dagegen nicht vor, wenn jemand eine bereits bestehende Eintrittserlaubnis zu widerrechtlichen Zwecken mißbraucht, z. B der Freund des Hauses bei einem seiner Besuche den Schmuck der Hausfrau stiehlt oder die Tochter des Hauses notzüchtigt. Hier beruht der Einlaß in die Privatsphäre auf einer bereits vorher ohne Täuschung zustande gekommenen Willensbildung des Berechtigten, so daß im Augenblick des späteren Betretens keine neue Einwilligung erschwindelt zu werden braucht, der Besucher daher insofern auch keine Abschirmung mehr durchbricht.

Betreten mit erschlichener Einwilligung das Wohnungshausrecht in der ihm zukommenden sozialen Funktion verletzt[50]. Die Einwilligung zum Betreten der Wohnräume ist also nur dann strafrechtlich relevant, wenn sie in Kenntnis der wahren Sachlage erteilt wird[51].

Die von einem Teil des Schrifttums vertretene Auffassung, daß das Einverständnis nicht in Kenntnis der vollen Tragweite erteilt sein müsse, sondern es hier lediglich auf den natürlichen Willen des Berechtigten ankomme[52], ist schon im Ansatz verfehlt, da sie die Voraussetzungen, die an die tatbestandsausschließende Einwilligung zu stellen sind, nicht vom Rechtsgut her bestimmt, sondern allein aus der Unterscheidung von rechtfertigender und tatbestandsausschließender Einwilligung: Die erstere sei bei Willensmängeln unbeachtlich, bei der letzteren dagegen komme es nur auf den „natürlichen Willen" an. Der Grund dieser Unterscheidung wird nicht näher erklärt. Da die Einwilligung sowohl Rechtfertigungsgrund als auch offen oder versteckt Tatumstand oder Tatumstandsbestandteil sein kann, ihre Wirkung also von sprachlichen Zufälligkeiten, von der Willkür des Gesetzgebers abhängig ist, leuchtet eine unterschiedliche Behandlung der Willensmängel bei Einwilligung und Einverständnis nicht ein[53].

Für unsere aus der Bestimmung des Wohnungshausrechts und seiner sozialen Funktionen abgeleitete Auffassung sprechen im übrigen noch zwei weitere Erwägungen: Das Betreten fremder Wohnungen mit erschlichener Einwilligung geschieht nicht nur ohne den wahren Willen des Berechtigten, sondern bedeutet auch die Überwindung eines psychischen Widerstands, denn der Hausrechtsinhaber ist gewiß nicht mit dem Eintreten eines sich als Kriminalbeamter ausgebenden Diebes einverstanden; insofern besteht zunächst ein — auch dem Täter erkennbarer — psychischer Widerstand. Wie die Überwindung dieses Widerstands erfolgt, ist für den Tatbestand des § 123, soweit er sich auf den Schutz

---

[50] Vgl. auch *Arzt*, Willensmängel bei der Einwilligung, S. 15 ff., 24 ff. Arzt stellt ebenfalls auf die Rechtsgutsbezogenheit der Täuschung ab, lehnt aber im Fall des Hausfriedensbruchs eine Rechtsgutsbezogenheit generell ab, da er das Hausrecht irrtümlich als bloße Befugnis bestimmt, „über Eintritt bzw. Ausweisung zu entscheiden" (S. 27). Hier zeigt sich, daß eine formelhafte Bestimmung des Rechtsguts nicht ausreicht, sondern die Schutzfunktion einer Norm erst durch die Ermittlung der sozialen Funktionen des Rechtsguts erfaßt wird.

[51] Wie hier — allerdings ohne die Einschränkung auf den Bereich der Wohnräume — RG GA Bd. 47, S. 284; *Baumann*, Lb. S. 311, 316; *Berge*, Diss. S. 18; *Maurach*, Lb. BT S. 182; *Schäfer*, LK, § 123, Rdnr. 39; *Schwarz - Dreher*, § 123, Anm. 3 A b.

[52] So *Geerds*, Diss. S. 115 f., 185 f.; *Jescheck*, Lb. AT S. 246 f.; *Schönke - Schröder*, § 123, Rdnr. 14 b.

[53] Vgl. auch *Arzt*, Willensmängel bei der Einwilligung, S. 7 ff.; *Baumann*, Lb. S. 315 f.; *Roxin*, Offene Tatbestände und Rechtspflichtmerkmale, S. 129 f.

der abgeschirmten Privatsphäre bezieht, unerheblich[54]. Hier überwindet der Täuschende den psychischen Widerstand des Berechtigten dadurch, daß er den konkreten Willen des Hausrechtsinhabers, ihn als fremde Person nicht in die Wohnung zu lassen, nicht unmittelbar durchbricht, sondern gleich ganz beseitigt. Vergleicht man zum anderen einmal das Verhalten dessen, der sich die Eintrittserlaubnis durch eine Täuschung erschleicht, mit der Handlung des Täters, der in Abwesenheit des Eigentümers ein abgesperrtes fremdes Grundstück betritt, so wird man in dem dreisten Verhalten des ersten Täters wohl einen größeren Unrechtswert sehen müssen als in der Handlung des letzteren.

Die Erprobung unserer Bestimmung des Wohnungshausrechts an einzelnen Problemen, die der Tatbestand des Hausfriedensbruchs in Wohnräumen aufwirft, hat gezeigt, daß wir mit dieser Beschreibung des Rechtsguts und seiner sozialen Funktionen für den Bereich der Wohnräume nicht eine nur abstrakte Formel gefunden haben, sondern eine Definition, die durchaus geeignet ist, die Tatbestandsmerkmale des Hausfriedensbruchs näher zu konkretisieren und einzelne Problemfälle nach einem einheitlichen Maßstab und sachgerecht zu subsumieren. Da der Wortlaut des Gesetzes nur die Hausrechtsverletzungen erfaßt, die durch ein Betreten der Räume oder durch ein Verweilen in ihnen erfolgen, also nicht schon derjenige Hausfriedensbruch begeht, der die häusliche Sphäre durch andere Einwirkungen von außen verletzt (z. B. durch ständiges Läuten und dergleichen), ist die Gefahr, daß die umfassende Bestimmung des Wohnungshausrechts zu einer Ausuferung des Tatbestands des § 123 führt, gering[55]. Insoweit kann also auch das ermittelte Rechtsgut und seine soziale Funktion die Tatbestandsmerkmale nicht über den Gesetzeswortlaut hinaus auslegen.

II. Die Schutzfunktion des § 123 im Bereich der Arbeitsräume[56]

1. Das Hausrecht in Arbeitsräumen und seine soziale Funktion

a) Gegenüberstellung von Wohn- und Arbeitsraum

Unser soziologisches Durchforsten der Wohn- und Arbeitsräume hat deutlich gemacht, daß die Sphäre innerhalb der Arbeitsräume in starkem Gegensatz zum Wohnbereich steht, wie auch der Betrieb die der Familie

---

[54] s. *Maurach*, Lb. BT S. 182; *Nölting*, Diss. S. 39.

[55] Daher überzeugen auch die Einwände *Rosenfelds* (Verbrechen und Vergehen wider die persönliche Freiheit, S. 392 f.) nicht.

[56] Wir bezeichnen die Geschäftsräume hier entsprechend ihrer inhaltlichen Bedeutung als Arbeitsräume (s. oben 3. Teil II 2 a) — eine Bezeichnung, die wegen ihrer genaueren Ausdrucksweise auch de lege ferenda den Ausdruck Geschäftsräume ersetzen sollte.

am stärksten entgegengesetzte Gruppe darstellt. Bedingt durch die sachlichen Anforderungen des Arbeitslebens vollzieht sich hier eine unpersönliche, rationale Arbeitsgestaltung, die für den einzelnen häufig unüberschaubar und anonym bleibt. Während, wie wir feststellen konnten, die Beziehungen im häuslichen Bereich der Familie durch Affektivität und Diffusheit gekennzeichnet sind, wird von dem arbeitenden Menschen im heutigen Arbeitsprozeß ein seiner Rolle zugeschriebenes Verhalten erwartet, das durch die Orientierungsalternativen der affektiven Neutralität und der Spezifizität bestimmt ist[57]. Mit den Kriterien der Wohnung, der Entlastung und Erholung, korrespondieren die allgemeinen Kriterien der Arbeit, die Belastung und Ermüdung. Während die Wohnräume den intimen Persönlichkeitsbereich des Menschen umfassen, erscheint in den Arbeitsräumen der Zusammenhang mit der Persönlichkeit des Inhabers als gelöst, der „Bewohner" bleibt weitgehend im Hintergrund, da die Sphäre in den Arbeitsräumen dem reinen Arbeitszweck unterworfen ist. Dieser Arbeitszweck erfordert häufig eine Transparenz des Arbeitsraums, um die Kontaktaufnahme nach außen und die Zusammenarbeit mit anderen zu ermöglichen, während die Wohnung gerade eine Sphäre der Freiheit von der Einwirkung anderer umschließt.

Diese Polarität zwischen den beiden Bereichen fordert auch eine unterschiedliche Behandlung der Wohn- und Arbeitsräume auf rechtlicher Ebene heraus. Für den Tatbestand des Hausfriedensbruchs wird diese Forderung allerdings nur vereinzelt im älteren Schrifttum erhoben[58], während die jüngere Strafrechtsliteratur und Rechtsprechung nicht einmal die Möglichkeit einer Differenzierung sehen[59].

Auch bei der Auslegung des Wohnungsbegriffs in Art. 13 Abs. 1 GG wird der Unterschied der beiden Sphären sowohl in der Rechtsprechung als auch in der Lehre verkannt, da sie den Begriff der Wohnung weit auslegen und auf Betriebs- und Geschäftsräume ausdehnen. Auch das Bundesverfassungsgericht, das die Frage des engen oder weiten Wohnungsbegriffs bisher offengelassen hatte, hat sich in seiner jüngsten Entscheidung[60] für die weite Auslegung des Wohnungsbegriffs entschieden,

---

[57] Es handelt sich hier um zwei der fünf Begriffspaare der „pattern variables", die von Parsons und anderen Autoren in der strukturell-funktionalen Theorie zur Analyse sozialen Handelns verwendet werden. Sie definieren die alternativen Orientierungsmöglichkeiten des Handelnden in einer Rollenbeziehung und dienen der klassifikatorischen Beschreibung von Rollen. Vgl. *Parsons,* The Social System, S. 45 ff., 58 ff.; s. auch schon oben 3. Teil, Anm. 28.

[58] s. oben 2. Teil, Anm. 39; *Berge* (Diss. S. 12) sieht eine „eigentümliche Entwicklung" des Hausrechts darin, „daß es sich auch auf Geschäftsräume und abgeschlossene Räume, welche zum öffentlichen Dienst oder Verkehr bestimmt sind, erstreckt. Hierin liegt eine weitgehende Entfremdung von dem eigentlichen Begriff des Hausrechts".

[59] Vgl. oben 2. Teil II 1.

[60] BVerfG NJW 1971, S. 2299 ff. mit zahlreichen Nachweisen.

teils — wenig überzeugend — unter starrer Berufung auf die Rechtsentwicklung und auf ausländische Regelungen, teils unter Hinweis auf die Bedeutung des Arbeitsraums für die Persönlichkeitsentfaltung und die individuelle Lebensgestaltung des einzelnen. Eine solche Auslegung läßt sich nur auf den überholten „Herr-im-Haus-Standpunkt“ zurückführen, nicht aber mit den tatsächlichen Gegebenheiten in Einklang bringen. Die Wohnung als eigentlicher Lebensraum, als Raum der Selbstentfaltung, steht in starkem Gegensatz zu dem öffentliche Interessen berührenden Arbeitsraum, dessen Einbeziehung in die Unverletzlichkeit der Wohnung einseitig dem Unternehmer zugute kommt, nicht aber den Arbeiter schützt, der hier unter ständigem Leistungsdruck und Darstellungszwang nur seiner Arbeit nachgeht und daher hier keine „Freistätte“ vorfindet. Will man die Durchsuchung und Überwachung der Arbeitsräume, die der Eigentümer selbst aus seiner Privatsphäre herausgenommen und zum Arbeitsplatz bestimmt hat, weiterhin von bestimmten Voraussetzungen abhängig machen, so muß man den Schutz dieser Räume gesondert regeln[61]; denn bei den Arbeitsräumen geht es um die Belange aller am Unternehmen Beteiligten, besonders um den Schutz der Arbeitskräfte und gegebenenfalls des Publikums, so daß hier — anders als in der Wohnung — Sicherheitsvorkehrungen getroffen werden müssen, die im Rahmen der Wirtschafts-, Arbeits- und Steueraufsicht von den Verwaltungsbehörden an Ort und Stelle überprüft werden müssen[62]. Die in Art. 13 GG normierten Einschränkungsvoraussetzungen decken solche Betretungs- und Besichtigungsrechte, z. B. die Kontrolle der Gewerbeaufsicht, nicht, da sie auf den strenger zu schützenden Bereich der — eigentlichen — Wohnräume zugeschnitten sind, das Grundrecht der Unverletzlichkeit der Wohnung also mit einem relativ engen Vorbehalt versehen ist. Der weite Wohnungsbegriff führt somit die ganze Arbeitsschutzgesetzgebung ad absurdum. Die h. L. beruft sich auf die angeblich schlechte Fassung der in Art. 13 GG genannten Einschränkungen und behilft sich mit einer Überdehnung der Bindungsnormen, was notwendigerweise zugleich den besonderen Schutz der Wohnräume und damit des Privat- und Familienlebens aushöhlt[63].

---

[61] Ein angemessener Schutz der Arbeitsräume dürfte im übrigen durch andere Grundrechte, insbesondere durch Art. 2 Abs. 1 GG, hinreichend gewährleistet sein.

[62] Vgl. die Aufzählung der gesetzlichen Betretungs- und Besichtigungsrechte bei *Stein*, Wirtschaftsaufsicht, S. 121, Anm. 9.

[63] Einen engen Wohnungsbegriff vertritt aus den genannten Gründen auch *Stein*, Staatsrecht, S. 185 ff.; Wirtschaftsaufsicht, S. 121 ff.; ähnlich auch der Bundesminister für Justiz, der auch auf die Verwendung des engeren Wohnungsbegriffs in der Bundesgesetzgebung der jüngeren Zeit hinweist, in einer vom BVerfG angeforderten Stellungnahme zur Auslegung des Art. 13 GG (s. BVerfG NJW 1971, S. 2299 ff.).

Die bei näherer Untersuchung des Verhältnisses von Wohn- und Arbeitsraum[64] unhaltbare Argumentation, daß die Arbeitsräume der Persönlichkeitsentfaltung dienten und ebenso wie die Wohnung als räumliche Privatsphäre zu verstehen seien, schränkt das Bundesverfassungsgericht daher auch durch eine differenzierende Auslegung der Eingriffe und Beschränkungen wieder erheblich ein, indem es zutreffend auf die größere Offenheit und die Wirkung der Arbeitsräume nach außen und den daraus resultierenden Unterschied des Schutzbedürfnisses von Wohn- und Arbeitsräumen hinweist und daraus für diese Räume eine unterschiedliche Auslegung der Eingriffe und Beschränkungen ableitet. Soweit sie sich auf die „Wohnung im engeren Sinn" beziehen, seien sie streng auszulegen, da hier der Schutzzweck voll durchgreife; soweit es sich dagegen um die üblichen und staatlich notwendigen Betretungs- und Besichtigungsrechte bei Geschäfts- und Betriebsräumen handele, seien diese nicht mehr als von Art. 13 Abs. 3 GG erfaßte „Eingriffe und Beschränkungen" zu qualifizieren. Diese Differenzierung steht freilich zu den eigenen Argumenten des Bundesverfassungsgerichts für den weiten Wohnungsbegriff im Widerspruch und verschleiert nur die Unhaltbarkeit einer weiten Auslegung des Wohnungsbegriffs. Haltbar ist daher auch in Art. 13 GG nur eine dem allgemeinen und dem juristischen Sprachgebrauch und den sozialen Gegebenheiten entsprechende Auffassung der Wohnung als Entspannungs- und Erholungsraum, in dem der einzelne allein oder im Kreis seiner Familie tun und lassen darf, was ihm beliebt. Der aus der Privatsphäre ausgegliederte Arbeitsraum dagegen dient dem Ablauf der rationalisierten und funktional disziplinierten Arbeitsvorgänge, also einem ganz anderen Zweck als die privaten Wohnräume des einzelnen und der Familie.

b) Die Transparenz der Arbeitsräume

Aus der sozialen Funktion der Arbeit und dem von uns bereits dargestellten vielfältigen Bezug der Arbeitssphäre zur Öffentlichkeit[65] ergibt sich auch im Gegensatz zu den Wohnräumen eine grundsätzliche Transparenz der Arbeitsräume: In den funktional organisierten Arbeitsprozessen mit dem Ziel der Mittelbeschaffung ist der Inhaber der Arbeitsräume zumeist auf die Kommunikation mit anderen in seinen Arbeitsräumen angewiesen, so der Anwalt auf den Mandanten, der Kaufmann auf den Kunden und Schaulustigen, der Unternehmer auf den Arbeiter und Zulieferer und umgekehrt. Die bewußt aus der häuslichen Privatsphäre ausgegliederten Arbeitsräume sind daher grundsätzlich nicht — wie die Wohnräume — durch eine strikte räumliche Abtrennung, die die freie, direkte und persönliche Kommunikation vermindern würde,

---

[64] s. dazu besonders unsere Ausführungen oben 3. Teil II 1.

[65] s. bes. oben 3. Teil II 1 c, 2 c, 2 d.

gekennzeichnet, sondern durch eine durch den jeweiligen Arbeitszweck bedingte und begrenzte Transparenz, die freilich je nach der dort verrichteten Arbeit unterschiedlich groß ist[66]. So überwiegt bei einigen Arbeitsräumen, in denen etwa Geschäfts- und Betriebsgeheimnisse zu wahren sind oder die Art der Arbeitstätigkeit eine strenge Abgeschiedenheit der Räume erfordert, die Abgeschlossenheit nach außen die sonstige Durchlässigkeit[67]. Handelt es sich dabei um solche Räume, in denen zwar überwiegend gearbeitet wird, die aber ohne jeden Kontakt zur Öffentlichkeit bestehen und daher auch je nach dem momentanen Bedürfnis des Inhabers unabhängig von irgendwelchen Arbeitszeiten sowohl als Arbeitsraum als auch als Raum zur persönlichen Entspannung benutzt werden können[68], so fehlt es an der oben aufgezeigten rationalisierten und formalisierten Arbeitsstruktur und dem Bezug zur Öffentlichkeit, so daß wir in diesen Fällen nicht von Arbeitsräumen in dem bisher genannten Sinn sprechen können, wir diese Räume vielmehr wie der privaten Sphäre zugehörige Wohnräume aufzufassen und zu behandeln haben, zumal es hier an einer sichtbaren Ausgliederung der Räume aus der häuslichen Privatsphäre fehlt[69]. Bei den anderen Räumen ändert jedoch auch die starke Abgrenzung nichts an der Art der in diesen — aus der häuslichen Sphäre herausgenommenen — Räumen ausgeübten Tätigkeit; die Abgrenzung ist nur ein Ausfluß der grundsätzlich privaten Verfügungsgewalt des Inhabers bzw. Unternehmers, dessen Machtsphäre freilich, wie wir gesehen haben, durch die Mitbestimmung und die Verflechtung der Arbeitswelt mit dem öffentlichen Bereich, insbesondere durch die Kontroll- und Eingriffsrechte öffentlicher Stellen — Finanzamt, Gewerbeaufsichtsamt, Berufsgenossenschaft usw. —, erheblich eingeschränkt ist, wodurch auch die Abgeschlossenheit der Arbeitsräume in starkem Maße durchlöchert wird[70]. Die Sphäre ist daher auch in diesen Räumen zwar keine öffentliche, aber doch eine ganz andere und weniger abgeschirmte als die von uns beschriebene Intim- und Privatsphäre in den Wohnräumen.

Bei den seltenen Mischformen, bei denen Wohn- und Arbeitsbereich noch eng miteinander verknüpft sind — z. B. bei manchen Gastwirtschaften, Bauernhöfen und Handwerksbetrieben, wo sich neben den

66 s. auch *Stein*, Wirtschaftsaufsicht, S. 128 f.

67 Dann gibt es z. B. nur einen auf Betriebsangehörige beschränkten Zugang durch bewachte Betriebstore.

68 Das gilt z. B. für das private, nach außen abgeschirmte Arbeitszimmer eines Wissenschaftlers, Künstlers usw., nicht jedoch für solche Räume, die zum Arbeitsplatz für familienfremde Personen bestimmt sind.

69 Vgl. *Stein*, Wirtschaftsaufsicht, S. 129.

70 Zu erinnern ist hier auch an die häufigen Betriebsveranstaltungen und Betriebsführungen, denen sich kaum ein Unternehmer — wegen der öffentlichen Beziehungen — entziehen kann; s. auch *Plessner*, Das Problem der Öffentlichkeit und die Idee der Entfremdung, bes. S. 9 ff.

Wohnräumen die Gaststube, der Stall oder die Werkstatt befindet[71] —, ist ebenfalls von einer durch den jeweiligen Arbeitsbetrieb bedingten Transparenz des gesamten Anwesens auszugehen, solange die Wohnräume nicht deutlich erkennbar als Wohnteil von den Arbeitsräumen getrennt sind. Denn hier ist „niemals die Abschließung der privaten Sphäre in solchem Umfange möglich wie etwa in der Dreizimmerwohnung eines hellhörigen Mietshauses von heute“[72]. Bei diesen Mischformen sind die Wohnräume während des Arbeitsbetriebs aus ihrer sonst üblichen Abschirmung herausgelöst und in die Arbeitssphäre eingegliedert, die häusliche Privatheit also zugunsten des Arbeitsbetriebs während der Arbeitszeit bewußt eingeschränkt worden.

Aus der grundsätzlichen Transparenz der Arbeitsräume folgt nun freilich nicht eine ständige beliebige Zugänglichkeit, sondern nur die Einschränkung, daß die Inhaber solcher Arbeitsräume, die nur zu bestimmten Zeiten oder nur einem begrenzten Personenkreis geöffnet sein sollen oder auch gar keinem Außenstehenden, dies besonders kenntlich machen müssen, z. B. durch entsprechende Absperrungen (bewachtes Fabriktor, geschlossene Türen), besondere Legitimationserfordernisse und ähnliches. Weitere Schlußfolgerungen aus der Transparenz der Arbeitsräume für den Tatbestand des Hausfriedensbruchs lassen sich erst dann ziehen, wenn wir das Hausrecht in diesen Räumen bestimmt haben. Nachdem wir die Arbeitsräume nach Inhalt und Struktur von den Wohnräumen abgegrenzt haben, können wir nunmehr für diese Räume das Hausrecht gesondert abgrenzen.

c) Die Bestimmung des Hausrechts in Arbeitsräumen

Die in unserer soziologischen Untersuchung ermittelten unterschiedlichen sozialen Funktionen und die Feststellung entgegengesetzter Strukturen einerseits für Wohnräume, andererseits für Arbeitsräume zwingen uns auch zu einer unterschiedlichen Bestimmung der in diesen Räumen geschützten Rechtsgüter. Kombiniert man das güterkonstituierende Werturteil des Gesetzgebers, der die Geschäftsräume in § 123 gesondert aufzählt und sie in anderen Bestimmungen zahlreichen Einschränkungen und Kontrollen unterwirft und damit bewußt von den privaten Wohnräumen abhebt, mit der sozialen Funktion der Arbeitsräume, so ist das Hausrecht in „Geschäftsräumen“ zu bestimmen als

> die durch die Arbeitsräume äußerlich abgesteckte halböffentliche Sphäre, in der sich rational und formal organisierte Arbeitsprozesse vollziehen mit dem gesellschaftlich-funktionalen Ziel der Mittelbeschaffung (Anpassungsfunktion) und der Angleichung an die gesellschaftlichen Normen.

---

[71] s. schon oben 3. Teil, Anm. 89.

[72] *Bahrdt*, Großstadt, S. 102.

Diese Bestimmung bringt einmal die grundsätzliche Durchlässigkeit der Sphäre zum Ausdruck und verweist zum anderen auf den unterschiedlichen Inhalt der Arbeitsräume. Aus der Tatsache, daß der Inhaber die Organisation der Arbeitsprozesse bestimmt, ist zu entnehmen, daß es in seiner Macht liegt, die Durchlässigkeit einzuschränken und ihm unerwünschte Personen aus den Räumen zu weisen. Diese beiden Aspekte tragen dem von der häuslichen Privatsphäre verschiedenen Schutzbedürfnis der Arbeitsräume Rechnung: Anders als die Wohnräume weisen die Arbeitsräume einerseits die nötige Zugänglichkeit auf, um die erforderliche Kooperation und Kontaktaufnahme mit den Kunden und anderen Teilnehmern herzustellen — was aus der Mittelbeschaffungsfunktion der Arbeit folgt —, andererseits schützen sie — sowohl im Hinblick auf die Anpassungsfunktion als auch im Hinblick auf die Funktion der Angleichung an die gesellschaftlichen Normen[73] — den Arbeitsprozeß durch räumliche Abtrennung vor äußeren, den planmäßigen Arbeitsablauf störenden Eingriffen.

Aus unserer Definition des Hausrechts in Arbeitsräumen folgt weiter, daß entsprechend der Funktion der Arbeitsräume die Notwendigkeit einer raschen Abwicklung der vielgestaltigen Beziehungen des heutigen Arbeitslebens dazu führt, eine Erlaubnis des Eintritts überall vorauszusetzen, wo der gegenteilige Wille nicht unzweifelhaft zum Ausdruck kommt; an Stelle der Einholung einer Erlaubnis ist daher umgekehrt ein ausdrückliches Verbot des Eintritts seitens des Berechtigten zu fordern. Soll das Betreten der Arbeitsräume also ausnahmsweise nicht erlaubt sein, so ist dieser Wille des Berechtigten — im Gegensatz zu den Wohnräumen — besonders kenntlich zu machen. Die Einschränkung des Zutritts durch den Willen des Berechtigten ist zudem als Ausnahme von der Regel durch die Praxis nicht extensiv, sondern restriktiv zu interpretieren. Ein ausdrückliches Verbot des Eintritts ist daher etwa in der abgeschlossenen Laden- oder Bürotür zu sehen, ferner in der Anbringung eines Schildes mit der Aufschrift „Eintritt verboten". In dem Verstoß gegen eine generelle Ausschließung einzelner Personengruppen, deren Verhalten beim Betreten der Räume sich äußerlich nicht von dem der anderen Besucher unterscheidet, liegt jedoch keine Verletzung des Hausrechts, wie wir bei der Lösung des Testkäuferfalls noch sehen werden.

Das geringere Schutzbedürfnis der Arbeitsräume kommt auch in anderen gesetzlichen Vorschriften[74] zum Ausdruck: So unterwirft die StPO die Durchsuchung von „jedermann zugänglichen" Räumen (z. B. von Gasthäusern, Wartesälen und Bahnhofshallen) nicht den Einschrän-

---

[73] s. oben 3. Teil II 2 c.

[74] Zu Art. 13 GG s. oben bei Anm. 60 ff.

kungen, denen die Durchsuchung von Wohnräumen und geschlossenen Geschäftsräumen unterliegt[75]. Auch bei der Durchsicht von Papieren differenziert die StPO nach Geschäftspapieren und anderen Papieren: nur die — nach dem Gesetz aufzubewahrenden — Geschäftspapiere darf auch die Staatsanwaltschaft selbst durchsehen[76].

Für die von uns vorgenommene Differenzierung des Hausrechts nach den verschiedenen geschützten Räumlichkeiten spricht auch der Vergleich mit der gesetzlichen Regelung des Hausfriedensbruchs in anderen Staaten. So erstreckt sich zum Beispiel im österreichischen und spanischen Strafrecht der Schutz des (Wohnungs-)Hausrechts — während der Öffnungszeit — ausdrücklich nicht auf solche Räume, die wie Gast- und Kaffeehäuser, Verkaufsläden usw. dem Publikum offenstehen[77]. Nach der Regelung des Hausfriedensbruchs im Strafgesetzbuch der DDR (§ 134) ist der einfache Hausfriedensbruch „in öffentlichen Gebäuden, Grundstücken oder Verkehrsmitteln" aus dem strafrechtlichen Tatbestand herausgenommen und als Ordnungswidrigkeit ausgestaltet worden[78]. Eine Unterscheidung zwischen Hausfriedensbruch und „Burgfriedensbruch" trifft auch das niederländische Strafgesetzbuch[79].

2. Lösung der Problemfälle

a) Die Konkretisierung des Tatbestandsmerkmals Eindringen

Vorrangiges Kriterium für die Frage der Hausrechtsverletzung in den Arbeitsräumen ist die Störung des planmäßigen Ablaufs des Arbeitsprozesses. Ein tatbestandsmäßiges Eindringen in die Arbeitssphäre liegt danach z. B. dann vor, wenn der Bankräuber mit vorgehaltener Waffe das Bankgebäude betritt, da er bereits durch sein Eintreten den Arbeitsablauf empfindlich stört. Die Gewährleistung eines planmäßigen

[75] s. §§ 104 Abs. 2, 105 Abs. 3, 106 Abs. 2 StPO; vgl. auch *Steiner,* Unverletzlichkeit der Wohnung, S. 33.

[76] Vgl. § 110 Abs. 1 StPO.

[77] s. *Rittler,* Lb. des österreichischen Strafrechts Bd. 2, S. 85; Art. 490 und 492 des spanischen Strafgesetzbuchs (Sammlung außerdeutscher Strafgesetzbücher in deutscher Übersetzung Nr. 69). Die gleiche Vorschrift findet sich in den Strafgesetzbüchern von Chile, Art. 144 und 145, und Cuba, Art. 192 und 194 (Sammlung Nr. 72). — Der Code penal nennt als Objekt des Hausfriedensbruchs im Amt (Art. 184) nur die Wohnung (s. Textausgabe mit Übersetzung von *Götz - Göhler,* Berlin 1963). Auch das portugiesische und italienische Strafgesetzbuch schützen im Tatbestand des Hausfriedensbruchs, Art. 380 bzw. Art. 614, nur die Wohnung (Sammlung Nr. 79 und Nr. 50); ebenso das dänische StGB, §§ 264, 264 a (Sammlung Nr. 84), und das belgische StGB, Art. 439 (Sammlung Nr. 75).

[78] s. Lehrkommentar zum Strafgesetzbuch der DDR Bd. II, Berlin 1969, § 134.

[79] Art. 138 und 139 (Sammlung Nr. 76).

Ablaufs des Arbeitsprozesses setzt freilich auch die Respektierung der Verfügungsberechtigung des Rauminhabers über seine Arbeitssphäre voraus, da der berechtigte Rauminhaber die rationale und funktionale Organisation der Arbeitsprozesse festlegt. Daraus folgt, daß der Inhaber von Geschäftsräumen in der Entscheidung über die Begrenzung der Öffnungszeiten und über den Ausschluß bestimmter Personen aus seinen Arbeitsräumen grundsätzlich frei ist. Dabei ist jedoch zu beachten, daß diese Freiheit bereits durch die Tatsache der Bestimmung der Räume als halböffentliche Arbeitssphäre von vornherein eingeschränkt ist[80]. Im Unterschied zu den Wohnräumen ist die Entscheidungsfreiheit daher nicht Bestandteil des durch § 123 für den Bereich der Arbeitsräume geschützten Rechtsguts. Wollte man dieses Rechtsgut als Entfaltungsfreiheit des Hausrechtsinhabers bestimmen, nur ihm genehme Personen in seiner geschäftlichen Sphäre zu haben[81], so käme man insbesondere bei den dem Publikum allgemein zugänglichen Geschäftsräumen zu dem absurden Ergebnis, daß durch die Vorschrift des § 123 etwas geschützt würde, was der Berechtigte durch die Öffnung seiner Räume selbst preisgegeben hat; denn der Inhaber solcher Räumlichkeiten hat seine Räume dem Publikum zugänglich gemacht, ohne dabei noch im einzelnen prüfen zu wollen und prüfen zu können, wer von dem Publikum Zutritt haben soll und wer nicht[82]. Eine von der Eröffnung der Arbeitsräume abweichende Entscheidung über den Ausschluß bestimmter Personen bildet vielmehr die Ausnahme von der Regel — im Gegensatz zu den Wohnräumen, wo fremde Personen generell ausgeschlossen sind — und ist daher nur in scharf umrissenen Grenzen und bei ausdrücklicher Erklärung beachtlich. Das bedeutet, daß ein Zutrittsverbot für Arbeitsräume nur dann strafrechtlich relevant ist, wenn es so abgefaßt ist, daß seine Übertretung für den Berechtigten äußerlich erkennbar ist und damit den planmäßigen Ablauf des Arbeitsprozesses gefährdet. Das ist etwa dann der Fall, wenn der Berechtigte während oder nach der Betriebszeit die Arbeitsräume absperrt oder durch ein Verbotsschild allen fremden Personen den Zutritt untersagt[83], da hier die Transparenz der Räume für

---

80 s. dazu unsere Ausführungen über den Bezug der Arbeitsräume zur Öffentlichkeit und über ihre grundsätzliche Transparenz (3. Teil II 2 d, 4. Teil II 1 b).

81 So vor allem *Eckhardt*, Diss. S. 182 ff.

82 Daher schränkt Eckhardt die Entfaltungsfreiheit des Geschäftsinhabers auch insofern wieder ein, als dieser bestimmte Personen nur nach objektiv erkennbaren Kriterien ausschließen kann, wobei sich diese Einschränkung freilich nicht aus seiner Bestimmung des Rechtsguts herleiten läßt.

83 Gleiches gilt, wenn andere Personen nur nach Überprüfung ihrer Legitimation eingelassen werden (z. B. nach Vorzeigen der Eintrittskarte, Fahrkarte oder des Gewerbeausweises). Wer ohne eine solche Legitimation eintritt, handelt erkennbar gegen das eindeutige Verbot des Inhabers. Dagegen fehlt die äußere Erkennbarkeit der Übertretung des Verbots, wenn jemand sich den Eintritt durch eine gefälschte Eintrittskarte erschleicht, ihm daher

eine bestimmte Zeit und für das Publikum überhaupt aufgehoben, das Zutrittsverbot daher eindeutig ist und da durch das erkennbar verbotswidrige Betreten die vom Berechtigten getroffene Arbeitsplanung und Arbeitsdurchführung — z. B. die Verrichtung bestimmter Arbeiten unter zeitlich oder örtlich beschränktem Ausschluß betriebsfremder Personen — erheblich beeinträchtigt wird.

Gleiches gilt, wenn der Inhaber einem einzelnen ein persönliches Hausverbot erteilt hat[84] oder bestimmte Personen nach objektiv erkennbaren Kriterien ausschließt[85] und diese dennoch die Geschäftsräume betreten. Denn in bezug auf diese Personen ist die Zugänglichkeit der Arbeitsräume ausdrücklich und in einer für den Berechtigten bereits beim Eintreten nachprüfbaren Weise eingeschränkt worden, so daß der Berechtigte, der die — aus welchen Gründen auch immer — mit einem Hausverbot belegte Person eintreten sieht, schon durch das seinem Verbot offensichtlich zuwiderlaufende Betreten seiner Arbeitssphäre in seiner Arbeitstätigkeit empfindlich gestört wird, was zugleich die Erfüllung der beruflichen Rollenerwartungen und damit die soziale Funktion der Angleichung an die gesellschaftlichen Normen beeinträchtigt[86].

Gefährdet wird der reibungslose Ablauf des Arbeitsprozesses in den Arbeitsräumen auch dann, wenn der Inhaber der Räume selbst nicht anwesend ist und das verbotswidrige Betreten daher nicht bemerkt. Auch in diesem Fall setzt sich der Täter über die eindeutige Organisationsentscheidung des Berechtigten hinweg, zu der auch die Ausschließung bestimmter Personen gehört, sofern ihre Auswahl nach objektiv erkennbaren Kriterien erfolgt. Hat der Berechtigte — wie bei einem persönlichen Hausverbot — das Zutrittsverbot so abgefaßt, daß er oder seine Angestellten den Betroffenen jederzeit erkennen und sein Verhalten jederzeit als verbotswidrig feststellen können, ohne daß es auf das eigene Sich-Erkennengeben des Betroffenen oder auf seine weiteren Absichten ankäme, so ist die Arbeitssphäre bezüglich des Betroffenen eindeutig abgegrenzt, das Zutrittsverbot daher beachtlich. Das verbotswidrige Betreten der Arbeitsräume gefährdet daher auch bei Abwesenheit des Berechtigten akut den planmäßigen Ablauf der Arbeitsvorgänge,

---

zwar irrtümlich, aber ausdrücklich Einlaß gewährt wird (hier ist aber gegebenenfalls der Tatbestand des § 263 oder 265 a erfüllt). Anders als bei den Wohnräumen schützt das Hausrecht in Arbeitsräumen den Berechtigten nur insoweit vor dem Eintreten unerwünschter Personen, als ihr Verhalten in einem äußerlich erkennbaren Widerspruch zu der Organisationsplanung des Berechtigten steht (im Ergebnis ebenso *Schönke - Schröder*, § 123, Rdnr. 15 a).

[84] z. B. einem ihm bekannten Testkäufer, einem mehrfach überführten Ladendieb, einem Konkurrenten, einem Theaterkritiker oder einem persönlichen Feind.

[85] z. B. Uniform tragende Soldaten, langmähnige „Hippies" oder Personen mit bestimmter bzw. ohne bestimmte Kleidung.

[86] s. oben 3. Teil II 2 c.

zumal hier die tatsächliche Störung des Arbeitsprozesses nicht mehr von einem weiteren Verhalten des Täters abhängt, sondern allein von dem Erscheinen des Berechtigten oder von dem Erkennen durch die anderen Mitarbeiter[87].

b) *Der Testkäufer-Fall*

Die genannten Voraussetzungen fehlen im Falle der durch Warntafel oder Warnschreiben generell ausgeschlossenen Testkäufer: Zwar betritt auch der Testkäufer die Geschäftsräume unter Mißachtung des ihm bekannten Zutrittsverbots, doch ist dieses Zutrittsverbot nach den oben ausgeführten Einschränkungen für den Tatbestand des Hausfriedensbruchs nicht relevant. Denn die Übertretung eines Verbots, das Personengruppen nur nach ihren inneren Einstellungen, Motiven und Zwecken ausschließen will, verletzt das Hausrecht in Arbeitsräumen nicht, da solche Personengruppen nicht äußerlich erkennbar von dem allgemein zugelassenen Publikum abgegrenzt und daher von vornherein von dem Inhaber der Arbeitsräume gar nicht als ausgeschlossene Besucher oder Kunden erkannt werden können[88], so daß sie den reibungslosen Ablauf der vom Berechtigten geplanten Arbeitsprozesse durch das Betreten der Räume weder stören noch gefährden. Der Wunsch des Berechtigten, Personen mit den entsprechenden Motiven und Absichten nicht in seine Arbeitsräume hereinzulassen, ist so lange ohne Wirkung, als es ihm nicht gelingt, die Personen oder ihr Verhalten so eindeutig zu beschreiben, daß ihr Betreten der Räume erkennbar im Widerspruch zu der Organisationsplanung des Berechtigten steht und damit den Arbeitsprozeß stört[89]. Diese Einschränkung ergibt sich zwangsläufig aus der von uns ermittelten Funktion des Hausrechts in Arbeitsräumen und der daraus abgeleite-

---

[87] Wollte man hier darauf abstellen, daß der Inhaber den Betroffenen tatsächlich erkannt hat, so würde man die Befugnis des Berechtigten, bestimmte Personen aus seinen Arbeitsräumen auszuschließen, völlig aushöhlen, da er dann nur gegen einen längeren Aufenthalt der ausgeschlossenen Personen in seinen Räumen geschützt wäre (§ 123 Abs. 1, 2. Alt.), nicht aber schon gegen das Betreten — es sei denn, man wollte von dem Inhaber verlangen, daß er ständig vor der Eingangstür steht und die bereits konkret ausgeschlossenen Personen abweist. — Im übrigen käme man auch in der Praxis in erhebliche Schwierigkeiten, da sich der Beschuldigte stets darauf berufen könnte, er sei bei dem Betreten der Räume von der Abwesenheit des Berechtigten ausgegangen.

[88] Der Verbotswille ist daher hier nicht realisierbar (vgl. auch *Eckhardt*, Diss. S. 192, 196 f.).

[89] Auf die objektive Erkennbarkeit der ausgeschlossenen Personen stellen auch die Autoren ab, die ebenfalls einen Hausfriedensbruch durch Testkäufer verneinen, wobei ihre Auffassung aber selten näher begründet wird oder sich nicht aus der von ihnen gegebenen Hausrechtsbestimmung herleiten läßt (s. oben 1. Teil II 2 a), da sie irrtümlich ein einheitliches Hausrecht zugrunde legen.

ten Transparenz der Arbeitsräume[90]. Verhalten sich die dem Inhaber lediglich unerwünschten Personen wie die anderen Besucher und Kunden auch, d. h. entsprechend dem durch die Eröffnung der Arbeitsräume beabsichtigten oder in Kauf genommenen Verhalten, so macht ihre innere Einstellung das Betreten nicht zu einem tatbestandsmäßigen Eindringen i. S. des § 123[91].

c) *Der Fall des Warenhausdiebes*

Diese Grundsätze gelten auch für den Fall des Warenhausdiebes. Zwar ist die Ausschließung der Ladendiebe von der generellen Eintrittserlaubnis nicht ausdrücklich erklärt, sie läßt sich aber aus den Umständen ohne weiteres entnehmen. Ebenso wie der Testkäufer unterscheidet sich auch der Ladendieb von den übrigen Kauf- und Schaulustigen nur durch seine innere Einstellung — nämlich durch seine Absicht, einen Diebstahl zu begehen oder eine Diebstahlsgelegenheit auszukundschaften —; das Betreten selbst aber entspricht in seinem äußeren Erscheinungsbild durchaus dem Willen des Berechtigten, der den Dieb deshalb auch nicht in seiner Eigenschaft als unerwünschte Person erkennt und ihn auch nicht erkennen kann[92]. Erst wenn der unerwünschte Besucher seine Einstellung oder Eigenschaft zu erkennen gibt, der Warenhausdieb also einen Diebstahl begeht oder versucht, stört er den funktional organisierten Arbeitsablauf und verletzt, wenn er sich auf die Aufforderung des Berechtigten nicht entfernt, das Hausrecht des Inhabers. Das Betreten selbst aber steht nicht in einem für den Berechtigten erkennbaren Widerspruch zu seiner Organisation des Arbeitsprozesses, so daß ebenso wie beim Testkäufer eine tatbestandsmäßige Hausrechtsverletzung entfällt.

---

[90] Die offene Raumstruktur ist freilich bei den Verkaufsläden und Warenhäusern besonders stark ausgeprägt, da hier der Arbeitszweck auf eine unmittelbare Kontaktaufnahme zwischen dem Publikum und den Verkäufern bzw. den Waren ausgerichtet ist (vgl. dazu schon oben 3. Teil II 2 d).

[91] Der Berechtigte hat sich insoweit durch die Herauslösung der Arbeitsräume aus der Abgeschirmtheit der häuslichen Intimsphäre eines umfassenden Schutzes seiner Verfügungsbefugnis begeben (vgl. dazu die ähnliche Argumentation des BGHZ 36, 77 [80]; ferner OLG Hamm, WRP 1964, S. 311; BVerfG NJW 1971, S. 2299 [2300 f.]). Bedenkt man dagegen, welchen Schutz der Wohnungsinhaber in bezug auf seine Privatsphäre genießt, dann kann man die Behauptung *Eckhardts*, der Händler werde durch die Geschäftseröffnung „in der Gestaltung seiner individuellen Selbstentfaltung nur geringfügig eingeschränkt" (Diss. S. 197), nur als falsch bezeichnen. Die individuelle Selbstentfaltung erschöpft sich doch nicht in der Befugnis, einzelne Personen ausschließen zu können (was Eckhardt aber als Argument für seine Behauptung anführt)!

[92] Das gilt auch für den unbewaffneten oder mit versteckter Waffe eintretenden Bankräuber. Der Einwand Schäfers gegen das Kriterium der Erkennbarkeit (*Schäfer*, LK, § 123, Rdnr. 25) überzeugt nicht, denn im Gegensatz zu dem „harmlos" eintretenden Bankräuber handelt der mit Gesichtsmaske und gezückter Waffe in die Bank stürzende Räuber erkennbar gegen die Verfügungsbefugnis des Berechtigten und stört zudem schon offensichtlich durch sein Eindringen unmittelbar den Arbeitsprozeß.

Hier zeigt sich deutlich der Unterschied zwischen dem Hausrecht in Wohnräumen und dem Hausrecht in Geschäftsräumen: Das erstere schützt die häusliche Privatsphäre und erlaubt entsprechend seiner sozialen Funktion nur ein Eintreten mit besonderer Erlaubnis des Berechtigten; das Hausrecht in Arbeitsräumen dagegen schützt die halböffentliche Arbeitssphäre und verbietet entsprechend der vom Wohnungshausrecht verschiedenen sozialen Funktion ein Eintreten nur bei besonderem Verbot des Berechtigten.

III. Die Schutzfunktion des § 123 bei den öffentlichen Dienst- und Verkehrsräumen

1. Die Transparenz der öffentlichen Dienst- und Verkehrsräume

a) Die Zugänglichkeit der Diensträume

Unsere Untersuchung der zum öffentlichen Dienst bestimmten Räume legt die diesen Räumlichkeiten innewohnende Tatsache des Offenseins und des allgemeinen Zugangs dar[93], so daß wir auch in diesem Bereich ebenso wie bei den Arbeitsräumen auf das beherrschende Moment der Öffentlichkeit stoßen. Wir können daher zur Kennzeichnung dieser öffentlichen Sphäre und des Wechselverhältnisses von Privatheit und Öffentlichkeit insoweit auf die zu den Arbeitsräumen gemachten Ausführungen verweisen[94]. Zur Unterscheidung von den Geschäftsräumen ist jedoch auf folgendes hinzuweisen: Während die Arbeitsräume ihr Moment der Öffentlichkeit zu einem erheblichen Teil von der Verfügungsgewalt des Inhabers der Räume ableiten (durch bewußte Ausgliederung aus der Privatsphäre) und daher auch in ihrer Öffentlichkeit durch den Rauminhaber aufgehoben oder eingeschränkt werden können — begrenzt durch die staatlichen Kontrollrechte —, beruht das Moment der Öffentlichkeit, der Gemeinzugänglichkeit, bei den Räumen des öffentlichen Dienstes auf dem in Art. 20 Abs. 1 GG verankerten Demokratiegebot und der vorrangig dem Publikum dienenden Funktion dieser Räume. Diese beiden Faktoren begründen ein Recht des Bürgers auf persönlichen Verkehr mit den Dienststellen in öffentlichen Gebäuden und demzufolge einen grundsätzlich freien Zutritt zu den öffentlichen Diensträumen[95].

Die allgemeine Zugänglichkeit ist freilich — ähnlich wie bei den Arbeitsräumen — begrenzt durch die von den jeweiligen Stellen wahrzu-

[93] s. oben 3. Teil III 3.

[94] s. oben 3. Teil II 1.

[95] s. auch *Haak*, DVBl. 1968, S. 137: „Die Öffentlichkeit, die demokratische Publizität der ‚öffentlichen' Verwaltung bedingt einen freien Zugang des Bürgers zu den Behörden und damit als Folge auch den freien Zugang zu den Behördengebäuden." Auf den freien Zugang zu öffentlichen Diensträumen verweist auch *Knemeyer*, DÖV 1970, S. 598.

nehmenden Aufgaben und durch die Notwendigkeit der Effektivität des öffentlichen Dienstes. So kann z. B. ein Sanatorium seine Aufgabe, die gesundheitsfördernde Pflege und Behandlung der Patienten, nur dann erfüllen, wenn die allgemeinen Besuchszeiten streng eingehalten werden. Eine Einschränkung der — politischen — Öffentlichkeit liegt auch bei solchen staatlichen Einrichtungen vor, deren Kontrolle nicht oder nur sehr indirekt durch das Publikum ausgeübt wird[96]. Die Stärke des Publikumsverkehrs ist daher je nach den verschiedenen Aufgabengebieten unterschiedlich groß, und viele öffentliche Dienststellen schreiben bestimmte Sprechzeiten für den Publikumsverkehr vor. Dennoch ist die Kontakthäufigkeit und die Beanspruchung der Behörden durch Besucher in der Mehrzahl der Fälle so groß, daß die Abfertigung des Publikums die andere Arbeit der öffentlichen Dienststellen überwiegt[97].

Die Zugänglichkeit der zum öffentlichen Dienst bestimmten Räume, die den direkten Kontakt der staatlichen Stellen mit den Bürgern als Publikum schafft, hat ihren spezifisch formulierten Niederschlag in zahlreichen juristischen Normen gefunden: So besteht nach § 169 GVG in den Räumen der Gerichtsgebäude die Pflicht, auch die Personen, die nicht bei Verhandlungen und anderen Dienstgeschäften als Partei, Zeuge u. a. beteiligt sind, zur Teilnahme als Zuhörer an öffentlichen Verhandlungen zuzulassen. Das Grundgesetz enthält den Grundsatz der Öffentlichkeit für die Verhandlungen des Bundestags, des Bundesrats und der Untersuchungsausschüsse[98], um eine breite Publizität zu bewirken und dadurch dem Volk die Möglichkeit zu geben, jederzeit die Parlamentsarbeit im Plenum zu kontrollieren. Entsprechend bestimmen die Gemeindeordnungen der Länder die Öffentlichkeit der Ratssitzungen, damit die Gemeindeeinwohner an der Arbeit des Rats teilnehmen können, und geben dem Bürger ein Benutzungsrecht hinsichtlich aller gemeindlichen Einrichtungen[99]. Ein besonderes Informationsbeschaffungsrecht der Presse begründet Art. 5 Abs. 1 Satz 2 GG, das den Pressevertretern ein Recht auf freien (nicht kostenlosen) Zutritt z. B. zu den Aufführungen der staatlichen und städtischen Theater und ein Recht auf Teilnahme an den Verhandlungen anderer staatlicher Organe und auf Zugang zu anderen öffentlichen Gebäuden gewährt[100]. Eine uneingeschränkte Teil-

---

[96] Deutlich wird die für die Funktionsfähigkeit erforderliche Zugangsbeschränkung bei Gefängnissen oder geheimen militärischen Anlagen.

[97] Vgl. hierzu die Studie von *Lindemann*, Behörde und Bürger, bes. S. 28 ff., 155. Die Untersuchung Lindemanns ergab z. B., daß in Darmstadt bereits 1950 täglich rund 8000 Personen irgendeine Verwaltungsbehörde aufsuchten.

[98] Art. 42 Abs. 1, 52 Abs. 3, 44 Abs. 1 GG.

[99] Vgl. z. B. §§ 12, 45, 54, 89 NGO; Art. 21, 52, 57 BayGO; §§ 20, 52 HGO; §§ 17, 52 RevDGO.

[100] Vgl. *Löffler*, NJW 1961, S. 529 ff. (533); vgl. auch § 6 Abs. 2 VersG i. d. F. vom 20. 5. 1970.

nahme des Publikums an der Versammlung will das Versammlungsgesetz gewährleisten und verbietet deshalb die willkürliche Ausübung des Veranstaltungs- und Leitungsrechts. Ein Zutrittsverbot für unerwünschte Personen ist nach diesem Gesetz unzulässig, es sei denn, daß die Betreffenden bewaffnet sind oder andere Tatsachen eine Störungsabsicht eindeutig erkennen lassen[101].

Diese Beispiele mögen genügen, um der aufgezeigten tatsächlichen allgemeinen Zugänglichkeit der zum öffentlichen Dienst bestimmten Räume die durch das positive Recht normierte Öffentlichkeit bestätigend gegenüberzustellen und die starke öffentlich-rechtliche Bindung dieser Räume aufzuzeigen.

b) Die Transparenz der zum öffentlichen Verkehr bestimmten Räume

Die öffentlichen Verkehrsräume sind als Kontaktmittel zu den verschiedenen Bereichen des öffentlichen Lebens[102] in besonderem Maße der Allgemeinheit zugänglich, da sie noch stärker als die öffentlichen Diensträume auf den Kontakt mit dem Publikum ausgerichtet sind. Auch bei den Verkehrsräumen ist die Öffentlichkeit teilweise rechtlich normiert. So unterliegt die Bundesbahn der grundsätzlich bestehenden Pflicht zur Beförderung von Personen. Diese Beförderungspflicht gilt als Grundpfeiler des deutschen Eisenbahnverkehrsrechts und setzt zwangsläufig eine allgemeine Zugänglichkeit der Bahnhofsräume voraus[103].

Die für die öffentlichen Dienst- und Verkehrsräume aufgezeigten Kriterien der allgemeinen Zugänglichkeit und der öffentlich-rechtlichen Bindung dieser Räume zwingen uns auch zu einer gesonderten Feststellung des in diesen Räumlichkeiten geschützten Rechtsguts.

2. Das Hausrecht in den öffentlichen Dienst- und Verkehrsräumen und seine soziale Funktion

Unsere Analyse der öffentlichen Dienst- und Verkehrsräume hat unsere Hypothese bestätigt, daß die in diesen Räumlichkeiten geschützte Raumsphäre von anderen Merkmalen geprägt wird als die Sphäre in den Wohnräumen oder die Sphäre in den Arbeitsräumen. In der durch die Dienst- und Verkehrsräume abgesteckten Sphäre, der unmittelbaren Berührungsfläche zwischen Bürger und Dienststelle, sind willkürliche Entscheidungen über Aufenthalt und Zutritt von Personen ausgeschlossen, so daß man von einer — wenn auch eingeschränkten —

---

[101] Vgl. *Dietel - Gintzel*, Demonstrations- und Versammlungsfreiheit, § 1, Rdnr. 9, 22 ff.

[102] s. oben 3. Teil III 4.

[103] s. §§ 3, 9 EVO; OLG Celle MDR 1965, S. 595 f. m. w. N.

Machtsphäre des Inhabers in diesen Räumen nicht mehr sprechen kann. In den staatlichen Zwecken dienenden Räumlichkeiten fehlt insbesondere jegliche Privatsphäre des einzelnen — sie ist staatlichen Eingriffen grundsätzlich verschlossen —, hier spielt sich vielmehr das staatliche Wirken selbst ab. Nicht die freie Entfaltung oder Entlastung der Persönlichkeit soll hier ermöglicht werden, sondern im Vordergrund steht die Notwendigkeit eines ungestört funktionierenden Dienstes[104]. Das Rechtsgut im Bereich der zum öffentlichen Dienst oder Verkehr bestimmten Räume läßt sich daher unter Berücksichtigung seiner sozialen Funktion beschreiben als

> die durch den Dienst- oder Verkehrsraum abgesteckte halböffentliche Sphäre[105], die der Durchführung der durch das öffentliche Recht vorgezeichneten Gemeinschaftsaufgaben dient.

Diese Hausrechtsbestimmung trägt durch die Charakterisierung der Sphäre als halböffentlich einmal der von uns festgestellten Zugänglichkeit der Räume Rechnung und zum anderen der Notwendigkeit eines störungsfreien Dienstbetriebs. Durch die Bezeichnung der Funktion wird sowohl der Dienstbetrieb als Erledigung öffentlicher Angelegenheiten[106] gekennzeichnet als auch auf seine öffentlich-rechtliche Bindung an den öffentlichen Zweck hingewiesen.

Die öffentlich-rechtliche Bindung an den öffentlichen Zweck der Dienst- oder Verkehrsräume offenbart den Unterschied sowohl zum Hausrecht in Wohnräumen als auch zum Hausrecht in Arbeitsräumen. Nicht die Willensfreiheit des Individuums oder die Verfügungsbefugnis des Rauminhabers bestimmen den Inhalt und die Struktur dieser Räume, sondern der öffentliche Zweck; er entscheidet über die Art der Tätigkeit, über den Kontakt mit dem Publikum, über die Öffnungszeiten und über die Möglichkeit und den Umfang eines Zutrittsverbots[107]. Im Hinblick auf die allgemeine Zugänglichkeit kann die Befugnis zur Ausschließung

---

[104] s. auch *Knemeyer*, DÖV 1970, S. 597. Ein besonderes Hausrecht in den öffentlichen Dienst- und Verkehrsräumen vertreten aus diesem Grunde auch: *Berge*, Diss. S. 12; *John*, Hausfriedensbruch, S. 154, 159; *Kronecker*, Verbrechen und Vergehen, S. 307; *Mößner*, Diss. S. 131 f.; *Schöffler*, Diss. S. 45 ff.; vgl. auch das im 1. Teil, Anm. 49 ff. zitierte öffentlich-rechtliche Schrifttum. Für eine Differenzierung spricht auch der Vergleich mit ausländischen Regelungen des Hausfriedensbruchs in öffentlichen Räumen (s. oben Anm. 77 f.).

[105] Insoweit läßt sich die Bestimmung des Hausrechts in den öffentlichen Dienst- und Verkehrsräumen bereits aus dem Werturteil des Gesetzgebers entnehmen, der zwar die Transparenz der Räume nicht erklärt, aber diese Räume gesondert aufzählt und ihre Zugänglichkeit in anderen Bestimmungen festlegt.

[106] s. oben 3. Teil III 2.

[107] Ebenso *Haak*, DVBl. 1968, S. 134 ff.; *Knemeyer*, DÖV 1970, S. 596 ff.; *Frühling*, Diss. S. 127 ff., 140 ff.; *Schmitt*, Diss. S. 75 ff. — Ein privates „Hausrecht" ist daher neben dem bereits festgestellten Hausrecht in diesen Räumen nicht möglich (vgl. auch *Schmitt*, Diss. S. 114 f.).

anderer Personen deshalb bei den Räumen des öffentlichen Dienstes und Verkehrs im Gegensatz zum Hausrecht des einzelnen Privatmannes nicht willkürlich ausgeübt werden, sondern unterliegt den Einschränkungen des öffentlichen Rechts[108].

Die starke öffentlich-rechtliche Bindung spricht auch für einen öffentlich-rechtlichen Charakter des von uns ermittelten Hausrechts in den öffentlichen Dienst- und Verkehrsräumen[109]. Ein sicheres Ergebnis über die eindeutige Qualifizierung dieses Hausrechts als öffentlich-rechtlich oder privatrechtlich wäre allerdings erst dann zu erzielen, wenn man seine Einordnung nach den zur Abgrenzung von privatem und öffentlichem Recht entwickelten Theorien untersuchen und es gegenüber anderen öffentlich-rechtlichen Institutionen abgrenzen würde[110], was aber den Rahmen der vorliegenden Arbeit zwangsläufig sprengen müßte. Die das Strafrecht interessierende Frage nach dem Inhalt und der Funktion des in den öffentlichen Dienst- und Verkehrsräumen geschützten Rechtsguts ist durch unsere bisherigen Feststellungen hinreichend beantwortet, so daß wir nunmehr die über dieses Hausrecht gewonnenen Kenntnisse für die Lösung der Problemfälle fruchtbar machen können.

3. Lösung der Problemfälle

a) Bahnhofsverbot gegenüber Reisenden und Nichtreisenden

Aus unserer Umschreibung des Hausrechts in den öffentlichen Dienst- und Verkehrsräumen ist zu entnehmen, daß diese Räume die von äußeren Einflüssen ungestörte Verwirklichung des öffentlichen Zwecks, die öffentliche Aufgabenerfüllung, ermöglichen sollen[111]. Da, wie wir festgestellt haben, die Durchführung dieser Aufgaben überwiegend durch unmittelbare Kommunikation mit den Bürgern erfolgt, ist dabei nicht von einer Abschirmbarkeit der öffentlichen Räume auszugehen, sondern von einer grundsätzlichen Zugänglichkeit dieser Sphäre für das Publikum. Das bedeutet, daß ein Zutrittsverbot die Ausnahme von der regelmäßigen Öffentlichkeit bildet[112] und daher nur in eng umrissenen Grenzen zulässig ist. Anders als bei den Arbeitsräumen werden diese

---

[108] Sei es durch positive Normen oder durch anerkannte Grundsätze des öffentlichen Rechts (vor allem durch den Grundsatz der Verhältnismäßigkeit).

[109] Vgl. oben 1. Teil II 3 a.

[110] z. B. gegenüber der öffentlich-rechtlichen Sachherrschaft, der Anstalts- und Ordnungsgewalt; zur Abgrenzung vgl. die öffentlich-rechtliche Dissertation von *Schmitt* (bes. S. 46 ff., 68 ff.) und von *Frühling* (bes. S. 55 ff., 101 ff.); ferner *Knoke*, AöR 1969, S. 388 ff.

[111] *Schmitt* bezeichnet daher auch das öffentlich-rechtliche Hausrecht als „Zweckermöglichungsrecht" (Diss. S. 88).

[112] Vgl. auch *v. Olshausen*, § 123, Rdnr. 12 b; *Maunz - Dürig*, Art. 13, Rdnr. 6, Anm. 1: „Bei öffentlichen Gebäuden besteht kein allgemeiner Rechtssatz, daß jeweils die Erlaubnis des Behördenchefs zum Betreten der Räume eingeholt werden muß."

Grenzen hier nicht durch eine freie Organisationsbefugnis des Rauminhabers festgelegt, sondern allein durch den mit der Eröffnung dieser Räume verfolgten öffentlichen Zweck, der im Einzelfall besonders zu ermitteln ist[113]. Dabei ist entsprechend dem für diese Räume geltenden Öffentlichkeitsgebot und der ihnen zukommenden Funktion der Grundsatz aufzustellen, daß ein Zutrittsverbot nur insoweit zulässig ist, als es den Zutritt oder den Aufenthalt von Personen verbietet, die den ordnungsgemäßen Ablauf des Dienstbetriebs und damit die Funktionsfähigkeit der Staatstätigkeit stören[114]. Da die Räume grundsätzlich durch eine allgemeine Zugänglichkeit gekennzeichnet sind und ständig der öffentlichen Zweckbestimmung unterstehen, gelten die Einschränkungen für den Erlaß eines Zutritts- bzw. Aufenthaltsverbots gegenüber jedem Dritten, so daß es keine Rolle spielt, ob der Betroffene im Rahmen öffentlich-rechtlicher Rechtsbeziehungen das Behördengebäude betreten will oder ob er dort private Interessen verfolgt. Eine Verletzung des Hausrechts und damit ein tatbestandsmäßiges Eindringen in die zum öffentlichen Dienst oder Verkehr bestimmten Räume liegt daher nur dann vor, wenn jemand bereits durch sein Eintreten die Abwicklung der Dienstgeschäfte stört — z. B. beim Betreten eines Krankenhauses unter lautem Schreien und Lärmen oder beim Durchbrechen einer Absperrung, vor allem außerhalb der Öffnungs- und Sprechzeiten — oder wenn jemand trotz eines ihm unter Beachtung der obengenannten Grundsätze aufgestellten Hausverbots die Räume betritt[115].

Dementsprechend ist ein akutes Bahnhofsverbot sowohl gegenüber Reisenden als auch gegenüber Nichtreisenden zulässig, sofern diese durch ihr Verhalten den ordnungsgemäßen Ablauf des Bahnhofsbetriebs stören, z. B. den Anordnungen der Bediensteten zuwiderhandeln, die Gleise betreten oder den Bahnhof zum Treffpunkt für Homosexuelle machen[116]. Wer sich unter solchen Voraussetzungen trotz Aufforderung des Bahnbediensteten nicht vom Bahnhof entfernt, verletzt das Hausrecht und begeht Hausfriedensbruch[117]. Ein auf längere Zeit erteiltes

---

[113] z. B. durch Auslegung des Widmungszwecks, nach der Art des Dienstbetriebs und durch die Anwendung der in Frage kommenden öffentlich-rechtlichen Vorschriften und Grundsätze.

[114] Ebenso die im 1. Teil, Anm. 53 genannten Autoren; vgl. auch OVG Hamburg MDR 1957, S. 188; *Schmitt*, Diss. S. 75 ff., 96.

[115] Ist das Hausverbot nichtig, z. B. bei offensichtlich willkürlichem Erlaß, oder ist es mit aufschiebender Wirkung angefochten, so wird das Hausrecht durch das verbotswidrige Betreten nicht verletzt (vgl. *Schäfer*, LK, § 123, Rdnr. 36; *Schönke - Schröder*, § 123, Rdnr. 15 a; s. auch *Frühling*, Diss. S. 177 ff. [179]).

[116] Wie z. B. der Bahnhofsgänger in dem vom OLG Celle entschiedenen Fall (MDR 1966, S. 944) — vgl. auch die in § 9 EVO genannten Gründe.

[117] Auf die Einschränkung der Ausschließungsbefugnis der Bundesbahn durch die öffentliche Zweckbestimmung der Räume verweist auch OLG Bremen NJW 1962, S. 1453.

Bahnhofsverbot wird man allerdings unter Berücksichtigung der Beförderungspflicht und der Öffentlichkeit nur dann für zulässig erachten dürfen, wenn der Betroffene den Bahnhofsbetrieb wiederholt gestört hat, d. h. „wenn die den Anlaß zu dem Verbot bietende Eigenschaft der betreffenden Person eine bleibende oder wenigstens länger anhaltende Eigenschaft ist oder wenn der Zustand der Person, der ihr Fernhalten ... begründet, einen Dauerzustand darstellt"[118]. Diese Grundsätze gelten entsprechend für Hausverbote anderer der Öffentlichkeit zugänglichen Behörden.

b) Das Hausrecht in Obdachlosenunterkünften

Nach der gebräuchlichen Behördendefinition sind Obdachlose Menschen, die „ohne eine Wohnung zu haben, in der öffentlichen Hand gehörenden, nur der vorübergehenden Unterbringung dienenden (Not-) Unterkünften untergebracht"[119] sind. Der mit den Obdachlosenunterkünften verfolgte Zweck liegt in der Beseitigung der Obdachlosigkeit und in der Resozialisierung der Obdachlosen. Es handelt sich also um die Wahrnehmung öffentlicher Aufgaben und damit um zum öffentlichen Dienst bestimmte Räume, die allein der Verfügung der Behörde unterstehen und von dieser je nach Bedarf vorübergehend mit Obdachlosen belegt werden. Aus dem öffentlichen Zweck dieser Räume folgt hier allerdings ausnahmsweise keine allgemeine Zugänglichkeit der Räume, sondern eher eine Abschirmung gegenüber Fremden, da die Unterkunft den Obdachlosen einen Wohnungsersatz bieten soll. Dennoch sind die von den Obdachlosen bewohnten Räume nicht als Wohnräume i. S. des § 123 zu behandeln, denn die Obdachlosen schaffen sich hier nicht selbst eine eigene, von Fremdbestimmung freie Privatsphäre[120], sondern unterliegen ständig den massiven Eingriffen der Obdachlosenbehörde, die den Eingewiesenen im Rahmen ihrer Ermessensausübung Weisungen erteilen, sie „umsetzen" oder „engersetzen", d. h. sie — häufig aus disziplinarischen Gründen — in kleinere und schlechtere Räumlichkeiten verlegen kann[121]. Diese Eingriffsmöglichkeiten schaffen eine verschärfte

---

[118] So BayObLG in „Eisenbahn- und Verkehrsrechtliche Entscheidungen und Abhandlungen", Bd. 45, S. 293; vgl. auch *Haak*, DVBl. 1968, S. 138 und OLG Celle MDR 1965, S. 595, das ebenfalls diese Einschränkung macht, aber in seinem a. a. O. veröffentlichten Urteil die entscheidende Frage, warum dem Angeklagten ein schriftliches Bahnhofsverbot erteilt worden war, nicht untersucht hat.

[119] MBl. NW 1970, S. 106.

[120] Vgl. auch Gem. RdErl. d. Nds. MdI, d. Nds. MfA u. d. Nds. JustM vom 29. 8. 1956 (MBl. 1956, S. 712): „Die Aufgaben im Bereich der Obdachlosenunterbringung bestehen nach geltendem Recht darin, ... den Unterzubringenden ein Obdach zu gewähren, nicht aber ... eine Wohnung zu stellen."

[121] Aufschlußreiche Informationen zum Problem der Obdachlosen mit zahlreichen Nachweisen bietet der Beitrag von *Schwarz - Weidner*, Die soziale

Abhängigkeit der Bewohner und schließen eine eigene Privatsphäre, wie wir sie bei den Wohnräumen festgestellt haben, aus[122]. Sie ergeben sich aus der rechtlichen Ausgestaltung der Obdachlosenunterbringung: Die Obdachlosen werden in gemeindeeigene Unterkünfte eingewiesen und stehen in einem anstaltsrechtlichen „besonderen Gewaltverhältnis" zum Träger der Unterkunft. Dieses ist als öffentlich-rechtliches Anstaltsnutzungsverhältnis organisiert und durch Gemeindesatzung und die Unterkunftsordnung geregelt[123].

So fragwürdig die Verfassungsmäßigkeit der Unterkunftsordnungen auch erscheint[124], können wir doch über die rechtliche Regelung der Obdachlosenräume nicht hinwegsehen und müssen sie bei der Frage des Hausrechts berücksichtigen. Sowohl aus der rechtlichen[125] als auch aus der tatsächlichen Ausgestaltung der Obdachloseneinweisung folgt, daß über den Aufenthalt, über die Einrichtung der Räume und über die Dauer der Notunterbringung die Behörde entscheidet, alleiniger Inhaber des Hausrechts in diesen Räumen daher die Obdachlosenbehörde ist, die hier die öffentliche Aufgabe der „Obdachlosenfürsorge" wahrzunehmen hat[126]. Dieser öffentliche Zweck bestimmt und begrenzt aber — wie unsere Bestimmung des Hausrechts und seiner sozialen Funktion gezeigt hat — die Weisungsbefugnis und die Ausübung des Hausrechts durch die Behörde. Das bedeutet, daß die Behörde, wenn den Obdachlosen schon kein eigener freier Wohnbereich zur Verfügung gestellt und ihnen durch die Einweisung in Ghettos das Stigma sozialer Außenseiter aufgedrückt wird, die Obdachlosenunterbringung nicht nur als ein Problem der öffentlichen Sicherheit und Ordnung sehen darf, sondern sich um die von ihr postulierte Resozialisierung der Obdachlosen auch tatsächlich bemüht, damit die Obdachlosen „sich wieder anpassen lernen und zu zur Selbsthilfe fähigen Individuen werden"[127]. Die Obdachlosenbehörde hat daher den Eingewiesenen nicht nur ein „Obdach" zu schaffen, sondern eine Sphäre, die zumindest einen Wohnungsersatz bietet und dem Obdach-

---

Situation Obdachloser, Kritische Justiz 1970, S. 406 ff. s. auch OVG Münster DVBl. 1963, S. 303; BVerwG NJW 1964, S. 315.

[122] Das verkennt offenbar OLG Bremen, wenn es die Obdachlosenunterkunft als Wohnung i. S. des § 123 qualifiziert (s. oben 1. Teil, Anm. 61).

[123] Zum Erlaß der Satzung sind die Gemeinden aufgrund der Gemeindeordnungen der Länder ermächtigt. Unterkunftsordnungen sind Verwaltungsverordnungen, durch die die Pflichten der Anstaltsbenutzer im einzelnen festgelegt werden (s. BVerwG DÖV 1964, S. 170).

[124] Die soziale Anpassung der Obdachlosen würde sicher eher erreicht, wenn sie nicht isoliert würden, sondern einen eigenen freien Wohnbereich erhielten.

[125] Ermächtigungsgrundlage für die Einweisung ist die polizeirechtliche Generalklausel, vgl. z. B. § 8 SOG.

[126] So auch *Schöffler*, Diss. S. 32 f.

[127] *Schwarz - Weidner*, Die soziale Situation Obdachloser, S. 411.

losen die Chance zur Resozialisierung und zur Selbständigkeit gibt. Den Eingewiesenen ist deshalb von der Behörde die — abgeleitete — Befugnis einzuräumen, so weit über ihre Sphäre zu bestimmen, wie der öffentliche Zweck der Aufgabenerfüllung es zuläßt[128].

Ein Zutrittsverbot der Behörde für Besucher der Obdachlosen ist dementsprechend nur dann gerechtfertigt, wenn diese durch ihr Verhalten die Resozialisierung der Eingewiesenen erheblich gefährden. Eine solche Gefährdung dürfte etwa durch Besucher erfolgen, die wiederholt in betrunkenem Zustand in den Unterkunftsräumen randalieren und die übrigen Bewohner belästigen[129]. Nicht gefährdet wird die Resozialisierung jedoch dann, wenn, wie in dem vom OLG Bremen entschiedenen Fall[130], eine Witwe mit vier Kindern einen Mann bei sich aufnimmt, den sie bald heiraten will; denn durch das Zusammenleben mit dem zukünftigen Mann, die baldige Heirat, die gemeinsame Erziehung der Kinder dürfte die Resozialisierung der Frau und der Kinder eher gefördert als beeinträchtigt werden. Maßgebend für die Zulässigkeit eines Hausverbots bleibt auch hier der öffentliche Zweck der in diesen Räumen zu erfüllenden Gemeinschaftsaufgaben.

c) Die Verletzung des Hausrechts durch „go-ins"

Bei dem Betreten öffentlicher Diensträume zu Demonstrationszwecken ist nach unserer Hausrechtsbestimmung darauf abzustellen, ob durch das Betreten dieser Räume oder durch den Aufenthalt in ihnen die Erfüllung der dort zu verrichtenden öffentlichen Aufgaben gestört wird. Eine solche das Tatbestandsmerkmal des Eindringens erfüllende Störung liegt z. B. dann vor, wenn die zum öffentlichen Dienst bestimmten Räume außerhalb der Öffnungszeiten unter Überwindung von Absperrungen[131] gestürmt oder betreten werden, da hier die Zugänglichkeit der Räume zugunsten einer effektiveren Diensttätigkeit eindeutig eingeschränkt worden ist. Werden die geöffneten Diensträume, etwa eines Rathauses oder einer Universität, durch „go-ins" bzw. „sit-ins" in dem Maße besetzt und für andere blockiert, daß der Dienstbetrieb, insbesondere der zur Funktion dieser Räume gehörende Publikumsverkehr mit anderen Personen, nicht nur kurzfristig aufgehoben ist[132], so ist die Verwirk-

---

[128] Eine solche Einschränkung der „Wohnsphäre" wäre für das Hausrecht in den privaten Wohnräumen nicht denkbar.

[129] Daher ist die Entscheidung des OLG Köln (NJW 1966, S. 265) trotz falschen Ansatzes und trotz der unzureichenden Berücksichtigung der Bedürfnisse der Obdachlosen im Ergebnis zutreffend (s. oben 1. Teil, Anm. 60).

[130] NJW 1966, S. 1766 (s. oben 1. Teil, Anm. 61).

[131] z. B. verschlossene Türen, Schilder mit einem für alle geltenden Zutrittsverbot usw.

[132] Ein Betreten der Räume mit roten Fahnen oder Spruchbändern beeinträchtigt den Dienstbetrieb noch nicht.

lichung des öffentlichen Zwecks erheblich beeinträchtigt[133] und das Hausrecht in diesen Räumen verletzt. Eine erhebliche Beeinträchtigung ist etwa dann zu bejahen, wenn Studenten mehrere Vorlesungen sprengen oder durch eine mehrstündige Besetzung der Universitätsräume einen weiteren Vorlesungsbetrieb für denselben Tag oder sogar für längere Zeit unmöglich machen[134].

Erst nach Bejahung der Hausrechtsverletzung an Hand der aufgeführten Kriterien stellt sich das weitere Problem, ob die Rechtswidrigkeit der Rechtsgutsverletzung, d. h. die Widerrechtlichkeit des Eindringens oder die Unbefugtheit des Aufenthalts, im Hinblick auf andere Normen, etwa durch Art. 5 und 8 GG, aufgehoben wird[135]. Diese Frage kann hier nicht abschließend beantwortet werden, da die Abwägung des Hausrechts in öffentlichen Diensträumen mit den Grundrechten der Meinungs- und Versammlungsfreiheit erst eine Klärung des Demonstrationsbegriffs und des Demonstrationsrechts an Hand der Verfassung voraussetzt[136]. Dabei ist zu berücksichtigen, daß bei einer Lösung dieses Problems nicht allein auf die Rechtsverletzung oder Schädigung Dritter abgestellt werden darf, da eine solche Verletzung oder Schädigung das Problem gerade erst aufwirft, sondern darauf, ob die Beeinträchtigung — hier also die Verletzung des Hausrechts, die nach unseren Kriterien im Gegensatz zu den bisher vertretenen Auffassungen[137] ohne Schwierigkeiten und Umwege festgestellt werden kann — im Hinblick auf Art. 5 und 8 GG unter Berücksichtigung der mit der Demonstration verfolgten sozialen Zielsetzungen[138] hingenommen werden muß.

Die Anwendung unserer Hausrechtsbestimmung auf die Problemfälle hat gezeigt, daß die Problematik des Hausrechts in öffentlichen Dienst- und Verkehrsräumen nur dann sachgerecht zu bewältigen ist, wenn man sich für diesen Bereich von der Vorstellung eines höchst privaten, individuellen Hausrechts, das allenfalls bei dem Betreten in behördlichen Angelegenheiten[139] möglicherweise eingeschränkt werden soll, löst. Über die Bestimmung dieser Räumlichkeiten entscheidet nicht der freie Wille eines

---

133 z. B. bei den Universitäten die Durchführung von Forschung und Lehre, die auch eine Teilnahme der Studenten voraussetzt; vgl. auch *Sonderkötter*, Darf die Polizei im Universitätsgelände tätig werden?, S. 27 ff.

134 Vgl. oben 1. Teil II 3 c.

135 Unklar insoweit *Maul* (JR 1970, S. 84, 85), der die Auswirkungen der Art. 5 und 8 GG teils unter dem Aspekt der Tatbestandsmäßigkeit, teils unter dem Gesichtspunkt der Rechtfertigung berücksichtigt.

136 Vgl. die Literaturhinweise im 1. Teil, Anm. 66 ff.

137 s. oben 1. Teil II 3 c.

138 Zu den positiven Zielen und Auswirkungen vergangener Demonstrationen vgl. *Maul*, JR 1970, S. 85 f.

139 Darauf könnte sich jeder berufen, indem er sein Eintreten mit der Absicht begründet, Auskünfte einholen, Fahrpläne einsehen zu wollen usw. Ein solches Kriterium scheitert schon an der mangelnden Motivation.

Privatmannes, sondern unabhängig von dem Ziel der eintretenden „Besucher“ der mit der Wahrnehmung der Aufgaben verfolgte öffentliche Zweck der Räume.

IV. Anhang: Das befriedete Besitztum

1. Abgrenzung

Das befriedete Besitztum im Sinne des § 123 wird definiert als unbewegliches Gut, das in äußerlich erkennbarer Weise mittels zusammenhängender Schutzwehren[140] gegen das beliebige Betreten durch andere gesichert ist, z. B. durch Hecken, Drähte, Zäune, Mauern[141]. Bloße Warnungs- und Verbotstafeln reichen nicht aus, da die Umfriedung ein physisches Hindernis gegen das Betreten bilden muß. Anders als bei den Nebenräumen von Wohnungen und Geschäftsräumen ist ein räumlicher Zusammenhang mit einem Wohn- oder Geschäftsraum nicht erforderlich. Als befriedetes Besitztum werden daher unter der Voraussetzung der Einfriedung angesehen: „Lagerplätze, Gärten (außerhalb des räumlich-funktionalen Zusammenhangs mit einer Wohnung oder einem Geschäftsraum als Haus- oder Wirtschaftsgärten), Ställe und Scheunen im freien Feld, Fried- und Kirchhöfe, ferner auch leerstehende Wohnungen, Neubauten, die noch nicht „Wohnung“ sind, zum Abbruch bestimmte Gebäude“[142]. Diese Fülle verschiedenartiger Sphären, die unter den Begriff des befriedeten Besitztums fallen, läßt den Schluß zu, daß sich das befriedete Besitztum im Unterschied zu den anderen durch § 123 geschützten Räumlichkeiten wohl kaum durch eine spezifische Bedeutung seiner Sphäre kennzeichnen läßt, sondern eher als Auffangtatbestand für die weder unter die Wohn- oder Geschäftsräume noch unter die öffentlichen Dienst- oder Verkehrsräume einzuordnenden Bereiche aufzufassen ist. Diese Vermutung soll durch eine kurze Untersuchung der Bereiche des befriedeten Besitztums überprüft werden.

2. Die Sphäre des befriedeten Besitztums

Unsere Untersuchung der privaten und öffentlichen Sphäre hat gezeigt, daß die Grenze zwischen den beiden Sphären an die einzelne Etagentür verlagert ist[143]. So werden etwa die Flure und Treppenhäuser großer Wohnhäuser und Mietblocks nicht nur von den zahlreichen Be-

---

[140] Aus dieser Definition folgt bereits, daß ein tatbestandsmäßiges Eindringen hier nur bei Überwindung eines physischen Widerstands zu bejahen ist.

[141] s. *Schäfer*, LK, § 123, Rdnr. 12 ff. m. w. N.

[142] *Schäfer*, LK, § 123, Rdnr. 14.

[143] s. dazu oben 3. Teil II 1.

wohnern und deren Besuchern benutzt, sondern sie stehen häufig auch anderen fremden Personen ohne weiteres offen[144], so daß die Kriterien einer häuslichen für Dritte nicht einsehbaren Privatsphäre hier nicht mehr gegeben sind. Die gleiche Entwicklung zeigt sich bei den Höfen und Gärten: Waren sie in der früheren Blockbebauung noch von den Wohnbauten umgeben und durch diese vor der Öffentlichkeit der Straße abgeschirmt, so ist ihnen dieser private Charakter heute weitgehend verlorengegangen. Heute sind diese Flächen innerhalb der Wohnblocks entweder infolge zunehmenden Platzmangels mit weiteren Wohneinheiten — ohne Straßenfront — bebaut oder sie werden als Parkplätze, Werkstätten, Gemeinschaftsgärten oder als kleine Gärten der einzelnen Anwohner „privat" genutzt, wobei eine Privatheit dieser Sphäre angesichts der vielen Anwohner der Wohnblocks aber nicht mehr besteht[145]. Denn dem Anspruch der Privatheit genügen Gärten und Wohnhöfe nur, wenn sie von der Wohnung unmittelbar zugänglich sind und weder von der Straße noch von den Nachbarn eingesehen werden können[146]. Die heute häufig hinter den Wohnblocks liegenden Gärten werden zumeist zum Treffpunkt der Anwohner und bilden ebenso wie viele Gärten der heutigen Einfamilienhäuser einen Übergangsbereich zwischen den privaten Wohnungen und den öffentlichen Wegen und Straßen[147].

Auch in den Eigenheimsiedlungen fehlt fast stets der „abgeschirmte Privatraum unter freiem Himmel"[148]. Obgleich die Bewohner hier in der Verlängerung ihrer privaten Wohnzone unter freiem Himmel die Abgeschlossenheit ihres Wohnhauses durch Vorgarten und Zaun noch betonen wollen und in diesen Gärten noch am ehesten privaten Beschäftigungen außerhalb der Wohnung nachgehen können, stehen doch auch diese Bereiche — wie auch die Kleingärten — dem Einblick Dritter offen, so daß sich hier sowohl die Kommunikation mit den Nachbarn als auch eine soziale Kontrolle durch die Nachbarn vollzieht. Dennoch sind diese Sphären nicht jedem Außenstehenden frei zugänglich und schaffen keinen freien Raum für die öffentlichen Kontakte und Kommunikationen, die die Privatleute zum Publikum zusammenführen könnten; sie sind

---

[144] z. B. dem Briefträger, Schornsteinfeger, Vertretern, Hausierern, Kindern usw.

[145] s. *Bahrdt*, Großstadt, S. 93 ff., 125.

[146] Solche Privaträume unter freiem Himmel findet man heute meist nur bei den seltenen Innenhöfen der Atriumhäuser und bei den von keiner Seite her einsehbaren Balkonen, die daher auch zur häuslichen Privatsphäre der Wohnung zu zählen sind (s. *Bahrdt*, Großstadt, S. 143). Die Zuordnung solcher Bereiche zur Wohnung vertreten auch *Berge*, Diss. S. 19; *Schäfer*, LK, § 123, Rdnr. 7, 14.

[147] Vgl. auch *Habermas*, Strukturwandel der Öffentlichkeit, S. 190 f.; s. auch oben 3. Teil, Anm. 98.

[148] *Bahrdt*, Großstadt, S. 127.

daher weder der häuslichen Privatsphäre noch dem Bereich der Öffentlichkeit zuzuordnen[149], sondern bilden eine dazwischenliegende unbestimmte Mischform, der — im Gegensatz zu den Arbeitsräumen — auch kein eindeutiger Bezug zu der einen oder anderen Sphäre nachzuweisen ist.

3. Die Verletzung des Hausrechts im befriedeten Besitztum

Nach unseren bisherigen Feststellungen finden in dem befriedeten Besitztum — im Unterschied zu den anderen geschützten Räumlichkeiten — keine näher bestimmbaren Prozesse statt, die wegen ihrer sozialen Funktion strafrechtlichen Schutz genießen müßten. Es handelt sich bei dem befriedeten Besitztum daher nur um einen abgegrenzten Bereich, der allein im Interesse der Friedenswahrung gegen unbefugtes Betreten und Verweilen geschützt wird[150]. Dieser Friedensschutz ist ein Überbleibsel des historischen Hausfriedens[151] und entspricht dem mit dem Besitzschutz des BGB verfolgten Zweck der allgemeinen Friedenswahrung. Ein nur zivilrechtlicher Schutz des befriedeten Besitztums wäre nicht ausreichend, da der Berechtigte sein unbewegliches Besitztum selbst nicht so schützen kann wie seinen Besitz an beweglichen Sachen und er im Zivilrecht erst ein Urteil gegen ein drohendes Eindringen — sofern ihm die Gefahr überhaupt bekannt ist — erwirken müßte, während bei dem strafrechtlichen Schutz die Sanktion unmittelbar auf das Eindringen erfolgt und die Verbotsschranke dadurch vorverlegt wird.

Da die Schutzfunktion des § 123 für das befriedete Besitztum eine völlig andere ist als bei den übrigen Räumlichkeiten und da die Fälle, in denen das unbefugte Betreten fremden Besitztums für den Berechtigten zu einer spürbaren und unzumutbaren Beeinträchtigung seines Besitzes werden und in denen die Gefahr einer Friedensstörung eintreten könnte, äußerst selten sind, sollte de lege ferenda das befriedete Besitztum aus dem Kreis der in § 123 genannten Tatobjekte herausgenommen und das unbefugte Betreten und Verweilen darin nur als Ordnungswidrigkeit bestraft werden[152].

---

[149] s. auch *Bahrdt*, Städtebau, S. 113; *Habermas*, Strukturwandel der Öffentlichkeit, S. 190 f.

[150] Vgl. auch *Berge*, Diss. S. 7.

[151] s. oben 2. Teil II 2.

[152] Vgl. etwa § 368 Ziff. 9 StGB i. V. m. Art. 164 EGOWiG i. d. F. von Art. 59 des 1. StrRG.

Schluß

Die vorliegende Arbeit ist von dem Bestreben getragen, das durch § 123 geschützte Rechtsgut zu ermitteln und die verschiedenen Schutzfunktionen dieser strafrechtlichen Norm aufzuzeigen. Dabei kam es uns vor allem darauf an, die Unhaltbarkeit eines einheitlichen Hausrechts durch eine Klärung des Rechtsgutsbegriffs und durch eine soziologische Analyse der Tatobjekte nachzuweisen und die Notwendigkeit der — historisch gewachsenen, aber bis heute übersehenen — Differenzierung des Hausrechts wieder ins Bewußtsein der Strafrechtswissenschaft zu rücken.

Unsere Arbeit ist zugleich ein Besipiel dafür, wie Rechtswissenschaft und Soziologie zusammenwirken können, wie eine soziologisch orientierte funktionale Analyse die Interpretation einer juristischen Norm erleichtert und um soziologische Dimensionen bereichert und dadurch Klarheit in eine relativ unübersichtliche und vielgestaltige Rechtsmaterie zu bringen vermag.

Die behandelten Tatbestandsprobleme des Hausfriedensbruchs sind freilich nur exemplarisch und erheben keinen Anspruch auf Vollständigkeit; eine abschließende Aufzählung aller möglichen Fälle einer Hausrechtsverletzung ist auch weder möglich noch sinnvoll, denn gerade beim Hausfriedensbruch muß jede Kasuistik an der wechselvollen Gestaltung des modernen Verkehrslebens scheitern. Wie weit unsere strukturelle Betrachtung des Hausrechts in der Lage sein wird, die sich mit veränderten Wohnverhältnissen ergebenden neuen Tatbestandsprobleme zu lösen, wird sich in der Praxis erweisen müssen, wobei unsere der Hausrechtsbestimmung zugrunde liegende Beschreibung des Rechtsguts und seiner sozialen Funktion aber in jedem Fall das notwendige Rüstzeug abgeben dürfte, um die Schutzfunktionen des § 123 auch unter anderen sozialen Gegebenheiten ermitteln zu können.

Literaturverzeichnis

I. Juristische Literatur

Allfeld: Lehrbuch des deutschen Strafrechts, 8. Aufl., Leipzig 1922.

Amelung: Rechtsgüterschutz und Schutz der Gesellschaft, Frankfurt 1972.

Arndt: Strafrecht in einer offenen Gesellschaft, in: Verhandlungen des 47. DJT Bd. II, Teil J, S. 5 ff.

Arzt: Der strafrechtliche Schutz der Intimsphäre, Tübingen 1970.

— Willensmängel bei der Einwilligung, Frankfurt 1970.

Baumann: Strafrecht, Allgemeiner Teil, 5. Auflage, Bielefeld 1968.

Baumann u. a.: Alternativ-Entwurf eines Strafgesetzbuches, BT — Straftaten gegen die Person, 1. Halbbd., Tübingen 1970.

Baumbach - Hefermehl: Wettbewerbs- und Warenzeichenrecht, 10. Auflage, München 1971.

Beccaria: Über Verbrechen und Strafen, Ausgabe Alff, Frankfurt 1966.

Beling: Grundzüge des Strafrechts, 11. Auflage, Tübingen 1930.

Berge: Der Begriff des Hausrechts in § 123 StGB, Diss. jur. Rostock 1934.

Bettiol: Das Problem des Rechtsgutes in der Gegenwart, ZStW 72, S. 276 ff.

Binding: Lehrbuch des gemeinen deutschen Strafrechts BT, 1. Bd., 2. Auflage, Leipzig 1902.

— Normen und ihre Übertretung Bd. I, 2. Auflage, Leipzig 1890.

Birnbaum: Über das Erfordernis einer Rechtsverletzung zum Begriffe des Verbrechens, Archiv des Criminalrechts N. F. Bd. 15 (1834), S. 149 ff.

Cramer: Vermögensbegriff und Vermögensschaden im Strafrecht, Berlin 1968.

Dahm: Der Methodenstreit in der heutigen Strafrechtswissenschaft, ZStW 57, S. 225 ff.

Denninger: Demonstrationsfreiheit und Polizeigewalt, ZRP 1968, S. 42 ff.

Dietel - Gintzel: Demonstrations- und Versammlungsfreiheit, Kommentar, 2. Auflage, Köln 1970.

Eckhardt: Die Befugnis des Preisbinders zur Überwachung durch Testkäufe, Diss. jur. Göttingen 1968.

Fechner: Rechtsphilosophie, 2. Auflage, Tübingen 1962.

— Die private Sphäre in der Gegenwart, in: Recht, Staat, Wirtschaft, 3. Bd., Düsseldorf 1951, S. 31 ff.

Folz: Polizeiliche Zuständigkeiten und kollidierende Kompetenzen anderer Hoheitsträger, JuS 1965, S. 41 ff.

Frank: Das Strafgesetzbuch für das Deutsche Reich, 18. Auflage, Tübingen 1931.

v. Freytag-Löringhoff: Logik, 4. Auflage, Stuttgart 1966.

Frühling: Das Hausrecht öffentlicher Einrichtungen, Diss. jur. Göttingen 1962.

Gallas: Gründe und Grenzen der Strafbarkeit, in: Beiträge zur Verbrechenslehre, Berlin 1968, S. 1 ff.

— Der Schutz der Persönlichkeit im Entwurf eines Strafgesetzbuches (E 1962), in: Beiträge zur Verbrechenslehre, Berlin 1968, S. 203 ff.

Gassmann: Hausfriedensbruch von Testkäufern, MDR 1964, S. 374 ff.

Geerds: Einwilligung und Einverständnis des Verletzten, Diss. jur. Kiel 1953.

Geiger: Vorstudien zu einer Soziologie des Rechts, Neuwied 1964.

Giese - Kahler: Das deutsche Tierschutzrecht, 4. Auflage, Berlin 1951.

Grünhut: Methodische Grundlagen der heutigen Strafrechtswissenschaft, in: Frank-Festgabe Bd. I, Tübingen 1930, S. 1 ff.

— Das englische Strafrecht, in: Das ausländische Strafrecht der Gegenwart (hrsg. von Mezger/Schönke/Jescheck) Bd. 3, Berlin 1959, S. 133 ff.

Guradze: Demonstrationsfreiheit und Polizeigewalt, ZRP 1969, S. 6 f.

Haak: Das Hausrecht an Behördengebäuden, DVBl. 1968, S. 134 ff.

Hanack: Hausfriedensbruch durch Testkäufer, JuS 1964, S. 352 ff.

Hefter: Lehrbuch des gemeinen deutschen Strafrechtes, 5. Auflage, Braunschweig 1854.

Henkel: Der Strafschutz des Privatlebens gegen Indiskretion, Gutachten für den 42. DJT, Verhdlg. Bd. II D, S. 59 ff.

Henseler: Hausfriedensbruch beim Testkauf?, WRP 1962, S. 325 f.

Hirschberg: Die Schutzobjekte der Verbrechen, Strafrechtl. Abhandlungen, Heft 113, Breslau 1910.

Honig: Die Einwilligung des Verletzten, Berlin 1919.

— Das amerikanische Strafrecht, in: Das ausländische Strafrecht der Gegenwart (hrsg. von Mezger/Schönke/Jescheck) Bd. 4, Berlin 1962, S. 7 ff.

Hubmann: Das Persönlichkeitsrecht, 2. Auflage, Köln/Graz 1967.

Hueck - Nipperdey: Lehrbuch des Arbeitsrechts Bd. I, 7. Auflage, Berlin u. Frankfurt 1963.

Jäger: Strafgesetzgebung und Rechtsgüterschutz bei Sittlichkeitsdelikten, Stuttgart 1957.

Jauer: Der Hausfrieden und seine besondere Berücksichtigung im geltenden Schuldrecht, Diss. jur. Erlangen 1931.

Jescheck: Lehrbuch des Strafrechts, Allgemeiner Teil, 2. Auflage, Berlin 1972.

Jhering: Der Zweck im Recht Bd. I, 3. Auflage, Leipzig 1893.

John: Hausfriedensbruch, in: Handbuch des deutschen Strafrechts Bd. III (hrsg. von v. Holtzendorff), Berlin 1872, S. 153 ff.

Kaufmann, Armin: Lebendiges und Totes in Bindings Normentheorie, Göttingen 1954.

Kienapfel: Privatsphäre und Strafrecht, Frankfurt 1969.

Knemeyer: Öffentlich-rechtliches Hausrecht und Ordnungsgewalt, DÖV 1970, S. 596 ff.

— Janusköpfiges Hausrecht?, DÖV 1971, S. 303 f.

Knoke: Betriebliche Ordnungsgewalt in Räumen des Verwaltungsvermögens, AöR 1969, S. 388 ff.

Kohlrausch - Lange: Strafgesetzbuch, 43. Auflage, Berlin 1961.

Krawietz: Das positive Recht und seine Funktion, Berlin 1967.

Kronecker, Verbrechen und Vergehen gegen die persönliche Freiheit, Ehrverletzung und Verletzung fremder Geheimnisse, in: Die Reform des Reichsstrafgesetzbuchs Bd. II (hrsg. von Aschrott und v. Liszt), Berlin 1910, S. 297 ff.

Krümpelmann: Die Bagatelldelikte, Berlin 1966.

Larenz: Methodenlehre der Rechtswissenschaft, 2. Auflage, Berlin 1969.

Leipziger Kommentar: Strafgesetzbuch, begründet von Ebermayer, Lobe, Rosenberg, 9. Auflage, Berlin 1972, 11. Lieferung (hrsg. von Baldus und Willms).

Leiser: Das Hausrecht und sein Schutz im öffentlichen Recht, Diss. jur. Greifswald 1916.

Lenckner: Der rechtfertigende Notstand, Tübingen 1965.

v. Liszt: Lehrbuch des deutschen Strafrechts, 21. und 22. Auflage, Berlin und Leipzig 1919.

— Der Zweckgedanke im Strafrecht, ZStW 3, S. 1 ff.

— Rechtsgut und Handlungsbegriff im Bindingschen Handbuche, ZStW 6, S. 663 ff.

— Der Begriff des Rechtsgutes im Strafrecht und in der Encyklopädie der Rechtswissenschaft, ZStW 8, S. 133 ff.

Löffler: Um die akademische Freiheit, NJW 1961, S. 529 ff.

Lüderssen: Zum Strafgrund der Teilnahme, Baden-Baden 1967.

Marx, Michael: Zur Definition des Begriffs „Rechtsgut", Köln/Berlin/Bonn/München 1972.

Maul: Demonstrationsrecht und allgemeine Strafbedingungen, JR 1970, S. 81 ff.

Maunz - Dürig: Grundgesetz, Kommentar, Bd. I, Lieferungen 1 bis 12, München 1971.

Maurach: Deutsches Strafrecht, Allgemeiner Teil, 4. Auflage, Karlsruhe 1971.

— Deutsches Strafrecht, Besonderer Teil, 5. Auflage, Karlsruhe 1969.

— Fälle und Lösungen zum Strafrecht, Karlsruhe 1968.

Mayer, Max-Ernst: Der Allgemeine Teil des Deutschen Strafrechts, 2. Auflage, Heidelberg 1923.

Merkel: Lehrbuch des Deutschen Strafrechts, Stuttgart 1889.

Meyer, Klaus: Probekäufe zur Sicherung lückenloser Preisbindungen, MA 1962, S. 431 ff.

Mezger - Blei: Strafrecht, Allgemeiner Teil, 14. Auflage, München 1970.

Mittasch: Die Auswirkungen des wertbeziehenden Denkens in der Strafrechtssystematik, Berlin 1939.

Mößner: Der Hausfriedensbruch in rechtsvergleichender Darstellung, Diss. jur. Tübingen 1914.

Moos: Der Verbrechensbegriff in Österreich im 18. und 19. Jahrhundert, Bonn 1968.

Nipperdey: Freie Entfaltung der Persönlichkeit, in: Die Grundrechte, Bd. IV, Teil 2 (hrsg. von Bettermann/Nipperdey), Berlin 1962, S. 741 ff.

Nölting: Der Hausfriedensbruch, Diss. jur. Göttingen 1934.

Oetker: Rechtsgüterschutz und Strafe, ZStW 17, S. 493 ff.

v. Olshausen: Kommentar zum Strafgesetzbuch, 12. Auflage, Berlin 1942.

Oppenheim: Die Objekte des Verbrechens, Basel 1894.

Osenbrüggen: Der Hausfrieden — Ein Beitrag zur deutschen Rechtsgeschichte, Erlangen 1857.

Ossenbrügge: Hausfriedensbruch durch Testkäufer, BB 1964, S. 1154 f.

Raiser: Rechtsschutz und Institutionenschutz im Privatrecht, in: Summum ius summa iniuria, Tübingen 1963.

Ridder: Zur verfassungsrechtlichen Stellung der Gewerkschaften im Sozialstaat nach dem Grundgesetz für die Bundesrepublik Deutschland, Stuttgart 1960.

Rittler: Lehrbuch des österreichischen Strafrechts Bd. 2, 2. Auflage, Wien 1962.

Rosenfeld: Verbrechen und Vergehen wider die persönliche Freiheit, in: Vergleichende Darstellung des deutschen und ausländischen Strafrechts, BT Bd. V, Berlin 1905, S. 385 ff.

Roxin: Täterschaft und Tatherrschaft, 2. Auflage, Hamburg 1967.

— Offene Tatbestände und Rechtspflichtmerkmale, 2. Auflage, Berlin 1970.

— Sinn und Grenzen staatlicher Strafe, JuS 1966, S. 377 ff.

— Franz von Liszt und die kriminalpolitische Konzeption des Alternativentwurfs, ZStW 81, S. 613 ff.

— Strafprozeßrecht, in: Prüfe Dein Wissen, Heft 11, 4. Auflage, München 1970.

Rudolphi: Die verschiedenen Aspekte des Rechtsgutsbegriffs, in: Honig-Festschrift, Göttingen 1970, S. 151 ff.

Salm: Das versuchte Verbrechen, Karlsruhe 1957.

Sannig: Das Hausrecht der Behörden, Staats- und Kommunalverwaltung 1955, S. 53 f.

Sax: Grundsätze der Strafrechtspflege, in: Die Grundrechte Bd. III, Teil 2 (hrsg. von Bettermann/Nipperdey/Scheuner), Berlin 1959, S. 909 ff.

Schaffstein: Das Verbrechen eine Rechtsgutsverletzung?, DStR 1935 (= GA 81), S. 97 ff.

— Der Streit um das Rechtsgutsverletzungsdogma, DStR 1937 (= GA 83), S. 335 ff.

Scheuner: Die neuere Entwicklung des Rechtsstaats in Deutschland, in: Hundert Jahre deutsches Rechtsleben, Festschrift deutscher Juristentag Bd. II, Karlsruhe 1960, S. 229 ff.

Schmidhäuser: Strafrecht, Allgemeiner Teil, Tübingen 1970.

Schmidt, Eberhard: Einführung in die Geschichte der deutschen Strafrechtspflege, 3. Auflage, Göttingen 1965.

Schmitt, Ulrich: Das öffentlich-rechtliche Hausrecht, Diss. jur. Münster 1965.

Schöffler: Die Träger des Hausrechts, Diss. jur. Rostock 1919.

Schönke - Schröder: Strafgesetzbuch, Kommentar, 16. Auflage, München 1972.

Schütze: Lehrbuch des Deutschen Strafrechts, 2. Auflage, Leipzig 1874.

— Die nothwendige Theilnahme am Verbrechen, Leipzig 1869.

Schwarz - Dreher: Strafgesetzbuch, 32. Auflage, München 1970.

Schwinge: Teleologische Begriffsbildung im Strafrecht, Bonn 1930.

Schwinge - Zimmerl: Wesensschau und konkretes Ordnungsdenken im Strafrecht, Bonn 1937.

Sina: Die Dogmengeschichte des strafrechtlichen Begriffs „Rechtsgut", Basel 1962.

Smend: Zum Problem des Öffentlichen und der Öffentlichkeit, in: Gedächtnisschrift für W. Jellinek, München 1955, S. 11 ff.

Sonderkötter: Darf die Polizei im Universitätsgelände tätig werden?, in: Wissenschaftsrecht, Wissenschaftsverwaltung, Wissenschaftsförderung 1969, S. 22 ff.

Stegmaier: Hausfriedensbruch gegenüber dem Vermieter?, Zeitschrift für Miet- und Raumrecht 1967, S. 325 f.

Stein: Lehrbuch des Staatsrechts, Tübingen 1968.

— Die Wirtschaftsaufsicht, Tübingen 1967.

Steiner: Das Grundrecht der Unverletzlichkeit der Wohnung, Zürich 1959.

Stratenwerth: Strafrecht, Allgemeiner Teil I, Berlin 1971.

Tiedemann: Bemerkungen zur Rechtsprechung in den sog. Demonstrationsprozessen, JZ 1969, S. 717 ff.

Weimar: Inwieweit sind Hausverbote des Hauseigentümers berechtigt?, JR 1970, S. 58.

Welcker: Hausfrieden, Hausrecht, Hausfriedensbruch, Haussuchung, in: Staatslexikon Bd. 7 (hrsg. von Rotteck/Welcker), Altona 1839, S. 464 ff.

Welzel: Das Deutsche Strafrecht, 11. Auflage, Berlin 1969.

— Über den substantiellen Begriff des Strafgesetzes, in: Kohlrausch-Festgabe, Berlin 1944, S. 101 ff.

— Studien zum System des Strafrechts, ZStW 58, S. 491 ff.

Wilda: Geschichte des deutschen Strafrechts Bd. I (Das Strafrecht der Germanen), Halle 1842.

Wolff: Verwaltungsrecht I, 8. Auflage, München 1971.

— Verwaltungsrecht II, 3. Auflage, München 1970.

II. Soziologische Literatur

Bahrdt: Die moderne Großstadt, Hamburg 1969.

— Humaner Städtebau, Hamburg 1968.

— Wege zur Soziologie, München 1966.

Becker: Zur Veränderung der Struktur der Verwaltung, Die Verwaltung (Zeitung für Verwaltungswissenschaft) 1970, S. 389 ff.

Bell: Arbeit, in: Wörterbuch der Soziologie (Hrsg. W. Bernsdorf), Stuttgart 1969, S. 38 ff.

Briefs: Betriebssoziologie, in: Handwörterbuch der Soziologie (Hrsg. A. Vierkandt), Stuttgart 1959, S. 31 ff.

Bull: Verwaltung durch Maschinen, 2. Auflage, Köln u. Berlin 1964.

Claessens: Familie und Wertsystem, 2. Auflage, Berlin 1967.

Daheim: Der Beruf in der modernen Gesellschaft, Köln/Berlin 1967.

Dreitzel: Die gesellschaftlichen Leiden und das Leiden an der Gesellschaft, Stuttgart 1968.

Eisermann: Wirtschaft und Gesellschaft, Stuttgart 1964.

Fürstenberg: Betriebssoziologie, in: Wörterbuch der Soziologie (Hrsg. W. Bernsdorf), Stuttgart 1969, S. 109 ff.

Goffman: Wir alle spielen Theater — Die Selbstdarstellung im Alltag (The Presentation of Self in Everyday Life), München 1969.

Goode: Soziologie der Familie, München 1967.

— Die Struktur der Familie, 3. Auflage, Köln u. Opladen 1967.

Gottschalch/Neumann-Schönwetter/Soukop: Sozialisationsforschung, Frankfurt 1971.

Habermas: Strukturwandel der Öffentlichkeit, 5. Auflage, Neuwied 1971.

Haußleiter: Verwaltungssoziologie, Baden-Baden 1969.

van Hessen: Familie, Freizeit und Sozialisation der jungen Generation, in: Die Familie als Sozialisationsfaktor (Hrsg. G. Wurzbacher), Stuttgart 1968, S. 63 ff.

Hirsch: Rechtssoziologie heute, in: Studien und Materialien zur Rechtssoziologie (Hrsg. Hirsch/Rehbinder), Köln 1967.

Homans: Theorie der sozialen Gruppe, 3. Auflage, Köln u. Opladen 1968.

Illetschko: Verkehrsbetrieb, in: Handwörterbuch der Sozialwissenschaften Bd. 11, Göttingen 1961, S. 111 ff.

Johnson: Sociology: a systematic introduction, New York 1960.

Jonas: Geschichte der Soziologie, Bd. IV, Hamburg 1969.

König: Anpassung, in: Wörterbuch der Soziologie (Hrsg. W. Bernsdorf), Stuttgart 1969, S. 29 ff.

— Familie und Familiensoziologie, in: Wörterbuch der Soziologie (Hrsg. W. Bernsdorf), Stuttgart 1969, S. 247 ff.

— Soziologie der Familie, in: Soziologie, Lehr- und Handbuch zur modernen Gesellschaftskunde (Hrsg. Gehlen/Schelsky), 5. Auflage, Düsseldorf/Köln 1964, S. 121 ff.

Lepsius: Industrie und Betrieb, in: Soziologie (Fischer-Lexikon, Hrsg. R. König), Frankfurt 1971, S. 129 ff.

Lindemann: Behörde und Bürger, Darmstadt 1952.

Luhmann: Funktionale Methode und juristische Entscheidung, AöR 1969, S. 1 ff.

— Grundrechte als Institution, Berlin 1965.

— Recht und Automation in der öffentlichen Verwaltung, Berlin 1966.

Malinowski: Die Dynamik des Kulturwandels, Wien 1951.

— Die Funktionaltheorie, in: Eine wissenschaftliche Theorie der Kultur, Zürich 1949, S. 20 ff.

— Kultur und Freiheit, Stuttgart 1951.

Mayntz: Soziales System, in: Wörterbuch der Soziologie (Hrsg. W. Bernsdorf), Stuttgart 1969, S. 1017 ff.

— Strukturell-funktionale Theorie, in: Wörterbuch der Soziologie (Hrsg. W. Bernsdorf), Stuttgart 1969, S. 1132 ff.

Mitscherlich: Von den Unmöglichkeiten, zu Hause zu sein, in: Die Kunst zu Hause zu sein, München 1965, S. 147 ff.

Neidhardt: Die Familie in Deutschland, Opladen 1966.

Parsons: The Social System, Glencoe/Ill. 1951.

— Sozialstruktur und Persönlichkeit, Frankfurt 1968.

— Systematische Theorie in der Soziologie, in: Beiträge zur soziologischen Theorie (Hrsg. D. Rüschemeyer), Neuwied 1964.

Parsons - Bales: Family, Socialization and Interaction Process, London 1956.

Parsons - Smelser: Economy and Society, London 1957.

Pfeil: Soziologie der Großstadt, in: Soziologie, Lehr- und Handbuch zur modernen Gesellschaftskunde (Hrsg. Gehlen/Schelsky), 5. Auflage, Düsseldorf/Köln 1964, S. 238 ff.

Plessner: Das Problem der Öffentlichkeit und die Idee der Entfremdung, Göttinger Universitätsreden, Heft 28, Göttingen 1960.

Radcliffe-Brown: Structure and Function in Primitive Society, London 1968.

Riesman: Die einsame Masse, Darmstadt/Berlin/Neuwied 1956.

Sader: Rollentheorie, in: Handbuch der Psychologie Bd. 7, Göttingen 1969, S. 204 ff.

Scharmann - Scharmann: Das Verhältnis von Familie, Beruf und Arbeit in ihren Sozialisationswirkungen, in: Die Familie als Sozialisationsfaktor (Hrsg. G. Wurzbacher), Stuttgart 1968, S. 248 ff.

Schelsky: Industrie- und Betriebssoziologie, in: Soziologie, Lehr- und Handbuch zur modernen Gesellschaftskunde (Hrsg. Gehlen/Schelsky), 5. Auflage, Düsseldorf/Köln 1964, S. 159 ff.

— Wandlungen der deutschen Familie in der Gegenwart, 4. Auflage, Stuttgart 1960.

Scholler: Person und Öffentlichkeit, München 1967.

Schwarz - Weidner: Die soziale Situation Obdachloser, Kritische Justiz 1970, S. 406 ff.

Silbermann: Vom Wohnen der Deutschen, Köln u. Opladen 1963.

Storbeck: Soziale Strukturen in Mitteldeutschland, Berlin 1964.

Thieme: Mängel im Verhältnis von Bürger und Staat, Köln/Berlin 1970.

Wurzbacher: Der Mensch als soziales und personales Wesen Bd. 1, Stuttgart 1963.

Wurzbacher - Kipp: Das Verhältnis von Familie und öffentlichem Raum unter besonderer Berücksichtigung der Bundesrepublik Deutschland, in: Die Familie als Sozialisationsfaktor (Hrsg. G. Wurzbacher), Stuttgart 1968, S. 1 ff.

FSC www.fsc.org MIX Papier | Fördert gute Waldnutzung FSC® C083411

Kolibri 360 GmbH
Ferdinand-Jühlke-Straße 7
99095 Erfurt, Deutschland
produktsicherheit@kolibri360.de

Druck:
CPI Druckdienstleistungen GmbH
im Auftrag der
Kolibri 360 GmbH
Ferdinand-Jühlke-Str. 7
99095 Erfurt